김상아의 *Diary*

초판 발행 2024년 5월 6일
글 김상아
펴낸이 안창현 | 펴낸곳 코드미디어 | 북 디자인 Micky Ahn | 교정 교열 민혜정
등록 2001년 3월 7일 등록번호 제 25100-2001-5호
주소 서울시 은평구 갈현로 318-1, 1층 | 전화 02-6326-1402
팩스 02-388-1302 | 전자우편 codmedia@codmedia.com

ISBN 979-11-93355-14-5 (03810)

정가 15,000원

김상아의 다이어리

인사말

루이제 린저의 『생의 한가운데』를 기억하며
우리의 삶을 조명한다.
탁월한 비범.
특별한 평범.
아름다운 결여.
완전한 삶.
미완성적 사랑.
부족한 인격.
그런 길을 오늘까지 걸어왔다.
내가 꿈꾸는
미래의 길은
찬란한 태양.
무지갯빛 아침.
연둣빛 숲길.
성모님의 고요한 눈빛.
때론
실망의 아픔.
굴곡의 순응.
채움의 빈곤.
비움의 평화.
삶과 같은 죽음.
죽음과 같은 삶.
삶과 죽음은
결국

하얀 석고상의
표정 없는 머무름.
무표정 무소유의
부요한 영혼.
마지막 길은 겨울 아닌
아카시아 꽃향기로
아늑한 안치.
영원한 삶.

새로이 써온 일기 모음을 정리하고 나니
짙은 허무감.
이유 모를 슬픔 같은.
벚꽃이 다떨어져 아쉬움만 남는 기분같은 거.
눈을 크게 떠 본다.
성숙해지기위해서.
떨어져 흩어져 버려진 벚꽃잎처럼
말할 수 없이 가슴 아린
높은 하이힐 신고 조용히 외출하고 싶은
4월의 초저녁.

4월 21일
김상아

추천사

『김상아의 Diary』 출간에 즈음하여

　한동안 펜을 놓았던 수필가이자 시인, 김상아 작가가 조용히 칩거하며 써낸 7년 시간의 일기를 수려한 문장으로 펼쳐냈다. 담담하고 솔직하게 세상에 내어 놓은 일기는 누구보다 지극히 사랑하는 두 딸의 성장 과정과 그들의 일상을 가감 없이 기술하여 자식의 내일을 걱정하는 어머니의 고뇌를 보여준다. 세상 어떤 어버이도 자식의 안위를 근심하지 않을 수 없을 것이다. 아끼고 다독이는 참다운 어머니의 사랑이 따뜻했다.
　또한 사랑하는 남편 이야기, 부모님과 주변의 지인들을 관점으로 서술한 내용 속에서는 늘 대상에 대한 배려와 관심으로 염려하는 성품을 보여준다. 이는 가톨릭 신자로 신앙심이 남다른 까닭이지 싶다. 일기장의 많은 페이지에 주님을 향한 기도로 일관하는 필자의 모습을 감상하게 된다. 더하여 어떤 아픔과 고뇌도 딛고 일어서는 용기를 보여주지 않겠는가 생각했다. 유연하게 펼쳐낸 생생한 삶의 의미를 들여다보면서 삶은 근심 걱정의 산실이라는 생각을 했다.

작가 김상아는 『문학시대』에서 시와 수필 부문에서 신인상으로 등단하여 수필집 『타이베이의 겨울』과 시집 『키 작은 첼로처럼』을 출간한 수필가이며 시인이다. 한동안 건강이 좋지 않아 펜을 놓았다가 새로운 창작 수업에 입문하게 되어 여간 감사한 일이 아니라는 생각을 한다. 일기는 작가의 진솔한 삶의 내력을 꾸밈없이 서술하는 문학 장르이다. 날마다 그날 겪은 일이나 느낌을 수록하는 개인의 삶의 역사이다. 더 빛나는 문학적 성과로 매진해주시기 기대한다.

지연희 | 한국여성문학인회 이사장 역임

차례

인사말	04
추천사	06

2018	12
2019	44
2020	82
2021	130
2022	192
2023	252
2024	328

김상아의 단상

시미리 가는 길

뿌우연 옛 기억 속 움막 초가집.

이른 새벽, 귀 덮는 털모자 쓰시고 싸리비 든 채 낡은 나무 대문 앞에 서 계시던 친할머니. 허연 벽 박힌 못 위에 낫, 호미 걸려 있고 갈라진 거무튀튀한 마루에 반닫이 같은 쌀통 자리하고 사랑방에서 늦은 밤 떡국 떡 썰어 떡볶이 만들어 주시고 메밀묵 양념에 무쳐 넓적한 대접에 숟가락 꽂아 내밀어 주시던 윗니 아랫니 모두 빠져 입 꼭 오므린 얼룩한 경대 앞에 참빗으로 긴 머리 빗어 쪽 찐 머리 비녀 꽂으시며 겨울이면 털조끼 즐겨 입으시던 친할머니.

부엌 아궁이 곁산에서 꺾어 쌓아 놓은 장작대기 구겨 넣어 불을 지피던 검은 가마솥. 뚜껑 열면 배추된장국 내음 걸쭉히 끓어 풀풀 오르고 벽돌색 둥근 함지 안에 담긴 물 위엔 노란 참외 둥둥 떠 있던 옛 시골 부엌. 한밤중 초인종 소리에 아빠 아빠 크게 부르며 줄줄이 뛰어나가 작은아버지 목을 끌어안으며 반기던 사촌 동생들….

안방 벽장 속엔 할머니가 숨겨 놓던 엿가락이 들어 있고 빨간 앵두나무 그늘진 뒤뜰엔 장독대 옹기종기 식구처럼 모여있고 할머니는 물 한 사발씩 올려놓으며 소원을 빌곤 했었지.

2.20.

정숙하고 바르고 겸손함을 갖춘 부부의 모습으로 살아가게 하소서. 제게 이 세상 미운 사람이 하나도 없음에 가장 큰 복을 주시고 오직 내 편을 들어주시는 예수 그리스도의 큰 사랑에 깊이 감사합니다. 돈 벌러 다니지 않아도 됨에 감사합니다. 가족들의 건강의 무고함에 병이 발생하지 않음에, 사고가 발생하지 않음에 감사드립니다. 사랑으로 인한 고통 없음에 감사드립니다. †

2.22.

재물을 하늘에 쌓아 두어라. 마음을 비우면 행복하다. 하느님은 나는 새 떼들에게도 먹이를 주신다 하셨으니 내일 일을 걱정하지 마라. 너희가 원하는 대로 구하면 이루리라. †

4.1.

· 내 인생의 롤모델 : J 언니
· 마음을 나누는 사람 : 남편, 딸들

누구에게도 매달리거나 집착하지 말고 마음 비우고 내려놓자. 거슬리는 사람은 피하고 나를 거북하게 여기는 사람은 조용히 외면하자. 나와 마음이 통하는 사람과 벗이 되면 된다. 허풍을 버리고 있는 척하지 말고 가진 만큼 당당하게 감사하자.

· 절대로 하면 안 되는 것 : 경쟁, 저주, 앙갚음, 복수, 약탈. †

4.5.

요즘은 신앙 본연에 대한 탐구 중이다. 봄이라고 옷도 몇 벌 사며 기분도 풀고 수영 학원에 다니고 음악 강좌에 등록하며 나름 혼자서 세상 아쉬울 것 없는 여유를 누린다. 남편에 대한 지조와 사랑도 깊어지고 달콤한 신혼 같아 흐뭇하다가도 오늘 새벽처럼 문득 깨어나 우울할 땐 각자 떨어져 혼자 지낼 딸들이 안쓰러워지는 것이다. 강아지라도 키우며 벗 삼으면 어떨까, 안 하던 생각마저 스친다. †

4.6.

J언니.

J언니를 만나고픈 생각은 없지만 참으로 배우고픈 삶의 롤모델이었다. 평생 홀어머니를 호강시켜 드리고 남편의 존재를 최고로 으뜸 삼으며 건강 관리, 살림살이, 정리 정돈을 날마다 손수 심혈을 기울이는 성실함이 매력이다. 또한 멋 내는 센스도 좋아 자신만의 노하우로 깔끔하게 자신을 가꾼다. 없어도 궁하지 않게 있어도 낭비하지 않는 지혜로운 쏨쏨이다. 아우에게 베푸는 정이 많은 사람이다. 음식을 소탈하게 먹되 먹는 자태가 아름답다. 외아들을 독립시키고 부부가 함께 신앙 활동에 극진하다. 비싼 화장품 쓰지 않아도 슬기롭게 자신을 가꿀 줄 알며 작은 평수 집을 윤이 나도록 아끼고 그릇이나 원목 가구를 좋아하는 언니. 아나운서 할 때는 어머니를 모시고 미용실이며 백화점 고급 과일 사 드리고 세계 여행 함께 다니곤 했다. 명예퇴직한 남편과는 짬짬이 형편에 맞는 국내 여행을 즐긴다. 때론 나에게도 오페

라 티켓을 선물하곤 했다. 압구정 명품관 쇼핑, 용산박물관 오르세미술관 관람, 양평 깔맬수도원드라이브, 양재 하이브랜드 쇼핑, 삼청동 사촌의 한옥집 방문 등 나와 함께했던 이런저런 추억들.

재산이 그리 많지 않아도 그 어떤 부귀함이 따로 필요 없었던, 그야말로 현명한 귀부인이었다. 인생은 그렇게 자신을 고귀하게 만들며 멋을 즐기면 행복해지는 것이다. ✝

4.10.

3년 만에 대만에.

3년 만이다. 기숙사 건물을 나와 조용히 팔짱 낀 채 학교 언덕을 홀로 올라가는 연분홍 티셔츠를 입은 둘째 딸의 뒷모습에 말 못 할 그리움이 가득 묻어나던 것이. 뒤돌아 택시를 타고 공항으로 향하며 내 가슴이 흐느끼듯 아프게 미어지던 것이. 홀로 외로워 죽을 뻔했다는 딸에게로 몇 해 만에 찾아갔다.

4월 타오웬의 정서는 따뜻했다. 환상적으로 푸르른 날에 딸의 대학 캠퍼스를 거닐며 드넓은 운동장과 잔디밭을 한 바퀴 돌고 녹음綠陰으로 우거진 풍경을 만끽했다. 딸과 시내 구경을 마치고 돌아와 옥상에서 밀린 빨래를 널어 주고 오니 곤히 잠들어 있다. 내 곁에 잠든 딸을 가만히 바라본다. 오랜 연애를 참신하게 하더니 비교할 수 없는 사랑을 만났다며 설레던 딸의 모습이 머리를 스친다.

원룸 건물은 고급인 편에 비해 원목 가구로 꾸며진 실내는 곰팡내가 코를 찌르고 있었다. 쌓아 놓은 겨울옷이 퀴퀴하게 습기에 찌들어

있었다. 싹 모아 버리고 나니 괜스레 아깝지만 하는 수 없다. 나름 방을 정리했는데도 깔끔한 내 집을 떠나오니 다소 불편함이 느껴졌다. 예전과 달리 대만 음식이 입에 맞지 않고 환경이 바뀌어 잠자리를 뒤척이고 있지만 그럼에도 내일도 모레도 여기 타오웬에 머무는 열흘 동안 한결같이 포근하고 푸르른 4월이라면 참 좋겠다. ✝

4.11.

어젯밤 딸과 부대끼는 바람에 잠을 편히 못 자서 오전 내내 피로했다. 일찍 샤워한 딸을 데리고 나와 슈퍼마켓과 문구점에 들러 생활용품 가득 사 들고 동네 패밀리마트 테이블에 앉아 모처럼 아메리카노 한 잔으로 피로를 풀었다. 딸은 파파야와 천혜향만 간단히 먹고 먼저 방으로 돌아갔고 나는 햇볕을 쪼이며 동네를 천천히 돌아다녔다. 타오웬의 여유을 만끽했던 한낮의 시간이었다. ✝

4.13.

타오웬에 온 뒤로 처음으로 편히 잤다. 이른 아침, 원룸이 답답해 일찍이 밖으로 나갔다. 대만의 습기에 아직 적응하지 못해 패밀리마트에 들어가 창가 테이블에 앉았다. 어제 맛있었던 커피 한 잔을 마시며 선선한 에어컨 바람을 쐬니 참 좋았다. 여기 머무는 동안 이곳은 나의 아지트가 되어줄 것이다.

어제는 비싼 초콜릿이 세일하기에 두 상자를 사 두었다. 딸은 아침부터 말레이시아에 있는 남자친구에게 선물을 부친다고 우체국에 간다고 하며 설렘과 기대에 부풀어 있다. 또래의 연인 사이에서 함께 공유하는 개척, 의욕, 용기에서 생겨난 무한한 희망은 또렷한 적극성과 활기참으로 이어진다. 순종적이고 온유하던 모습과 다른 새로운 면모로, 딸의 성장을 느낄 수 있었다. 테이블에 혼자 앉아 있으려니 귓가에 흐르는 흥겨운 대만 가요가 참 감미롭다. †

4.14.

궂은 날씨에 비가 오락가락 내린다. 창문 없는 목욕탕에 적응하기 어렵게 만드는 습기는 여전히 곤혹스럽다. 빨래도 잘 안 말라 눅눅하고 거리는 온통 오토바이 소리로 시끄럽고 매연이 가득한 거리는 걷기가 부담스럽다. 몸이 계속 쑤시고 시원찮다. 내일은 딸과 진지하게 남자친구에 대한 이야기해 볼 생각이다. 많이 피로하다. 딸이 깨면 저녁엔 깨끗한 훠궈집에서 국물을 사 먹여야겠다. †

4.15.

일요일. 후문을 통해 학교 교정으로 들어왔다. 비 온 뒤 불어오는 시원한 바람에 나뭇가지, 나뭇잎, 조그만 들꽃과 풀꽃, 나무 그늘 할 것 없이 모두 한들거린다. 상쾌하니 지상낙원 같다. 잊지 못할 풍경이다. 온종일 걷고 또 걷고 싶다. 좀처럼 만나기 어려운 행운 같은, 서늘한 대만 날씨다. †

4.23.

돈을 지나치게 쓰기 좋아하는 것은 상스러운 것이다.

베풂이 지나친 것도 교만이다. 학력에만 편중한 지나친 교육도 사치라고 생각한다.

지난여름부터 성당에서 S와 비슷한 여인을 몇 번 보았다. 젊고 예뻐서 아니리라 생각했지만 어쩐지 단언할 수가 없었다. 과연 내가 아는 후배 S일까? 내일 성당 사무실에서 확인해 봐야겠다. 혹시라도 S가 맞다면 아까 본 여인처럼 곱게 나이 들었을 것 같다. 자연스럽게 나를 돌아본다. 몇 년 사이 살이 찌고 머리도 대충 묶고만 다녔다. 많은 사람이 나의 이런 모습에 실망했을지도 모른다. 이제 화장품도 좋은 걸 사서 진하게 바르고 싶고 머리도 우아하게 풀고 다니고 화려하게 멋도 부리고 싶어졌다. ✝

4.25.

5년 안에 읽지 않는 책
5년 정도 입지 않는 옷
5년 동안 안 신는 신발
오래 만나지 않는 사람 ✝

5.2.

내가 원하는 나의 모습.
마음을 온유하게 다스리고
마음을 고쳐먹고

마음을 맞추고

마음을 바꾸고

마음이 변하지 않는 사람이 되도록.

누가 남의 일에 신경 써?

자기들 일에 신경 쓰지.

자기들 살기 바빠요.

당당히 살자.

· 그리운 사람 : 미경이, 성희, 소연, 채은 님, 현선, 지혜, 정연, 소연, 희연, 은형

나이가 드나 보다. 옷도 편안해야 좋고 집도 정든 곳이 좋고 차도 외관의 완벽함보다 편안한 차가 좋다. 사람도 억지로 맞춰야 하는 사람보다 맞추지 않아도 편안한 그런 사람이 좋다. †

5.8.

예쁜 꽃밭 가꾸고 기다리신 부모님! 용돈도 조금밖에 못 드리고···. 어머님에게 마음속 상처가 심하셨던 것을 이제 알게 되어 내심 안쓰럽고 속상했다. 얌전한 시누이가 자리하고 있어 참 다행이다. 항상 조용한 시누이. 사랑 깊으신 시아버님. 곱고 나에게만 특별히 사랑해 주시는 시어머님. 친정 부모님, 시부모님, 건강만 하시기를···. 걱정스러울 뿐이다. †

5.13.

터키- 핀란드- 스웨덴- 노르웨이- 덴마크.

오직 엄마를 위한 엄마와의 행복을 위한 여행. 터키 항공을 타고 밤새워 비행기 안에서의 즐거운 식사. 편안한 잠. 그리고 아침의 터키 모닝커피.

터키 항공은 공간이 크지 않아도 쾌적한 공기와 내추럴한 터키인 남녀 승무원의 서비스가 인상적이다. 핀란드 헬싱키에 도착 후 헬싱키 시내의 대성당 하얀 석조의 깨끗한 건축을 보았다. 엄마 한 컷 찍어 드리고 시청사에서도 한 컷. 토산품 도란도란 모여 있는 마켓 구경하고 버스에 탑승했다. 예상 밖의 무더운 날씨에 모자도 없이 얼굴 태우는 엄마가 조금 안쓰러우나 즐거운 마음으로 다시 발걸음을 뗀다.

시벨리우스 공원 방문 후 발틱 프린세스 크루즈 여행으로 가서 저녁은 스칸디나비아 뷔페로. 식사 후 배의 전망대에서 바닷물결과 해 넘는 일몰을 촬영했다.

배 안의 작은 숙소는 깨끗했다. 엄마와 피로를 풀었다. †

5.15.

스웨덴 스톡홀름에서 칼슈타트로 오래 전용 차량으로 이동했다.

북유럽 모든 자연풍경은 일률적이다. 마치 빗줄기 같은 가늘고 기다란 나무들에 산들산들 한들한들한 셀러리 이파리처럼 가벼운 연두 나무들. 오직 똑같은 풍경의 연속. 칼슈타트 전망대에서 바라다보이는 아름다웠던 창가 전경, 좋은 일행들과 함께한 점심식사. 북유럽의 커피는 어디서도 괜찮은 맛이다.

차 안에서 엄마가 평화로이 긴 낮잠 주무시는 모습에 마음이 뿌듯하다. 스웨덴은 차도 거의 안 다니고 상점도 거의 없고 조용할 뿐.

토산품 가게에서 첫째와 남편 줄 향기 좋은 에그비누를 골랐다. 호텔은 호사롭게도 호수 보이는 좋은 방에서 밤에 잠 청하는 엄마께 얼굴 비비며 굿나잇이라고 속삭여 드렸더니 아기처럼 크림빛 미소 지으며 행복하게 눈을 감으셨다.

오늘 아침은 스웨터가 유명한 노르웨이 오슬로를 향하여. †

5.16.

오늘은 아침부터 노르웨이 전일정. 송네 피요르드 호수의 자연경관을 보고 플롬열차 타고 무지개 경관까지. 엄마가 나름 즐기실 수 있던 노르웨이 하이라이트 일정이었다.

너무 오랜 시간 전용 버스 속에서 많은 사람과 함께하니 숨이 막히고 자유 잃어 생각도 차단되니 일 초도 견디기 어려워 참으로 힘들었다. 다만 여행 중에 아픈 사람들이 발생해 마음으로 안쓰러웠다. 매 끼니 여럿이 함께 먹기 몹시 힘들다. †

5.17.

노르웨이의 호수는 검정 거울처럼 찬란했다. 덴마크 코펜하겐으로 가는 크루즈 안에서의 하룻밤. 훌륭한 뷔페 먹고 잘 갖춰져 있던 배

안의 면세점에서 즐겁게 쇼핑하였다. 가족들에게 줄 선물들을 모두 샀다. 뿌듯했다. ✝

6.1.

마음이 아프다. 70세를 넘기면 마음이 여려지나 보다. 툴툴대다가도 조금만 잘 해드리면 배불러 충만한 표정을 짓는 나의 엄마. 엄마에게 친절한 딸이 되어야겠다고 다짐한다. 엄마가 기뻐할 수 있는 일이라면 뭐든지 해드리고 싶다. 나이 드시는 엄마의 모습이 안타깝게 느껴지는 하루다.

내 친구 YS와 얼마만큼의 우정인지 아직 모른다. 내가 YS에 대해 아는 것은 미국의 호화 물질 가치를 잘 알면서도 한국의 빈민 생활상도 잘 포용하는 슬기로운 눈을 갖고 있다는 것, 다소 느려 가끔 답답할 뿐이지 내면은 진실하고 마음씨 고운 편안한 친구라는 것, 언제든 변하지 않는 친구 사이라는 것이다. YS랑은 세상의 규칙과 타협으로부터 벗어난 우정을 갖고 싶다. 다시 말하면 그 어떤 계산이나 셈을 생략하고 싶은 관계가 되고 싶다. ✝

6.5.

하고 싶은 것, 쓰고 싶은 것 참 많은데 막상 빈곤할 때 슬퍼진다. ✝

6.13.

시댁에 가서 시부모님과 함께 점심을 먹었던 날 어머님께서 고급 자동차를 주셔서 받아왔다. 아버님 얼굴에는 대상포진 후유증의 흔적이 남아있었다. 어른들 사랑을 두고 돌아오는 길에 마음 저리고 아프다. 후회 없이 잘 해드려야겠다 다짐하며 불손했던 날들을 뉘우친다. 세상 떠날 날이 조금씩 다가온다는 사실이 슬프다. 아버지와 만만하게 목청 높여 통화하던 옛날이 그립다. 속태우며 마음고생하던 친구 YS가 내일 오는데 지금 당장이라도 보러 마중 가고 싶다. 가여워서 꼭 맞아주고픈데 욕심부릴 수 있을지. 마음을 다해 친구를 응원한다. 내가 사랑하는 모두가 아프지 않기를. ✝

6.17.

노년의 빈곤과 불균형한 생활 패턴, 적대자에 대한 자존심을 포기하지 못하는 등 여러 쓸쓸한 감정 속에서 동시에 내 남편과 내 딸들에게 참 고맙고 지금 사는 이 집을 아끼고 좋아하는 등 긍정적인 감정이 한데 뒤섞여 스트레스를 받는 현실이 힘들다.

남편의 조언대로 여름학기 강좌 하나를 첫째 딸과 함께하고 11월엔 예술대학원 문학전공을 추진해야겠다. 내가 오래 쉬었던 문학을 학교에서 정식으로 교육받으며 학교생활을 경험하고 싶다. 엄마를 자주 만나는 것이 엄마에게 자꾸만 경제적 부담을 끼치는 것 같아 미안하고 뭘 사다드리는 효도의 행위도 지나치니까 촌스럽고 권태가 느껴진다. 되풀이될수록 꼭 후회가 된다. 당분간 모든 걸 쉬고 싶다.

첫째 딸이 내 카운슬러이다. 딸이 힘이 된다. 난 딸들에게 잔소리를

삼가면서 어떤 길을 가든 자신들 뜻대로 개척할 수 있도록 조용히 뒤에서 관망하고 싶다. †

7.1.
아랍인의 마음이 관망과 순응이라고 했던가. 요즘의 내가 그렇게 되어 간다. 마음을 비워 간다. †

7.2.
눈물로 호소하는 진실, 그 뒤에 오는 실망으로 마음이 식는다. 이젠 인위적인 희생이나 의도적으로 노력하며 애쓰는 일을 하지 않겠다. 내게 돌아오는 실망과 변심에 많이 지쳤다. 변하지 않는 건 거의 없다. 관계도 예외는 아니었다. 변하지 않는 사람으로 남는다는 건 참으로 어려운 일 같다. 사람들의 내면이 드러나는 날것의 눈빛이 떠오르는 슬픈 밤이었다. †

7.5.
지난겨울부터 스트레스를 받으면 살이 찌고 침을 삼키기 힘들 정도로 숨이 가쁘다. †

7.8.
머리 쓰는 일은 하나 마나다. 어차피 세상은 공평하게 돌고 도는 부메랑이다. †

7.9.

스트레스 때문에 계속 숨 가쁘고 기침이 나서 병원엘 가야 하나 고민이다. 딸은 딸대로 공부에 대한 압박감에 힘들어 보인다. 그래도 대인관계에 대한 스트레스가 아니라 다행이라고 생각한다. 자격지심을 비우고 자존감을 갖고 노력하고 겸손하렴. 세상은 네 복 다르고 내 복 다른 거란다. †

7.13.

과한 오지랖은 부리지 말자. †

7.18.

집 안 청소를 하는 날이었다. 싱크대와 목욕탕을 락스로 청소한 뒤 찬물로 머리를 감고 샤워하고 나오니 첫째 딸이 내게 보이차를 건네주었다. 딸의 마음이 담긴 차 한 잔에 심신이 금세 평화로워지고 행복으로 가득 차오른다.

요즘 입맛이 줄고 체중이 조금 내려갔다. 그동안 스트레스로 많이 힘들었는데 오늘에서야 평정을 되찾고 이 모든 것에 감사를 느낀다. 모든 것을 내려놓고 마음을 비우고, 어떤 탓도 아니 하고 그냥 세상 모든 것을 긍정하기로 했다. †

7.21.

첫째 딸과 함께 있어 행복한 나날이다. 이제 완연한 요조숙녀가 되어 제법 맵시가 난다. 요즘엔 새로 사귄 장애인 친구 YJ와 소통하며 지내고 있고 딸들도 남편도 모두 만점이다. 더 하지 않는다 해도 이 얼마나 감사한 삶인가. 욕심을 비우고 꿈나라로 떠나듯 언젠가 미소 지으며 눈감을 때까지 이대로만 행복했으면 좋겠다. 사랑하는 가족, 그리고 주님께 감사하다. ✝

7.23.

엄마랑 참 닮은 분이 집 구경을 시켜주었다. 많이 낡은 아파트 외관에 적응이 쉽지 않다. 아파트는 대주가 제일이지만 아이들 교통 문제를 생각하지 않을 수 없다. 다른 아파트의 어느 집에서 날 맞이해 준 젊고 통통한 새댁이 아직도 기억이 난다. 낡은 아파트를 보고 오니 내 집보다 깨끗한 집이 어디에도 없다고 생각된다. 크고 넓은 집에 대한 꿈은 이제 촌스러운 일일까. ✝

8.6.

지인 덕분에 한 가지 터득한 삶의 진리가 있다.

돈 한 푼 없어 가난해졌다거나 병들었다는 이유로 배우자를 버리지 말아야 한다는 것이다. ✝

8.12.

둘째 딸이 겉보기에 씩씩한 것과 달리 어린 나이부터 친구 관계에서 갈등과 번뇌를 겪고 있다. 나의 형편없는 고민과 스트레스가 부질 없어지고 딸 앞에서 부끄럽다. 어떻게 하면 딸의 약한 몸을 조금이라도 건강하게 할 수 있을까? 어떻게 하면 딸이 스트레스를 덜 받을까?

어느새 딸 걱정에 마음이 어지럽다. 딸이 공부에 욕심을 내려놓고 즐겁고 행복하게 지내며 친구들과의 모임을 주도하길 바란다. 나중엔 딸의 모든 심경을 헤아려주고 안팎으로 외조해 줄 수 있는 편안한 사람을 만나면 좋겠다. ✝

8.20.

진즉부터 여름이 가기도 전에 날붙이 같은 예리한 가을 기운이 신경을 건드린다.

기분 몹시 나쁜 가을 아침햇살.

결벽증에 대한 심한 거부감과 불쾌한 망상, 악몽과 마귀가 내게서 하루빨리 멀어지길. 마음을 다스리자.

힐링이 필요하다. 감미로운 음악에 푹 젖어 불쾌함을 잊고 싶다.

모두에게 가을의 시작이다.

가을에는 홀로 있게 하소서.

가을에는 홀로 있게 하소서. ✝

8.28.

가을에는 야위고 싶다. 아주 조금.

몇 달 만에 오전 미사를 보았다. 그 좋은 성전, 성가 찬송, 기도 그리고 변함없이 편안한 교우들. 미사가 끝난 뒤 간절한 고해성사를 본다. 뉘우치고 회개한다. 몇 달간의 냉담을.

  신부님 말씀이 성당을 나오지 않는 것은 하느님을 믿지 않는 것과 같다고 한다. 성직자의 훈계를 통해 지식과 철학, 미지의 지성에의 염원으로 내 무지를 눈 감고 되새겨 본다.
  끝없이 갈구하고 싶은 깊이 없는 지식에의 호기심. 쉰 살이 되도록 쌓아온 것이 별로 없다. 공부를 오래 한 해박한 지식인들이 부럽다.

  첫째 딸이 신앙과 기도를 사랑하는 인연을 또 만날 수 있을까….
  처음으로 가슴에 아쉬움이 스친다.
  딸과 퍼붓는 폭우 속을 뚫고 함께 드라이브하며 쇼핑하다 귀가한 날이었다.
  텅 빈 마음이 된 딸이 늘 가엾다. ✝

9.6.

  어제 첫째 딸과 차 안에서 대화하다가 옛 연인과의 추억을 여전히 그리워하고 있던 것을 알게 되었다.
  오늘은 딸의 친구 YJ와 카페 거리를 즐겁게 산책했고 레스토랑에서 함께 식사를 했다. 너무나 행복해하는 내 딸을 보니 나도 덩달아 기분이 좋아졌다. 딸에게 작은 기쁨을 주는 친구의 존재는 참 귀하고 귀하다.

내가 용돈으로 쓰라고 통 크게 큰돈을 쥐여 준 것에 감동하였는지 몇 번이나 감사하고 하였다. 스물다섯 저무는 즈음에 용돈으로 이러는 것이 귀엽기도 하고 가엽기도 하다. 내년엔 돈을 직접 벌어보며 경험을 쌓길 기대해 본다. †

9.11.

우연히 카톡을 보다가 Y네 엄마와 통화하게 됐다. 두 아들을 뉴욕의 대학·대학원을 보내고 Y는 대만 유학 시절 고등학교 때부터 8년 동안 사귀어 온 대만 여성과 작년에 26세 이른 나이로 결혼을 시켰다고 한다. 깜짝 결혼 소식을 전해 듣고 놀랐었다.

Y네 엄마와는 두 번이나 밖에서 우연히 마주쳤는데 앞으로도 기회 될 때 연락해 만나기로 했다. †

9.30.

모든 것으로 마음을 비운다.
어쩌면 부처님처럼 내 몸에서도 사리가 나올지도 모르겠다. †

10.7.

누군가를 미워하고 있다는 건 마음속에 감옥이 생기는 것이다.
마음의 범죄를 저지르지 않도록 늘 너그럽게 인정하도록 하자.

친구 딸의 생일이라 통화했는데 친구 O네 어머니가 치매가 심해 힘든 시간을 보낸다 한다. 5년 사이 나도 폭삭 늙었지만 주변의 여러 사람도 함께 변해간다는 생각이 들었다.

O의 딸은 부잣집 예비 시부모로부터 여러 고난을 홀로 외로이 감내해야 했는데 이게 참 안타까웠다. 물론 그 또한 인생의 한 과정이니, 부디 결혼해 잘 살기를 바란다. 기회가 되면 내 딸들과 함께 좋은 식사 자리를 마련하고 싶다. 근심 걱정 없이 행복하기를 기도한다. †

10.10.
부동산 문제로 남편과 의견을 나눠 오던 일이 대강 마무리되었다. 묵주 기도를 하면서 주님의 뜻에 맡기고 기다린다. 순리에 따른다.
어서 빨리 딸들을 위해 저축할 날을 고대한다. †

10.11.
투명한 마음으로 만날 게 아니라면 자신의 깊은 마음을 마음으로 나눌 게 아니라면 자신의 마음을 꼭 닫고 내보여주지 않을 거라면 만남도 우정도 사랑도 의미가 없다.
진심을 나눌 수 있는 사람에게만 마음을 다하고 싶다. †

10.18.
집 보러 다니기는 오늘로 끝이 났다.
멀미가 날 것 같다.

늘 느끼는 거지만 돌아와 보면 내 집만 한 곳이 없다. 큰돈 버리는 일 생기지 않도록 조심하며 차츰 고쳐 사는 방향으로 살아가길. ✝

10.19.

점심때나 되어서 겨우 외출할 수 있었다.

야탑 아웃렛에서 사고 싶은 게 보여도 이것이 유의미한 소비일지 가늠하며 지출을 최대한 삼갔다.

어여쁜 부원장님께 약 받고 나오니 모처럼 상쾌한 날씨에 거리를 활보하다가 마주친 노점상에서 쑥송편, 야채 튀김, 단감 한 봉지를 담았다. 킴스 아웃렛에서는 과일과 여러 식재료를 사 왔다.

잠깐 쉬던 봉사활동 두 개도 전부 다시 해 볼 용기도 생긴다. 꽃 봉사는 시간이 걸리는 데다 새 공부라 서서히 관심 갖고 다가가겠지만 보바스 병원에서 하는 봉사는 특히나 설렌다.

봉사 세 가지에만 전념하며 산다면 내 생활에 만족할 거 같다. 나이 드신 분들의 의식적인 모습들을 보며 동네를 뜨고 싶고 견디기 어렵기도 하다. 오로지 우리 네 식구만 생각하고 싶지만 이것 또한 쉽지 않다. 외로웠다가, 괜찮았다가, 얼굴이 부었다가, 눈이 매웠다가, 두통이 심했다가, 그렇게 가을 내내 몸살을 이고 지냈다.

엄마의 인생은 나의 인생과 차이가 크고 이점을 잘 알고 있어 마음을 비우려고 노력한다. 엄마는 여전히 주변 분과 불편함을 내게 털어

놓곤 하신다. 저마다 불편한 사실이 집집마다 있겠구나 생각하게 되는 날이다.

조금 늦은 시간이라 미안하고 주저했으나 진실한 목소리가 그리워 단골 가게 사장님과 잠시 통화했다. 잠깐의 대화로도 위로를 받아 듬직한 언니처럼 느껴진다. 사람과 사람의 관계 어떻게 다 같을 수 있고 어떻게 좋을 수만 있겠는가. 미움이 없는 것이 최고다. 역시 마음을 비우는 연습, 그리고 묵주기도밖에 방법이 없겠다. †

10.29.

어제 J 선생님 부군 문상에 다녀왔다.
컨디션이 좋진 않았지만 남편과 무사히 다녀왔다.
오늘은 피로를 풀기 위해 푹 쉬고 이름 올려 묵주기도로써 추모 기도를 올렸다. †

10.31.

마트를 지나다가 채소 다발 보고 욕심이 나 배추 6통 총각무 4묶음 깍두기와 섞박지 만들 무 12개를 사다가 엊저녁부터 밤새 김장해서 완성했다. 생전 처음이다.

엄마네, 오빠네… 엄마 생신 모임 때 나눠 주려 한다. 첫째 딸이 오기 전, 갈비찜용 고기도 사다가 갈비찜도 준비 완료다. 머리 염색과 목욕을 마친 후 휴식을 즐겨 본다. 묵주 기도 후에는 무얼 먹을지 사소한 고민에 빠진다. 비빔국수를 먹을까?

이만큼 삶에 감사한다.

가족 모두 건강만 한다면 그것이 가장 감사하다.

빈털터리라도 좋다. 건강만 하다면. ✝

11.4.

며칠 내내 집안일로 무리한 탓에 다시는 올 것 같지 않던 염증 증세가 보여 약을 먹게 되었다.

둘째 딸을 세끼 고기 잘 먹여 보냈더니 내일 밤엔 첫째 딸이 귀국한다고 한다. 아이들은 내가 크게 걱정하지 않아도 홀로 스스로 잘 지낼 것 같아 안심이다. 부디 마음 행복하고 당당하기를. ✝

11.5.

밤에 귀국한 첫째 딸을 데리고 왔다. 쌓여있는 택배들을 골고루 뜯어보며 만족해하는 딸을 보니 내 맘도 덩달아 좋아졌다. 딸은 미리 깨끗하게 정돈해 놓고 따뜻하게 데워 놓은 방에서 곤히 잠이 들었다. 지금은 따로 만나는 사람도 없고 과거의 인연을 돌이키려는 마음도 크게 내키지 않는 모양이다.

두 딸에게 주님께서 길을 열어주시리라 믿는다. 딸을 집으로 데려오기 전 성당에 들러 성모님께 촛불 봉헌해 딸들에게 은총이 머무르길 기도했다.

아멘. ✝

11.6.
내가 가끔씩 멋을 부리는 이유는 나의 인생의 운치와 행복을 향유하기 위해서일 뿐이지, 과시하기 위함이 아니다.

과시, 체면치레, 허영, 허풍, 사치, 과욕 겉치레, 과한 자기 자랑…. 이 모든 것에 멀미가 난다. †

11.8.
내일은 첫째 딸 생일이다.

오늘 저녁 제 침대에 앉아 노트북 하는 딸의 얼굴이 마치 하얀 박꽃처럼 말갛다.

어쩜 이리도 예쁠 수가 있을까. †

11.12.
너희는 재물을 하늘에 쌓아두어라.

마음을 비우니 나는 행복하다.

주님은 하늘을 날아가는 새 떼에게도 먹이를 주신다고 하셨으니, 내일 일은 걱정하지 말라.

주님께 맡기고 원하는 대로 구하면 이루리라. †

11.19.
몸이 소금에 절인 생선 같다.

폭우 같은 잠이 쏟아진다.
물질적인 것들은 내겐 문제가 되지 않는다.
주님께 맡기면 되리라 믿는다.

내성적이라 일 년에 한 번도 연락하지 않는 친구가 있는데 나는 이 점이 가끔 서운하다.
딸들이 넓은 마음을 가지고 사랑 표현을 아끼지 않는 사람과 만나길 바란다.
사랑은 표현할수록 좋은 법이다.

문학적 사랑, 문학적 표현이 그립다.
'그대의 고요한 미간',
'첫날처럼'…†

11.25.

아주 오래전 빌려줬던 돈을 돌려받은 것을 계기로 S 씨에게 미안하고 고맙고 인생을 배운다.

욕심부린 사업의 실패와 그로 인한 가장 이혼 假裝離婚.

빚만 가득 진 채 가게 된 중국행으로부터 13여 년 만에 삶이 전복되어 부자가 되어 금의환향하여 서울에 정착해 이제는 부부가 성당에서 봉사하며 평온히 지낸다.

빚이 없었다면 사업 재기에 성공하지 못했을 거고 실패 덕분에 성공도 했겠지만 부자가 된들 죽을 때 가져가는 거 아니고.

아내의 리더십에 힘입어 어려움을 함께 이겨낸 그들 부부의 깊은 사랑에 마음이 겸허해진다. 앞으로도 행복만 가득하길 기도하련다. 그녀와 가끔씩 만나 함께 인생을 이야기하며 즐거운 시간을 보내는 친구가 되고 싶다. †

12.4.

병원 봉사가 마음을 평안하게 만들어주는 덕에 만족스럽다. 80세 할머니 봉사자님의 운전 봉사까지 도맡다 보니 가정사를 듣게 되었다. 5남매를 낳아 키우다 30년 전 사별하였고 이혼한 큰아들의 손자 손녀를 열 살 때부터 키워 지금도 그들과 함께 산다는 이야기다. 넷째 자녀인 딸 쌍둥이 자매는 52세인데 미혼으로 둘이 함께 산다는 말에는 세상이 많이 달라졌구나 생각이 들었다. 할머님이 병원 봉사를 계속하셔야 할 텐데 연세가 많으셔 걱정이다. 좋은 사람들과 함께할 수 있는 보바스 병원 봉사만은 평생 꾸준히 하고 싶다. †

12.5.

석 달 만에 M과 통화를 했다. 그녀의 어머니가 뇌출혈 수술을 받은 지 3주 만에 유방암 1기 수술을 받아 자금난에 집 줄여 이사하고, 자궁근종과 유방 결절 맘모톰 수술 예정에, 그녀의 아들까지 무릎 인대 수술을 받고 휴학하는 등 최근의 고생담을 듣게 되었다. 사람 사는 게 다 힘들다지만 사랑하는 오랜 친구의 고초에 유독 마음이 아팠다. †

12.6.

애주가의 마음을 잘 이해하지 못했는데, 오늘 마신 맥주가 몸속에 퍼지며 취기가 살짝 감도는 느낌이 꽤 좋았다. 적당한 음주는 건강에 좋다고 하니, 한 잔씩이라면 집에서 가끔 즐겨도 괜찮을 것 같다. †

12.9.

연말 분위기가 가득한 12월, 모처럼 옛 가요 메들리를 들으며 휴식하는 월요일이다. 한 잔의 술 대신 커피를 마시며 잠긴 생각은 인간애의 그리움에서 문학적 갈망으로 이어지며 마침내 J 선생님에 대한 존경심에까지 꼬리가 이어졌다. 적어도 『문파』를 유지하고 적어도 1년에 시 8편만큼은 쓰며 시인으로서의 맥을 이어가겠노라 다짐했다.

감정이 고프고,

책이 고프고,

문학이 고프다. †

12.10.

끄무레한 날씨 탓인지 깊은 잠에 휘말린 하루다. 저녁이 되어 지나는 한 해를 정리해 본다. 일 년 내내 스트레스가 많았던 것 같다. 봄에 갔던 대만은 좋았으나 북유럽은 그러지 못했고, 가을 내 몸살로 앓다가 전에 없던 두통까지 겪었다.

만사에 반대하는 엄마와의 갈등이나, 어려워진 친정 사정 등 여러 다사다난한 일 속에서도 남편과 다툼 없이 지내고 딸들의 출중함 덕에 흡족함도 있었다.

언젠가 친정 부모는 형편에 맞게 생계를 꾸려가길 바라고 90을 바라보는 시부모님은 정 좋은 부부로 지내시길 바라고 시누이에게는 좋은 인연이 닿길 바란다.

우리 가족은 따로 지내도 끈끈하게 연결되어 있기 때문에 건강만 하면 아무 근심이 없다. 그저 가족의 미래를 대책하고 싶을 뿐이다.

명은 주어지는 만큼 받아들이기로 하며, 탓하기보다 감사하는 삶을 살기로. †

12.17.

어제 엄마와 미사를 본 뒤에 오랜만에 모녀가 함께 백화점에서 쇼핑을 즐겼다. 할인하는 화장품을 산 뒤 식사로 먹은 회냉면은 맛이 좋았다. 엄마가 현금을 풀어 쓰시는 것 같아 어쩐지 안심이 되었다.

연로해진 친정 부모님이 시부모님만큼만 건강만 유지할 수 있다면 참 좋겠다. 행여 편찮아지는 일 생길까 걱정이다.

이사에 대한 망설임의 연속이다. 기회가 좋으면 조금 넓혀두는 게 훗날을 위해 좋을 것 같긴 하다.

계획한 일을 실천하지 못하는 것.
약속을 취소하는 것.
연락할 인연이 많아도 생략하는 것.
선물을 나눠주고 싶어도 관두는 것.

무언가 사고 싶은 마음을 접는 것.
나가고 싶지만 나가지 않는 것.
꿈꾸고 싶은데 포기해야 하는 것.
하고 싶은 걸 다 할 순 없는 인생살이다. †

12.19.

엄마를 모시고 연말연시 기분을 냈다.
강남 아웃렛과 고투몰에서 쇼핑을 하고 함께 장을 보고 많이 걷고 드라이브하다가 귀가. 모녀의 행복한 하루였다. †

12.27.

집 안의 모든 잡다한 쓰레기들을 정리했다.
집을 청소하며 마음의 평안을 얻곤 한다.
저녁엔 문득 지방에 사는 조카부터 미국, 캐나다, 호주까지 곳곳에 흩어져 있는 열 명도 넘는 조카들이 그리워서 눈물이 났다.
누구든 한국에 와도 밥밖에 못 사주는 고모다.
마음엔 사랑이 넘쳐도 충분히 표현해 주지 못해 안타깝다.
한결같이 사랑하는 내 조카들. †

12.28.

커튼을 달며.
작은딸 방에 커튼을 달았다. 난 커튼을 좋아한다. 창문에 드리우는 여인의 치맛자락 같다. 커튼을 드리우면 위안이 들고 가슴 밑바닥에 요를 까는 것처럼 마음에 안정과 고요가 인다.

양손 모아 커튼을 치고 돌아서는 여인의 눈빛은 세상에서 가장 아름다울지도. 사파이어처럼 푸른빛이 날지도. †

12.31.
취향에 대하여.

부부의 취향에 대해 때로 아쉬움을 느낀다. 전자 공학을 하고 평생 해외 영업을 해 온 남편은 내가 몸 담고 있는 문학을 전혀 알지 못한다. 시인 한용운을 모르고 헤세를 모르고 유명한 시 한 줄을 모를 정도다. 나는 그가 좋아하는 재즈를 알지 못하고 최신가요를 알지 못한다. 은근한 버터 내음 나는 남편 취향에 맞는 세련된 음식을 차릴 줄 모르고 그가 좋아하는 기네스 흑맥주도 함께 음미할 줄 모른다. 그가 좋아하는 값비싼 치즈나 독일 과자를 살 땐 아까워서 쩔쩔맨다.

나는 결혼 전 소낙비 세차게 내리는 거리에서 내 어깨를 확 껴안아 줄 야밤 집 앞 전봇대 앞에서라도 사랑한다고 크게 외쳐줄 수 있는 박력 있는 남자를 원했다. 신혼 때 주말 앞둔 밤이면 즉흥적으로 차를 몰고 경포대 바닷가를 향해 함께 달리고 싶었고 밤 열한 시면 꼭 이불 덮고 자야 하는 남편과 감미로운 카페에서 멋진 영화의 명대사나 명장면, 무드 팝송의 멋진 가사에 대해서도 밤새워 이야기 나누고 싶었다. 절대 야식을 않는 남편과 늦은 밤 매운 라볶이를 끓여 머리 맞대고 먹는 즐거움을 누리고 싶었다. 취향의 공감이 적은 우리 부부는 그럼에도 평생 싸움 한번 안 하고 수십 년을 함께 살아왔다. 결혼 전, 여러 여자를 만나봤지만 너만큼 좋아한 여자는 없다며 전화로 사랑을 호소해 온 남편과 말이다.

 난 쉬는 날 종일 핸드폰으로 영화만 보며 낮잠을 자야 하는 남편을 들볶아 본 적이 없다. 문 열면 귀가하는 거인 같은 남편을 맞아주는 아주 작은 여자로 살고 싶었지만 그리되지 않은 걸 불평해 본 적은 없다. 그러나 난 무엇보다 지금의 삶이 행복하다. 예쁜 두 딸에게 옷차림을 코디해 주는 우리 가족의 스타일리스트이며 소파를 기름걸레로 광낼 줄 알며 마트에서 푸짐하게 장 본 걸 씩씩하게 나를 줄 알고 신선한 야채를 맑은 물에 씻을 줄 알며 호박을 푸르게 부쳐 접시 가득 담을 줄 알며 식탁을 말끔한 행주로 뽀드득 소리 나게 닦는 걸 즐거워하며 아침마다 생강 달인 물과 생과일을 믹서기에 갈아 텀블러에 담아 출근하는 남편 손에 쥐여줄 때 사랑한다는 말과 포옹을 잊지 않으며 가끔은 왕비처럼 우아한 외출을 즐기는 작은 집 안에서의 일상을 예술로 누리는 지금이 너무나 감사할 뿐이다.

 10만 원짜리 골프 드라이버를 사면서도 오래오래 벼르던 20만 원짜리 가죽 재킷을 사면서도 한 달씩 고민하는, 한 끼의 외식도 여행도 자제하는 검소한 남편이지만, 나의 딸들에게 엄마와 결혼한 이유는 엄마를 너무너무 사랑했기 때문이라고 이야기하는, 함께 살아오는 동안 내가 하고 싶은 모든 것들을 다 할 수 있게 해준 느티나무 그늘 같은 나의 오래된 사람, 고마운 내 남편과 함께하는 삶을 나는 사랑한다. 그의 미소를 사랑한다. ✝

> 김상아의 단상

사랑하는 엄마에게

　새벽 늦게 잠들어 늦게 일어나요-
　오늘 푹 쉬시고 외출은 하루 걸러 한 번씩 하도록요. 제가 약초 복령가루를 택배로 보냈으니 오늘 오후에 받아서 주무시기 전에 숭늉처럼 묽게 타 마시고 주무시도록 하셔요. 뇌혈관에 좋다고 해요. 온수 아끼지 말고 욕조에 물 담아 어깨 근육 좀 푸셔요. 내일 점심에 모시러 갈게요. 분당 서현동으로 함께 가요.

1.1.

새해 첫날이다. 사랑은 표현해야 안다. 내게 사랑을 표현하는 사람을 더욱 아껴줘야겠다고 다짐한다. ✝

1.6.

오늘은 간만에 작은고모님과 통화했다. 보기 좋게 통통하고 말랑말랑한 몸맨두리가 그립다.
많이 연로해지신 목소리가 전화기 너머로 선명하다.
고모님들 모두 몸과 마음 할 것 없이 고생하셔서 마음이 쓰인다.
J 언니와 통화해 안부도 나누었다.
언니가 형부 간병을 오래 해왔는데 언니의 건강이 항상 걱정이다. 언니가 새해엔 여행을 많이 다니며 쌓인 피로를 풀었으면 좋겠다.
엄마도 그립다.

나는 새해에는 여행을 자중하고 둘째 딸의 고3 생활을 위한 묵상에 집중하려 한다. ✝

1.8.

돈이 없을 땐 안 쓰는 게 최고다.
푼돈 나누는 오지랖도 일시적인 방편이다.
부족하다 싶으면 안 쓰는 게 차라리 낫다.
기본 지출만 편하게 쓰면 그뿐이다.

지나치게 가리는 게 많고 싫은 게 많아 정색하는 복 없는 사람은 되지 말자.

확실한 의사 표현도 좋지만 지나치게 부정적인 표현은 하지 않는 속 깊은 조용한 성품이 되자. †

1.9.

딸들이 거의 다 성장하여 자신이 원하는 대로 스스로의 삶을 개척할 나이다.

독립을 할지 안 할지 역시 그들의 자유다.

나와 남편의 건강과 사랑을 가장 중히 여겨야 할 시기가 찾아왔다.

늘 감사하는 마음으로. †

2.6.

나만의 행복을 추구할 뿐 경쟁하지 않는다.

내 마음속에 풍요로움이 생겨야 타인을 사랑할 수 있는 여유가 생긴다. 돈을 아껴 쓰는 방법은 사람들을 덜 만나는 것이다. †

2.11.

여러 고민 끝에 오래 기다려온 이사 문제를 이번 봄에는 결정하고자 한다. 딸들의 미래 때문에 지금 동네에서 거주하는 것을 유지하고 이사에 드는 비용보다 저렴하게 리모델링을 고려 중이나, 남편의 정신적 자유로움과 서로 내면의 화합을 위해 H 빌라 같은 깨끗한 집도 좋을 듯하다.

 엄마와 내가 함께 늙어감에 따라 서로 간에 생각 차이는 커지고 이로 인한 스트레스가 반복되지만 그래도 가족이기에 너무 멀지 않은 곳에 살며 서로 힘이 되어줘야 한다. 딸들을 위해, 남편을 위해, 부모님을 위해, 또한 나의 행복을 위해! †

2.13.

사랑하는 하느님 아버지, 주여.
오늘은 제가 결혼한 날입니다.
남편과의 27주년, 주님께 감사드립니다. †

2.14.

 헤레나 님이 사랑 가득한 선물 세트를 양손 가득 들고 오셨다. 진심이 담긴 정성이 느껴졌다. 몸이 늘 아프시고 그동안 나도 계속 몸이 시원치 않았는데 오늘의 만남이 귀하다. 헤레나 님도 나도 새해에는 복이 가득하고 서로 행복하기를 바라며 소박하게나마 여러 가지를 챙겨드렸다. †

2.16.

 모처럼 일찍 차려입고 약속 장소인 L 아파트 단지로 향했다. 사모님이 친절히 안내해 주셨다. 돌아와 H 빌라까지 보았는데 위치나 주변 환경, 교통 등의 요건은 딸들을 생각했을 때 L 아파트가 나았고 평수

와 내부의 품격은 H 빌라가 나았다. 짐을 줄이고 아파트로 가야 함이 옳다고 느끼지만 결국 도토리 키재기다.

저녁엔 둘째 딸을 데리고 41다워에서 가족끼리 저녁식사를 한 뒤 운동화를 사 주고 왔다. 첫째 딸이 동생을 만나고 싶다며 아침부터 기다리더니 행복해했다.

적은 돈으로 여러 가지 요건을 다 맞춰 떠나기 쉽지 않다. 좁은 곳으로 가더라도 떠나야 함이 옳다고 생각한다. 지금은 정착을 고려하기보다는 변화가 필요한 시기다.

첫째 딸의 취직보다, 둘째 딸의 대학 입학보다 우선으로 나와 내 남편 건강을 생각해서라도 떠나야 한다. 그러나 막상 딸들이 바르게 노력하는 모습을 곁에서 지켜보니 차마 엄마 자리를 뜰 수가 없다. ✝

2.21.

첫째 딸이 조교가 되었다는 감동적인 소식이다. 둘째 딸은 알아서 잘 챙겨 먹으며 독립생활을 씩씩하게 잘 하고 있는 듯해 대견하다. 딸들의 삶은 계속 변화하고 나아가며 움직이는 중이기 때문에 내가 나의 삶에 변화를 주는 것에 망설이지 않아도 된다. 남편과 자유와 사랑을 위해 떠나고 싶다. 서서히 부부의 사이클에 초점을 맞춰야 할 듯하다. 올해는 딸들의 취업 및 입시를 관망하면서 나는 나대로 이사 계획이 무사히 진행되길 바라고, 여행 계획은 내년으로 미루기로 한다. 일이 어떻게 풀릴지 예수님 뜻에 맡긴다. ✝

2.22.

미국의 서부에 위치한 도시 베벌리힐스에 산다는 한국인 영화배우의 이야기가 문득 떠오른 데다 봄이라 그런지 미국 여행이 가고 싶어졌다. 이사 문제나 딸들이 인생의 중요한 기로에 서 있는 시기인 만큼, 이 모든 걸 끝낸 내년쯤 가야 편안히 즐길 수 있을 것이다. ✝

2.25.

따뜻한 햇살이 잘 들어 봄이면 특히나 따뜻한 이 집이 소중하지만 남편과의 자유로움과 평안을 위해 아쉬움 무릅쓰고 떠나야겠다고 다짐했다. 늘 남편이 편안해하지 않고 예민한 모습을 보일 때마다 안타깝다.

며칠 전 송도의 백화점에서 첫째 딸 또래처럼 보이는 주부들을 보았다. 아기를 유모차에 태운 두 엄마들은 유행인 테디베어 코트를 입고 있었는데, 깨끗한 느낌의 그녀들이 보기 귀하게 느껴졌다. ✝

3.2.

3월의 첫날을 남편과 보내 행복했다. 함께 장을 보고 난 뒤 동네를 드라이브했다. 함박스테이크로 수제 버거를 만들어 엄마와 친구분들께 전해 드렸다. 저녁엔 모처럼 고등어김치조림을 만들어 밥과 함께 먹었다.

잠자기 전 남편과 서로 약속했다. 양가 부모님들보다 딸들보다 나

의 남편을, 나의 아내를 우선으로 사랑하기로, 서로를 제일 먼저 아껴 주기로. ✝

3.6.

둘째 딸이 지내는 원룸에 가서 함께 하루를 보냈다. 깨끗한 원룸, 사람 냄새 나는 동네를 보니 해외로 여행하던 때 못지않게 마음이 평화로워 천상 낙원이나 다름없었다. 원룸에서 기도하고 또 기도하니 기도원에 온 것 같아 오래 지내다 가고 싶어졌다. 신정동성당도 가까우니 아쉬울 게 없이 행복했다. 마음속 만족과 기쁨이 충만하다.

오후에 학교에서 돌아온 딸에게 저녁으로 불고기 밥을 챙겨주고 딸이 학원에 간 동안에는 신정동 거리를 활보하니 볼 것도 많고 살 것도 많아 그 어느 해외 여행지보다 즐거웠다. 딸에게 먹일 야식으로 햄버거를 사 들고 돌아가는 길 용인에 계신 아빠와 남편의 차에 둘 캔디 세트도 샀다. ✝

3.7.

하루하루가 행복하다.
낮에 동네를 걷다 들른 골프용품 가게에서 엄마에게 드릴 골프복 몇 벌을 오랜만에 샀다.
다이소에도 들러 싸고 예쁜 생활용품도 꽤 샀다. 저녁엔 또 산보하고 둘째와 딸의 친구들에게 마음껏 먹으라고 삼겹살집에서 한턱내고 성당에 들러 기도를 드렸다. 마음을 비우고 나를 내어맡기고 의탁하는 기도로 마음이 충만해졌다.

'산을 들어 옮길 만한 믿음이 있어도 사랑이 없으면 소용이 없다.

내가 사랑을 주는 만큼 그 사랑은 메아리가 되어 돌아온다.'

어제 신정동성당의 미사 중에 들은 말씀이다.

둘째가 리더로서 다양한 관계 속에서 수많은 갈등과 상처로 친구끼리 서로 울고 괴로워한다. 그런 모습을 보면서 나의 마음도 덩달아 아파 오직 주하느님께 맡기며 의지한다. 부디 평화를 주소서…. †

3.12.

J 선생님의 생신을 챙겨드리러 내일 신세계에 잠시 들르기로 한 날이었다. A 언니에게 전화가 왔는데 목소리가 침울했다. 집에서 지내는 아들에 대한 말 못할 고민과 어린 외손자를 돌보느라 힘들어 보였다. A 언니를 위로하며 마음을 다독여 주고 싶었다. 내게 전화해 마음을 함께 나눠주는 사람의 따뜻함을 잊지 않으려 한다. 누군가에게 위로가 되는 사람이 되고 싶다. †

3.13.

오래가는 법.

A 언니 시 한 편을 묵상하며.

상자 속 귤이 썩어있었다. 너무 오래 들러붙어 있었기 때문이다.

남녀도 모녀도 부부도 가족도 친구도 다소 떨어질 필요가 있다. †

3.20.

사순 시기.
기록용으로 사용하던 SNS 앱이 날아가 조금 섭섭하였다.
찾게 되길 기다릴 수밖에 없다.
곧 나의 꿈이 이뤄질 믿음을 갖는다.
재정 총정리를 하고 싶다.
모든 것에 마음을 비운다. †

3.29.

신부님의 간절한 기도에 은총을 받은 날이다.
목동성당에서 우연히 고해성사를 했다.
저녁 무렵 목동 거리에서 산책하며 시원한 바람을 맞으니 폐부가 상쾌해졌다.
5박 6일간 조그마한 원룸에서 딸과 머무는 동안 딸은 날마다 씩씩하고 행복해했다. 내가 떠나기 전 시장에서 사다 준 작은 꽃다발 하나에 말할 수 없이 기뻐하였다. 와서 해 준 거라고는 오직 방 정리뿐인데 엄마를 이렇게 사랑해 줘서 고맙다.
집에 오니 쾌청하다.
집에 평화만이 가득하기를. †

4.3.

때가 되면 주님께서 내가 구하고 꿈꾸는 것들을 내게 행하여 주시리라.

분노가 강해지면 평소에는 하지 않던 끔찍한 상상을 하게 된다. 탓하기보다 수양하며 참고 다스리려 노력하지만 가끔은 실패하게 된다. 내 자신이 화에 눌려 피가 거꾸로 솟을 것처럼 머리가 아플 지경이다.
딸들의 미래도 중하지만 나 자신의 건강도 소홀해서는 안 된다.
조용히 참고 인내한다.

사순 시기 묵상, 마음을 비우고 재물을 비우고 가족 일에 너무 매달리며 자신을 갉아먹지 않기 위해 마음을 비운다.
남편과 딸들이 자유로울 수 있도록 간섭은 덜어내기로 한다.
하느님의 아들, 하느님의 자녀, 나는 외따로운 하나의 영혼이며 주님의 마지막 종이다.
봄인데 어쩐지 허전하다. ✝

4.4.

열흘 만의 휴식과 평화다.
지금 이대로에 오직 감사하다. ✝

4.8.

봄 날씨가 참 좋다.
남편과 카페라테를 마시며 근교로 드라이브 나갔다.

내가 살고 싶어 하는 보라동에 들렀다가 광교의 백화점에서 그이를 위해 비싼 구두를 사고 모던하우스에서는 초록빛 트로피컬 무늬의 부엌 커튼을 샀다. 교보문고에서 책 구경하며 걷다 귀가해 비빔국수 맛나게 만들어 함께 먹었다. 남편과 함께 보내는 주말이 참 좋다. ✝

4.13.

기운을 내서 토요일 점심시간, 밖으로 나서기로 한다. 그이가 운전대를 잡고 강남으로 가 도곡과 대치동 일대를 걸어 다녔다. 산뜻하니 기분이 풀리고 지나다가 부동산에 들러 매물을 보았다. 오래된 아파트 50평이 수십억 원이었다. 유명한 타워팰리스를 가까이서 보게 되었다. 그곳에 살고 싶은 생각은 들지 않고 그저 부자 동네를 직접 보아 신기하다는 느낌뿐이었다. 타워팰리스 지하 푸드마켓에서 쇼핑을 하다가 둘째가 좋아하는 유러피안 꽃 한 다발과 수입 치즈를 샀다. 남편과 함께 딸의 원룸에 들러 청소해 주고 정말 몇 년 만에 셋이서 신정동에서 저녁 미사를 보았다. 기뻤다. 딸이 엄마가 자주 와 있어 주길 바라는 모습에 마음이 뭉클해지며 시험만 끝나면 곧 곁에 있어 주겠다며 다짐했다.

차츰 일 년 내로 이사한 뒤 주식을 팔고 자동차도 한 대로 정리하고 내년엔 걸어서 미사를 다녀야겠다. 요가와 꽃꽂이를 배우고, 주말 하루는 남편과 드라이브 겸 볼일을 보러 함께 다니며 엄마랑 가끔 택시 타고 쇼핑하다 식사 사 드리는 꿈에 부푼다. ✝

4.17.

대만으로 떠나기 전 이불 빨래하고 목욕하고 머리를 감은 뒤 휴식을 취한다. 딸들과 통화한 뒤에 첫째의 외국인 친구들과 영상 통화를 했다. 행복하게 하루를 마무리한다. ✝

4.18.

성금요일 묵상. 기도에 마음 기울였더니 예수님이 내게 임하시나 보다. 힘든 마음이 잠시 잊힌다. ✝

4.23.

대만에 있는 딸이 졸업한다. 그렇게 엄마 노릇하러 대만에 온 지 사흘째다.

딸이 방을 정리하고 목욕탕을 깨끗이 청소해 놓았다. 과일을 혼자서 깎아 준비해 놓는 모습이 기특했다. 어제는 내가 가 본 적 없는 종리의 백화점에서 쇼핑했고 오늘은 종일 수업이다. 함께 온 외숙모가 즐거워하시니 다행이다. 난 힘에 겹지만 오후에 타오웬 시내 가이드를 자처했다. 신 광산 위에서 니요우로우미엔을 먹고 커피와 궈티에(대만식 군만두), 하겐다즈 딸기 셰이크를 맛나게 먹고 푸드코트 빈 의자에 자리를 잡아 잠시 쉬었다. 외숙모는 항상 나의 기를 살려 주시고 종일 쉴 새 없이 깍깍 웃게 만들어 주신다. 사람을 편안하게 만드는 귀한 재주를 가진 유쾌한 분이시다. 인간적인, 너무나 인간적인 나의 외숙모. 매일매일 행복하시길 기도한다. ✝

4.26.

오늘 낮엔 동네 맛집에서 별미인 훤둔미엔을 맛나게 먹고 오후 늦게 떠나기 전 모처럼 첫째 딸과 단둘이 타오웬 시내에 가다 작년에 먹었던 두끼 떡볶이 사 먹이고 잡화점에서 몇 가지 선물과 백화점에서 큰딸 졸업 선물로 인디핑크 원피스 한 벌 사주었다. 예쁜 나이에 학생이라서 돈을 아끼느라 꼼짝 못 하는 내 딸이 안타깝고 측은하였다. 잠깐 사이 혼자 쉬시던 우리 외숙모님은 동네 시장에서 오토바이와 경미하게 부딪혀 내 마음의 충격이 말할 수 없다. 딸을 생각하면 하도 가엽고 이뻐서 한 주 더 머물고 싶지만 모레 한국 가서 6월 말 올 때만 기다려야겠다. ✝

5.5.

늙어가면서 가진 게 없어도 욕심이 없으면 행복할 수 있다. 늙어가면서 원하는 걸 할 수 있는 돈이 많다면 그 또한 행복할 수 있다.

그러나 갖고 싶은 것, 하고 싶은 게 많은데 가진 돈이 없어 자신이 누리지 못하고 있다고 생각하며 온통 세상에 대한 부러움뿐이라면 불행할 수밖에 없다.

행복해지는 방법은 욕심을 버리고 마음을 비우는 것이다.

3월에 하루, 4월에 한 번도 차를 타고 외출하지 않았다.
늘 숨이 차도록 힘들다. ✝

5.20.

누가 청포도 같은 날씨라 했던가.
비가 시원스럽게 부슬거리며 내린다.
작은딸 방을 정돈해 준 뒤 맛보는 휴식의 시간.
오랜 액이 빠져나가는 기운이 느껴진다.
차분하고 담담하다. ✝

6.4.

모처럼 종일 누워 잤다. 아이가 다니는 학교에서 이중 출금 오해가 생겨 기분 몹시 좋지 않았다.
EH 언니의 밝은 목소리를 들으며 통화를 나누니 기운이 났다. 반면 어떤 사람과의 대화는 피하고 싶은 이야기까지 파헤쳐 기어이 말하게 만들어 오히려 심사가 사나워지곤 한다.
혼자 있는 행복을 과하게 침범하며 훼방을 놓는 사람들에게도 지친다. 남편 말 듣고 오지랖 부리며 살지 말아야겠다. ✝

6.9.

나흘간의 연휴다.
남편 줄 건강 식사만 겨우 챙기고 아쉬워하는 딸들도, 시댁도 챙겨 주지 못했다. 그나마 엊저녁 간만에 엄마와 마트에서 함께 장 봐드리며 사랑을 드리고 효도한 것뿐이 전부다. 연휴를 끝내며 날개 단 듯 자유의 두 팔을 뻗어 보았다. 딸들이 바르고 온유하게 성장하길 기도

한다. 친구들, J 선생님, 시어머님, 외숙모 모두 참 그립다. 내 몸을 아껴야 홀로 지내는 큰딸에게 가 함께 시간을 보낼 수 있다. 딸들의 사랑에 고맙다. 행복할 수 있음에, 평온한 일요일 저녁에 감사한다. †

6.14.

예정대로 어제 대만에, 첫째 딸에게 도착했다. 오래 그리던 예쁜 얼굴, 나의 딸. 원인 모를 두통을 견디다 오늘 겨우 맑은 정신으로 방을 정돈한 후 딸의 학교 안에 있는 카페에서 점심을 먹은 뒤 대학원 상담을 끝내고 첫째 딸네 친구들 얼굴도 잠시 보았다. 돌아온 뒤 딸은 지쳤는지 낮잠을 자러 갔다. 저녁에 동네 시장을 지나 사립 고등학교 옆 조그만 성당을 찾아내 그곳에서 성모님께 기도를 했다. 귀티에도 사 먹고 생필품을 간단히 사서 돌아왔다. 정신이 맑아지고 스트레스도 말끔히 사라져 일찍 평안히 잠들려 한다. 훗날 이 동네에 살고 싶다. 타오위안의 밍촨따쉬에후진. 작은 마을이 좋다. †

6.15.

학력에 대한 단상.

결혼 후 부지런히 노력해 33살에 수필집을 출간한 이후, 45세까지 부지런히 책을 출간해 오며 문단의 리더 자리도 맡아 활동해 오다 지금은 이름만 걸어 놓은 임원으로 자리하고 있다. 그동안 고졸 학력은 친구를 만나는 데 늘 걸림돌이 되었다. 누군가와 친구가 되길 원하다가도 상대의 학력이 대졸 이상인 것을 알게 되면 늘 고개를 숙이고 뒷걸음질 치며 스스로 거부했다. 무시당할까 봐 지레 걱정을 한 탓이다. 나를 학력 편견 없이 대우해 준 사람들은 늘 기억 속에 남아 고마움을 느끼곤 한다.

학업을 좋아해 학자적 자질이 강한 첫째가 부디 부모의 경제 사정을 내심 걱정하며 진학 조건이 충분함에도 대학원 선택을 저어하는 일이 없길 바란다.

끝 학기에 대학원 진학 준비, 그리고 영어 및 중국어 수업에 사회생활을 미리 체험할 귀한 아르바이트까지 이것저것 배우느라 바쁘다. 오죽하면 학력도 혼수라는 말이 있겠는가. 부디 배우는 일에 아낌없기를 바란다. 둘째도 여유 있게 긴 시간 동안 학업에 충실하면 좋겠다.

첫째 딸에게 편안한 엄마가 되어주며 편한 모습으로 지내고 있다. 속세를 떠나 이름 없는 52세 여인으로서 의식할 이 아무도 없는 대만의 이 작은 마을에 어느새 정이 들었다. 나를 괴롭히던 두통도 낫게 해주니, 이 큼직한 원룸이 그저 지낼 만하다.

한국의 내 집에서 남편이 일 마치고 귀가하면 업무 스트레스로 파리해져 예민한 모습을 보이면 마음이 아파지곤 한다. 나 역시 적막한 집에서 별안간 이웃의 작은 소음이라도 들려오면 곧잘 신경이 예민해지기에 부부의 안정을 위해서라도 어서 이사 가고 싶어진다.

이곳 대만은 바깥 소음이 심해도 거슬리지 않고 그저 마음이 자유

롭고 편안하다. †

6.16.
토요일 아침. 한잠 자고 일어나 첫째 딸과 내과에서 신료 받고 나온 뒤 패밀리마트에서 한바오에 커피를 곁들여 여유를 즐겼다. 딸의 졸업식 날 아침 날씨는 최고였다.

꽃단장을 위해 피아올뤼앙(漂亮, 예쁜) 옷으로 차려입고 서늘한 6월 저녁 6시경 명전대 졸업식으로 향한다. 첫째가 졸업 가운을 입고 학사모를 쓴 채 행복해하는 모습을 바라본다. 친구들과 사진도 찍다가 엔토낫이라는 흑인 동기 친구에게 졸업을 축하해 주러 함께 가주기도 했다. 늦은 밤 학교 캠퍼스 운동장에서 불꽃놀이와 야외 콘서트까지 오랜만에 느껴보는 축제 분위기를 만끽했다. 서늘한 바람 속에서 축복을 느끼며 대학 교정을 빠져나왔다. †

6.17.
축복 가득한 태양 아래 풀벌레 노랫소리 울리는 행복한 아침이다. 커피 타임을 즐기니 머릿속 잡념이 사라지고 마치 휴양 온 듯 몸과 마음이 편안하다.

동네 성당에 들러 성모님께 기도 후 노천시장에서 깎아 놓은 파인애플과 몇 가지를 사 가지고 땀 흘리며 딸의 원룸으로 귀가했다. †

6.18.

무리하지 않으려 택시를 잡아타고 첫째와 타오웬 시내에 갔다. 우연히 어여쁜 옷을 발견해 잠시 고민의 시간에 빠졌다가 돌아섰다. 저녁에는 첫째 딸이 새롭게 구한 일자리로 출근하여 나 홀로 휴식 시간을 가지게 되었다. 조용히 묵주기도를 올린다. ✝

6.19.

오늘은 점심 식사로 미엔의 수제버거와 커피를 사 먹었다. 타오웬 시내 외출 중에 도시의 여러 새로운 부분들을 보게 되었다.

내과의원, 약국, 학교 졸업식, 내가 몰랐던 첫째 딸의 같은 학교 친구들, 그 친구들의 다양한 삶의 패턴, 소시민 거리 음식부터 새로 지은 아파트의 모습, 있는 줄 몰랐던 고급 커피숍, 조그만 한두 평 공간에서 닭튀김을 파는 미녀 아가씨, 허름한 공간에서 열심히 국수를 삶아 파는 노인과 국수 가게 구석에서 일하던 한 떨기 수선화 같은 대만 여인 아름다운 모습, 고급 식당에서 밥 먹다 말고 일어나 당당하게 총지휘 하던 여사장님, 어디서나 열심히 자신의 일에 정성을 다하는 시장의 맹렬한 활력. 내가 본 것들은 삶의 현장이었다. 뜨거워지는 대만의 여름, 내가 참 좋아하는 밍더루 대학가 근처 마을의 풍경.

딸이 새로 시작한 일터인 따궈띠엔이라는 작은 음식점은 동료 간 분위기가 참 따뜻했다. 늦은 밤 영상통화를 하며 연인의 사랑을 확인하는 첫째 딸의 모습을 바라본다.

3월 봄부터 두 딸에게 일주일씩, 이번이 여섯 번째 방문이다. 햇빛 쬐며 걷다 보니 건강해진 느낌이다. 그러나 방심하여 무리하지 않도

록 조심하기로 한다. ✝

7.4.
자유와 휴식.

화초.

녹색 잎 한 무리 떨궈진 화초가 오선지 위 춤추는 음표들 같구나. ✝

7.12.
올해 처음 향유한 한 주간의 휴가다. 집에서 오롯이 혼자만의 휴식을 즐긴다. 어제 오신 외숙모님은 침묵하고픈 내 입을 열게 하셨다. 먹는 걸 많이 즐기지 못하고 밀가루만 잔뜩 드시다 가여운 아픈 새처럼 외롭게 주무시더니 새벽녘 위험한 길 무릅쓰고 전철을 타고 댁으로 돌아가셨다. 더 잘해 드리지 못하고 보내드린 늦저녁, 안타까운 마음만 가득했다.

경남 아파트 이사가 무사히 진행되길 믿고 기도한다. 사방이 숲으로 둘러싸인 풍경 속에서 순간순간의 자유를 만끽하며 걷고 싶다. 주저 없이 떠나련다. 내가 가는 길에 늘 방해와 반대, 장해가 있지만 느긋이 인내하며 새로운 길을 꿈꾼다. 오직 내 편이 되어 줄 성모님이 도우심을 믿는다.

어쩐지 이제 다시는 운전석에 앉기 싫은 마음이 든다. 속 편하게 운전을 끊을까 생각해 본다. ✝

7.18.

둘째 딸이 독립해 지내는 곳에 3박 4일 일정으로 다녀왔다. 이로써 일곱 번째 방문이다. 방 정리 정돈해 주고 이것저것 챙겨주고 와서 첫째 딸에게 옷 부칠 소포에 겸사겸사 김치를 가득 담아 넣고 시댁에 함께 퀵으로 보냈다. 지친 몸으로 잠든 도중 여기저기서 전화가 걸려오는 통에 머리가 아파왔다. 오늘 오후에야 정신을 차리고 일어났다.

딸들이 다 커서 이제는 내가 크게 관여할 일이 없다. 요즘 몸이 툭하면 아파 집안일도 때로 힘겨워 모든 근심 걱정 내려놓고 불쑥불쑥 걸려 오는 전화로부터 잠시 멀어져 푹 쉬고 싶다. ✝

7.19.

쉬다 보면 병은 회복되게 되어있다. 오래 자다 일어나 찬물에 몸을 씻고 머리를 감는다. 커피 한 잔 마시며 행복을 느낀다. 새로운 동네에서 자유롭게 활보하고 싶다. 내일은 멋지게 차려입고 남편과 외출하련다. 딸들은 생각만 해도 흐뭇해진다. ✝

7.21.

친구 YS와 문자를 주고받으며 이야기를 나누니 삶에 다시 활력이 솟는다. 편안하게 함께할 수 있는 친구가 있다는 것은 얼마나 좋은가. 평소 가족과 살림에 정신 팔려 몸단장하는 방법을 잊은 주부의 모습 대신 멋쟁이가 되어 눈부시게 만나자. ✝

7.22.

정신없이 운전해 종로까지 가서 학원 앞에 서 있는 첫째 딸을 발견하고는 와락 끌어안아 볼을 비비고 뽀뽀를 해 주었다. 문득 깨끗하고 예쁜 딸의 모습에 새삼 감동과 감격을 느꼈다. 샴페인 터지듯 행복이 보글보글 올라온다. 냉랭한 학원에서 종일 공부하느라 고생하는, 눈에 넣어도 아프지 않은 내 딸. 애틋하고 행복한 시간은 반짝 번갯불에 콩 구워 먹듯 지나간다. 참으로 사랑스러운 큰딸의 행복을 기도하는 하루. †

7.23.

마음을 바꾸기로 하였다.
연로하신 부모님들을 부담으로 여기는 마음을 고치고 건강하게 오래 장수하기를 바라며 기쁨으로 여기기로 한다. 내가 바라보고 지내는 이들이 가족 말고 시부모님, 친정 부모님밖에 더 있는가. 첫째 딸을 돌봐 주시는 시어머님은 최대의 교육자로 언제나 사랑으로 정성을 쏟으신다. 부모님들이 건강하게 행복하게 사실 수 있도록 마음에 품은 사랑을 틈틈이 표현하도록 노력해야겠다. †

7.27.

내 나이 52세, 건강이 더 이상 예전 같지 않다고 느낀다. 가족 여럿이 함께 지내는 공간을 정돈하고 가족들 끼니를 챙겨주는 등 집안일 하는 게 힘에 부치기 시작했다. 나를 위한 시간은 거의 갖지 못하고 상반기를 보내 버렸다.

둘째 딸이 기껏 하루 자고 동네 친구 하나 못 만나고 아침 길로 떠나는 게 못내 아쉽고 애틋했다. 일주일간 휴식을 가질 겸 토요일 어머님 생신이 지나고 둘째에게 가서 며칠 함께 지내다 와야 할 듯싶다.

아무래도 내년엔 딸들이 각자 독립해 살게 될 것 같아 마음의 각오를 해야 할 것 같다. 위아래 양옆으로 가장 지출이 많은 시기여서 나의 오빠들이 자식 키우며 얼마나 힘들었을까 싶다.

주식도 부동산도 자산 관리가 뜻대로 풀리지 않지만 다 큰 딸들 독립시킬 생각에 풀리는 힘을 다잡는다. †

7.28.

모처럼 졸음이 쏟아져 종일 쉬었다. 이번 주는 나 홀로 휴가다. 밤에 남편이 쓰레기를 대신 버려줬는데 이 작은 도움이 돈 백만 원 생긴 것보다 더 좋았다. 자식들이 집에서 나가 사는 부부로서 용기 내어 함께 나아가 행복으로의 삶을 누려보길 기원한다. †

8.3.

책임을 위한 노력보다 행복을 위한 노력을. †

8.8.

괌이나 하와이 같은 곳으로 여행 떠나 야자수 밑에서 시원한 바다의 정취를 느끼고 깨끗하고 쾌적한 쇼핑을 즐기는 나이는 이제 지나간 것 같다. 그런 이유로 전보다 여행을 꿈꾸지 않게 됐다.

이젠 나 대신 딸 둘이 멋과 낭만을 찾아 떠나는 여행을 하길 바란다.

출장 다니듯 두 딸을 번갈아 찾으며 며칠씩 살림을 챙겨주는 일을 하다 보니 이제 프로급 매니저가 되었다. 오렌지빛 새 원피스를 입고 열 아들 부럽지 않은 둘째 딸과 함께 목동 현대 백화점에서 간단하게 점심을 먹었다. 부모와 떨어져 사는 딸들이 혹여 외로울까 한두 번씩 일렁이는 파도 위 부표인 듯 머물다 떠나고 머물다 떠난다. 이번이 올해의 여덟 번째 여행. 사랑하는 첫째 딸 우리 세라. 사랑하는 둘째 딸 우리 쎄니. †

8.11.

내가 살아가는 큰 이유와 기쁨은 첫째, 나의 어머니와 아버지께, 시어머니와 시아버님께 살아생전 효심을 다하여 돌봐드리는 것, 양가 부모님들 건강히 살아계심에 감사하며 살아가는 것이다.

둘째, 두 딸들의 공부나 여행 등 원하는 것을 힘이 닿는 한 작은 뒷바라지부터 경제적 뒷받침까지 사랑을 다하는 것이다.

셋째, 나와 남편이 서로를 향한 마음 변하지 않고 소중히 아끼며 건강히 여생을 보내는 일이다.

이 세 가지만으로 삶의 역할은 충분하다. 법을 지키는 일도 중요하지만 마음을 지키는 일은 더욱 중요하다.

  친구, 지인, 이웃 사람들과 가끔씩 만나 서로의 인연에 감사하며 사랑하며 사는 것이다. †

8.14.

올해 여름은 작년보다 덜 덥다.
첫째 딸이 집으로 돌아와 지내고 있다.
아기를 바라볼 때보다,
인형을 바라볼 때보다,
비교할 수 없을 만큼 딸이 사랑스럽고 마냥 어여쁘다.

욕조에 시원한 물을 받아놓고 두어 번 목욕하고 머리도 감는다.
시원한 우리 집이 어느 호텔 리조트보다 만족스럽다.

큰오빠가 엄마와 정 좋게 효도를 다 하고 떠나 잘 살길 바라며
친척 노인의 비보에 세월의 흘러감을 느끼는 하루.
사는 동안 마음껏 삶을 향유하도록, 현재에 감사한다. †

8.12.

어제까지 무리해서 일하는 바람에 오늘 몸에 이상 증세가 재발했다. 오늘은 모처럼 느긋한 날이라 누적된 피로를 풀어줘야 하는데 여

기저기 전화가 오기 시작한다.

푹 쉬지 못하면 초가을 기운이 스며들어 몸살이 날까 염려된다.

엄마가 걱정되어 동네를 뜨고 싶지 않아셨으나 그러자니 남편이 편안할 수 있는 길이 어느 곳에 정착함인지, 새 길이 열리기를 주님께 간구한다. †

8.22.

환절기에 몸이 예민해지는 게 느껴져 조심스럽다. 돈에 대한 마음을 비웠었는데 다달이 월급날이 가까워질수록 지출이 예산을 훨씬 넘어가 경제적으로 쪼들리다 보니 오늘은 울고 싶기까지 하다.

객지에 사는 딸들 뒷바라지에 이곳저곳 오가는 게 무리가 갔는지 자꾸 몸에서 신호가 온다. 김치 좀 담글 계획은 세우기만 하다가 그만 포기하고 만다. 조금만 무리해도 자꾸 병이 와 괴롭다.

보험 약속으로 사장님과 현대백화점에서 만나 부담이 심하지 않게 가족들의 건강보험을 완료했다. 기분 전환을 위해 첫째와 나선 외출인데 오늘 또 몸이 붓고 말았다. 컨디션이 좋지 못한 첫째 딸이 약기운으로 몰려오는 졸음에 지쳐 보였다. 다음 학기를 통째로 놀고 지내겠다는 말에 속이 상해 경제적 자립을 준비하라고 다그치고 말았다. 삼평동 일대 주변을 드라이브하며 컨디션을 끌어올려 보고자 했으나 효과는 없었다. 집에 돌아와 쉬면서도 참 안타깝고 안쓰럽기 그지없다. 딸에게 분풀이처럼 호통을 친 일이 후회스러웠다. 딸은 다만 곁에 있어 주는 것만으로도 내겐 큰 행복이며 위로일 뿐인데.

요즘 내 얼굴이 엉망이고 그렇다고 가꿀 새도 없고 그저 덕으로 참으며 다스릴 뿐이다. 애쓰며 나눠주려는 열 손의 오지랖보다 조용히 침묵하는 빈손이 가장 미덕이라는 깨닫는 여름을 끝내는 밤이다. †

8.23.

일요일의 끝을 남편과 자유 기도로 마무리했다. 어제 푸릇한 김치 여섯 통을 날랐더니 오늘은 힘이 쭉 빠져 피곤하다. 초가을의 민감함은 남편과 딸 덕분에 건강하게 이겨내고 하루를 시작할 수 있을 것 같다. 생의 한가운데서 살아온 날들에 감사를 느낀다.

누군가에게 연락할 때는 진심을 가득 담으려 노력한다. 나의 진심만큼 내게 연락오는 사람들도 내게 진심이기를 바란다.

딸의 사랑을 받고 싶어하는 엄마들의 마음을 생각하며 나의 엄마도 나의 사랑을 기다리고 있겠구나 생각한다.

조금 더 겸손해지며 건강을 챙기고 사치는 줄이기로 한다. 다만 죽기 전에 꿈과 행복은 실현해야겠다. †

9.1.

남편의 휴가가 끝나는 날, 그이는 골프장에 가고 나는 집 안 정리를 마친 후 여유롭게 동네 드라이브를 떠난다. 청덕성당에 들러 촛불 봉헌하였다. 마음속 충만한 행복으로 두 딸이 결실을 이루길 빌었다.

지금 지내는 집이 팔리면 아너스빌로 이사를 가기로 결론을 냈다. 당장이 아니더라도 꼭 이뤄지리라 믿는다.

첫째 딸이 출국하는 날이 다가온다. 마음을 느긋하게 먹자. †

9.13.

최근 수일간 추석 연휴 준비로 인해 긴장 속에서 지내고 있었지만 나름대로 즐기며 오늘까지 열심히 일했다.

둘째 딸이 힘든 일은 잠시 접어두고 집에 와 휴식을 즐기며 피로를 풀었다. 딸은 내 품을 떠나 지낸 지 오래라 그저 잘 지내고 있어주면 감사하고 걱정이 없다.

여럿이 함께하면 즐거운 가운데 꼭 한 사람은 찌푸리게 되고 십자가를 진다. 어차피 누가 맡아야 할 일이라면 그게 나이기를 바란다.

머잖아 올케가 방문하는데 올케를 향한 내 사랑이 넘쳐 그립다. 어여쁜 조카들이 한결같이 나의 기쁨이 되어주지만 그들에게 그만큼 사랑을 표현해주지 못함은 아쉬움으로 남는다.

둘째 딸이 제 언니처럼 집 안에서 나를 도와주니 기특하다. 내가 각별히 사랑하는 이들은 딸들이고 깊이 신뢰하는 사람은 남편이다.

두 딸이 부모의 품을 벗어나도 언제나 좋은 길로 인도되며 살아가길 바라고 남편과는 가정의 울타리를 튼튼히 하며 서로 노력하고 아껴주며 살아가길 바란다. †

9.15.

형님 딸네 혼사 소식이다. 내 바로 위 형님인 부천 형님이 나를 얼마나 깊이 사랑하셨는지 오랜 세월이 지난 이제 깨닫는다. 형님들이 많아 미처 알지 못했는데 같은 뿌리에서 난 나의 형님. 조카의 결혼, 꼭 축하해 주고 싶다. †

9.18.

TV를 켜 가톨릭 평화방송으로 낮 미사를 즐겨 보곤 한다. 신부님의 말씀이나 기도를 귓가로 흘려듣기만 해도 영혼에 풀 향기와 꽃향기가 스며든다. 모처럼 물들어가는 가을 저녁의 산책.

올케가 아이 셋을 데리고 왔다. 조카 S는 청춘의 쓴맛을 본 후유증으로 얼굴이 상해 있어 안쓰럽기 그지없다. J는 더 잘생겨졌고 어린 H는 순진하니 귀여운 얼굴로 신나게 논다. 조카들은 호주 시드니에 살고 있어서 모국어를 잊을 만큼 영어를 유창하게 한다. 한 달 일정으로 한국에 놀러 와 밝은 미소를 짓는 올케가 고맙고 정이 든다. 예민한 시절을 겪는 조카 S가 부디 여기 머무는 동안 마음을 달랠 수 있기를 바란다. 좋은 사람들을 만나는 일이 나의 행복이고 약이다.

어머니의 이웃이신 기장 형님의 아저씨께서 84세로 별세하셨다는 소식이다. 파일럿의 예쁜 따님이 3~4년 전만 해도 한눈에 보아도 잘 어울리는 남편과 산지직송 고기 전문점을 운영하는 모습이 참 멋졌는데 이혼했다는 소식도 전해 들었다.

TV에서는 서정희가 평생 기도하며 가정에 헌신하고 남편을 목사로까지 만들며 열심히 내조했는데도 딸의 이혼과 속 썩이는 남편 서세원이 딸 같은 여자와 결혼해 자식 낳고 사업도 승승장구라고 하니 인생이란 무엇일까 생각이 드는 날이다. †

9.19.

으슬으슬한 환절기. 큰집 결혼식에 다녀왔다. 첫째 딸이 유학을 마치고 돌아와 한껏 예민한 상태로 취직 준비로 삐딱거리고, 둘째 딸은 제 언니를 남처럼 대하고 있다. 나는 잠시 집을 나서기로 하고 저녁에 목동을 향했다.

몸이 부실해지는 가을이라 홀로 네 식구와 이틀을 지내는 일도 무리가 되었다. 가족들이 내 일을 도와주면 참 좋을 텐데, 아무도 그러질 않으니 답답하고 심란하다. †

9.24.

마음이 가난해져야 친구가 될 수 있다. 올해 내내 딸들만 찾아다니느라 지인들에게 소홀했다. 당장 몇몇 친구들과 안부를 나누었다. 목소리만이라도 문안하고 싶은 사람이 많다.

9월의 청정한 가을 날씨가 아름답다. 가을을 맞이해 앞으로의 행로를 조정하는 중이다. 불가근불가원不可近不可遠, 멀지도 가깝지도 않은 것이 가장 좋다. †

9.29.

최근 내가 겪은 충격적인 일들이다.

동유럽에서 어머니가 에스컬레이터에서 넘어지셨을 때, 작년 여름 아버지가 집 안에서 넘어져 이마를 꿰매셨을 때, 대만에 외숙모 모시고 갔다가 오토바이에 부딪혔다는 소식을 들었을 때, 바로 어제 집에서 아침 식사 마친 시아버님이 현관에서 넘어지셨을 때.

주말에 둘째 딸이 집에 와서 가족 품에서 쉬다가 저녁녘에 학교 근처 원룸으로 떠났다.

첫째 딸이 취직 면접 준비로, 둘째 딸은 대학 수시 전형 발표 준비로 바쁘다. 두 딸이 모두 집에 있으니 남편은 아빠로서 딸들에게 조언을 해주고 있다.

둘째가 원룸으로 떠나기 전 남편이 틀어 놓은 음악에 맞춰 춤을 추기 시작해 모두가 함께 따라 춤을 추며 즐거워했다. †

10.12.

가족 모임이 있는 날이었다. 내가 아끼고 사랑하는 시누이와 즐거운 담소를 나누었고 둘째 딸이 깜찍하게 먼 길 해주어 흐뭇한 시간이었다.

쇼핑 중에 우연찮게 시어머니 선물로 가방을 샀다. 내가 전부터 갖고 싶었던 하늘색 밍크 머플러도 구매했다. 둘째 딸이 갖고 싶어하는 지갑도 사 주고 돌아왔다. 딸의 방을 청소하고 오니 여러 축하 선물들이 있었다. 넘치도록 감사하다. †

10.14.

약기운에 까무룩 잠이 들어 모처럼 깊이 잤다. 이 세상엔 많은 미인이 있지만 그중에서도 가장 어여쁜 첫째 딸이 곁에 있어 위안이 된다. 이제 내일이면 사랑하는 올케네 식구들이 시드니로 떠날 것이다. 다음에 볼 때는 또 훌쩍 커 있을 귀여운 조카들에게 축복이 가득하기를 기원한다. †

10.16.

첫째 딸이 혼자 집에서 지내는 시간이 길어질수록 취직 문제로 괴로워하느라 성격이라도 삐뚤어질까 걱정이다. 무엇이든 마음 편한 일부터 해야 딸이 자신감을 가질 텐데 딸의 주변은 방해와 간섭만 가득한 것 같아 나의 마음이 어지럽다. †

10.24.

살림에 변화를 주고 있다. 일단은 둘째 방의 가구를 교체하고 뒤이어 냉장고와 TV를 교체했다. 시미리에 사는 지인이 와서 가구를 실어 갔다.

저녁엔 친구 S와 그녀의 흑인 남자 친구와 만났다. 잘생긴 얼굴에 얌전한 태도의 코이와 강한 카리스마의 소유자인 S를 보며 그들의 젊음과 열정, 사랑을 느꼈다. †

10.25.

이사를 포기하고 어머니 곁에서 살기로 결심했다. 더 이상 후회하지 않게, 죽을 때는 더 오래 살고 싶어질 만큼, 이승을 떠나기 싫을 만큼 내 삶의 행복과 향유를 위해 노력하자. †

11.14.

리모델링만 며칠째. 내가 삶에 노력하는 이유는 내 인생에 대한 애착을 갖기 위해서이다. †

11.15.

늦가을 11월도 깊어간다. 나는 요즘 인간적인 친절과 사랑에 감동하여 비에 젖어 흔들리는 가을 나무처럼 나의 마음은 자잘하게 하늘거린다.

리모델링 일주일째.

싱크대 철거하는 사람, 도배하는 사람, 바닥 장판을 까는 사람, 타일 시공하는 사람, 필름 작업하는 사람, 가사 도우미를 지켜보며 그들의 노동이 예술임을 느꼈다.

모든 직업에 귀천이 없고 모두가 소중하고 귀한 사람임을 여실히 깨달았다.

어제는 수능을 끝낸 딸을 데리고 두산타워에서 함께 쇼핑을 즐겼다. 숙녀가 된 기념으로 까만 롱코트와 가방, 신발 외 여러 옷가지들 푸짐하게 사 주고 택시를 태워 보냈다. 홀로 남은 나는 밤길 운전 헤매며 돌고 돌다가 늦가을 밤 비 오는 고속도로를 원 없이 드라이빙하다 귀가했다.

때로는 몸의 소통이 그리울 때가 있다. 예쁜 화장과 긴 머리 찰랑이는 분위기 있는 모습으로 남편과 함께하고 싶어서 어제는 내 옷도 사고 가을을 그렇게 그렇게 만끽했다.

아직 어린 딸에게 푸짐한 쇼핑백을 내가 앞으로 얼마나 채워줄 수 있을까?

딸, 행복해?
응!

행복해?

응~

딸을 행복하게 해 주는 엄마로 사는 게 나의 행복이다.

예수 그리스도님에 대한 사랑의 마음을 가지런히 충전해야겠다. 우리 작은오빠와 딸을 위한 함께 기도하던 순간, 열렬히 기도하던 모습이 순간 떠오르며 또 감동한다. 기도가 그립다. †

12.1.

리모델링 끝내고 환해진 하얀 집 안에서 두루 평안함이 느껴져 어디 여행조차 거부한다.

둘째 딸의 합격이 확신되고 첫째는 한창 여행사 업무를 즐기다가 급격히 날씨가 추워지며 어제 귀국했다. 딸들이 집에서 아늑한 행복을 느끼길.

아침에 남편의 독일 출장을 잘 보내고 나는 여유로운 신혼 시절처럼 이대로 영원히 행복하리라 굳게 믿는다. 큰 행복보다 작은 행복들로 삶을 하루하루 채워가도록.

오직 예수님께 감사한다. †

12.8.

교황님 말씀.

가정 교회 -

가정에서 기도하고 가톨릭 평화방송을 통해 미사 기도를 드리고 성경 말씀. 신부님, 수녀님 강의. 찬송 찬양. 늘 신앙의 소리를 가까이 하며 귀에 담으며 생활화하기. ✝

12.16.

마음 비움의 행복.
해탈과 자유.
그것은 기도. ✝

12.18.

딸 방에서. 〈에델바이스〉 노래가 피어오르는 흰 눈꽃 벽지를 새로 바른 작은딸 방에 누워 있노라면 넓은 창 가득히 눈부신 환한 태양이. 와이키키 해변의 새하얀 모래 위를 뒹굴며 일광욕하는 긴 머리의 여인처럼 입을 크게 벌려 씨익 미소 짓고 싶다. 그리고 진한 윙크를 하며 작은 소리로 속삭이고 싶다.
"알로하!"
여기가 마치 하와이인 양. ✝

12.19.

작은딸이 성신여대에 불합격한 것을 주님의 깊은 뜻으로 받아들이며 진심으로 감사드린다. 참신한 이미지의 서울여대를 다행으로 받아들인다. 주님의 깊은 뜻이 임했음을 느낀다. ✝

12.28.

조금 쓸쓸하다.

사제와 수녀를 바라봄 자체도 기도이다. 몸과 마음이 깨끗한 수도자의 마음.

요즘 어머니가 좋다. 종종 그립고 힐링 된다.

첫째 딸은 스물일곱 살이 된다. 귀인만을 만나길.

한 해가 끝나간다. 연세 드시는 분들이 애처롭고 오직 마음 비움과 감사를 빈다. ✝

12.30.

대만의 타오웬이 그립다.

다시 한번 가고 싶다.

명전대 주변을 거닐던 그때가 생각난다. ✝

김상아의 단상

9월 아침 향기

　방향제를 풀듯 재스민 향 같은 아침 바람이 소리 없이 식탁 위로 눕는다.
　9월의 아침 베갯잇에 파묻히는 코끝 아릿한 흩어진 머리카락에 남아있는 비누 향 같은 것. 헤어짐 뒤 보고픔 같은 것. 하얀 물방울 같은 것. 머언 햇살 한 조각에 대한 미련 같은 것. 아쉬움 같은 것.
　이런 날은 이런 날은 슬퍼져 내가 쌓아온 모래성이 부서진 실망으로 낙엽처럼 운동화 끝에 대롱대롱 나부낄 때. 이런 날은 슬퍼져 바라보기 천 번은 아까운 살굿빛 얼굴 검은 가로등 아래로 또박또박 신기루처럼 멀어져 갈 때. 이런 날은 슬퍼져 초라한 몰골 가여운 한숨 가슴에 베어진 상흔 모두의 영원함을 기약할 수 없음에. 이런 날은 슬퍼져 내 마음을 아느냐고 뒤늦게 달려가 어깨를 감싸며 속삭이는 나직한 내 목소리에.

1.6.

오전 내 편안한 휴식을 누리고 다시금 활력을 되찾았다. 호르몬의 제약은 몸을 산더미만 하게 부풀게 만들어 거북했다. 한숨 쉬고 나니 딸들 염려되고 안쓰러워 첫째 딸을 귀가시키고 살뜰히 챙겨주었다. 세상에서 참으로 어여쁜 첫째 딸이 곁 침대에서 편히 자고 있는 모습을 보니 아기 엄마처럼 감사하고 행복하다. †

1.9.

둘째 딸이 예쁜 엄마가 좋다고 한다. 살이 많이 쪄 딴 사람 같다고 한다. 딸이 보는 눈이 정확하다. 다이어트는 생각이 없었는데, 시작해야겠다.

딸의 고등학교 졸업식의 분위기는 밝고 경쾌했다. 어머님이 즐거워하셨다. 딸이 만족해서 참 감사하다. †

1.10.

머리 좋은 사람은 좋으나 머리 쓰며 접근하는 사람은 상대하지 않는다. 솔직하고 좋은 마음 진심 그대로 쓰는 게 좋다. †

1.11.

살이 많이 쪄서 더는 옷을 사지 말자 생각하면서도 백화점에 왔다. 쇼핑을 즐기며 밍크코트 구경을 실컷 했다. 옷도 많이 사고 싶고, 자동

차도 근사한 걸로 사 타고 싶고 막무가내로 욕구가 치솟는다. †

1.12.

10년 전 현대백화점에서 첫 롱 밍크코트를 살 때 만났던 매니저를 롯데 쇼핑몰 본관에서 우연히 마주쳤다. 여전히 고객과 매니저로. '에드 피요로드'라는 근화모피의 아들이 새로 차린 모피 브랜드 '나우니스'에서 멋진 연두카키 롱 밍크를 샀다. 80% 할인도 받아 세일의 행운을 얻었다. 우리 딸에게 예쁘고 부유한 엄마로 보이고 싶었는데 만족스럽다. 밍크코트 빛깔이 마치 오스트리아 산속 나무 빛깔을 떠오르게 한다. 윤기 도는 고품격 여성이다. 이제 마구 요동치던 나의 욕구불만이 사라졌다. 옷 사러 총총걸음으로 다니니 기분이 좋고 마냥 행복하다. 날 잡아 카키색 밍크를 입고 딸과 좋은 데서 맛난 음식을 사 먹여야겠다. †

1.16.

사순 시기라서 그런가, 위아래로 사람 노릇하기 힘에 부친다. 자녀 출가시킨 60대 이후에 이 동네 집 한 채씩 유지하는 사람들은 부자다. 나는 6, 70대에 이만큼의 집도 소유하기 힘들 듯하다. †

1.18.

복부에 침 맞고 한약을 찾아왔다. 어깨가 아파 도우미 아주머니의 도움을 받았다. 휴식을 취하며 한약을 먹고 나니 솟구치는 화가 서서히 식는 듯하다. 밤 비행기로 첫째 딸이 떠났다. 부디 영혼에 날개를 달고 자유로이 독립하고 어서 좋은 직장을 구해 우아하게 싱글의 삶을 즐기며 어여쁜 27세의 성숙한 숙녀로서 잘 지내길 바란다. 모든 유혹과 사고를 막아주시고 성모님이 사랑으로, 용기와 행복으로 지켜주시리라 믿는다. 예쁜 우리 딸! 엄마가 스트레스를 많이 받아 첫째 딸의 가녀린 자존심을 묵살시켜 미안하구나. 어서 사회인으로 자리 잡아 바르게 생활비를 벌며 한국 집에 오며 가며 지내렴. †

1.20.

오랜만에 아침 일찍 드라이빙 즐기며 동대문 청평화시장, 광희패션몰, 맥스타일을 걷고 누볐다. 맥스타일이 요즘 아주 좋아졌다. 내가 자주 못 가서 아쉬웠던 골드 폭스코트에서 할인을 많이 받아 구매해 기분이 좋았다.

둘째 딸이 오랜만에 내일 집에 와서 기다려지고 새 취업을 기다리는 첫째 딸을 보살피러 대만으로 출국할 날을 준비한다. 오늘 내가 느낀 건 큰딸과 영상 통화 중 딸의 표정에서, 또 둘째 딸 통화 중 딸의 앙앙거리는 어리광에서 이 엄마를 딸들이 굉장히 자랑스러워하고 좋아하고 있음을 느꼈다. 딸들에게 고맙고 나도 어머니가 매일 골프 다니는 일을 항상 변함없이 사랑해 드려야겠다는 온유한 마음을 가져본다. 날마다 운동하시기에 늘 건강하고 밝은 모습으로 사는 친정 부모님께 감사를. 어머니가 늘 행복하셨으면 좋겠다. †

1.31.

마음이 가난해져야 친구가 된다. 남편 자랑은 친구 관계에선 독이다. 비상금이 줄어들수록 다소 대책을 연구하게 된다. 아직 무력한 첫째 딸은 더욱 초조할 것이다. 취직은 꼭 될 테지만 변덕이 심한 엄마랑 같이 사는 게 딸에게 해로울 수 있다. 자식을 키우다 보면 때로 엄마는 악마가 된다. 두 딸이 무소의 뿔처럼 혼자서 씩씩하게 앞을 향해 달려가기를. 엄마는 그저 빙긋 응원하며 바라볼 뿐. 일찍 죽더라도 내 행복을 위한 일은 가능하면 충실을 기할 것이다. ✝

2.3.

행복한 나날.

나라의 재앙엔 다소 무디고 마음의 우환이 금방 회복되는 편이다.

오늘은 가장 행복한 월요일 햇살의 따스함. 미역국 끓이고 봄동 겉절이를 준비한다. 택배를 기다리며 낮 시간 TV로 미사를 보며 기도를 드린다. 행복과 평화. 첫째 딸도 꼭 엄마처럼 행복하기를! ✝

2.6.

오늘 평화방송 미사 중 사제 서품식이 있었다. 그들의 다짐이란, '정결-순명-청빈'이라 한다. 속세를 초월한 진실. 경건하고 거룩한 시간이었다. ✝

2.7.

 가슴 한가운데로 나뭇잎 흩날리는 소리가 난다. 고요 속 쓸쓸함이 흘러내린다. 아주 오래전부터인 양 마음속에 담아 두었던 여러 풍경이 떠오른다.

 대만 타오웬의 명전대 주변 음식점거리며 원룸촌 주변 시장들과 털털거리는 버스에서 내리면 백화점과 번화가의 모습들. 날마다 사 먹던 훤둰미엔의 감칠맛이며 명전대의 널따란 초록빛 캠퍼스 카페처럼 이용하던 편의점, 멋진 대만 남자 가수의 노랫소리와 하모니를 이루던 쏟아지던 빗줄기. 두통을 품은 채 굵은 비를 맞으며 문을 열면 아릿한 바이올렛 점퍼 차림으로 오후 내 엄마의 귀국을 기다리던 어여쁜 큰딸의 그림자.

 3년을 둘째 딸 머물던 목동로 신정동의 조그만 원룸을 말끔히 치워놓고 촌스러운 분홍빛 블라인드 사이로 투영되던 햇살 한 줌. 하늘 너머 뿌연 소시민들의 복잡한 주택가. 뒷골목마다 구 시가지처럼 지물포며 세탁소며 떡집이며 구식 미용실 앞에 널린 수건들 풍경. 둘째 딸이 좋아하던 연어 초밥 사다 나르고 학교에 가면 아무도 없는 빈방에서 기도서를 끼고 지내던 시간. 낡은 신정동 성당에선 신부님의 간절한 호소 어린 기도 소리가 귓가에 낙수처럼 내리곤 했다.

 어떤 땐 화려한 오렌지빛 원피스로 멋 부리고 목동의 백화점을 부유하듯 딸과 어룽대며 맛난 음식 사 먹던 즐거웠던 시간들. 잊을 수 없는 건 내 딸과 가까이 동고동락하던 학교 친구들. 정든 추억을 등 뒤의 나무에 기대듯 한아름 맑고 청량한 호숫가의 추억보다 더 아름다운 추억이 되었다.

이제 레테의 강을 건너듯 또 새로이 가야할 길들. 첫째 딸이 머물고 있는 101빌딩, 가깝다는 타이베이 새 동네로, 둘째 딸이 다니게 될 서울 끝자락 서울여대 내학가 화랑로로.

앞으로 이 엄마가 딸들 찾아 다가갈 길들은 내가 이미 지나온 멋진 길들처럼 눈부실 수 있을까. 안개가 서리진 않을까. 태양이 쫙쫙 빛으로 열어줄까. 미지로 가득한 미래의 길은 더 좋을 수가 있을까. †

2.21.

안방 침대에서 잠을 자니 잠자리가 편안하다. 한 달 넘게 지극정성 먹던 한약을 끊었다. 고맙게도 J 언니가 힐링 삼아 우리 집에 다녀갔다. 언니가 건강하고 행복하고 언니 딸이 미래에 잘 결혼해서 행복 가득한 인생 제2막을 맞이하길 사촌 동생으로서 바랄 뿐이다. 최근 몇 년 동안 언니가 어르신들 돌보느라 고생을 많이 했다.

사순 시기라서인지 오늘은 화가 난다. 괜히 신경질이 나고 TV에서는 이단 종교 단체가 화제라서 종교에 대해 회의감이 느껴진다. 그저 마음을 비우는 게 종교라 여기고 싶다. 요즘은 친구도 다 싫없고 남편만 좋을 뿐. 유독 속이 상한다. 살이 찌고 확 늙는 건지 딸들 원룸 다녀가는 것도 힘에 부치고 싫다. †

2.22.

새벽에 좋은 집을 구경한 꿈 때문인지 둘째 딸에게 행운이 따라 신축 빌딩 오피스텔을 계약했다. 제 운인 거 같다. 딸이 행복해 하고 자신감에 차 있는 모습을 보니 부모로서 뿌듯하다. ✝

2.27.

비상금의 힘이 얼마나 큰지 깨닫는다. 가진 돈이 한 푼도 없다면 기가 죽을 거 같다. 월급 정리를 하고 나니 다소 초조하다. 교육비, 결혼비용, 집값… 자식들에게 돈이 많이 들어 힘들다. 돈 있는 엄마가 되기 위해 노력해야겠다. ✝

3.6.

삼월. 봄가을엔 한 번씩 아플 때가 곧잘 있으니 아프기 전에 준비해야 한다. 햇볕 쬐고 걸어야 한다. 혈액순환을 위해 체조와 운동을 하고 몸에 좋은 음식을 챙겨 먹는다. 이른 봄 어지럽지 않도록. 아프면 다 소용없다. ✝

3.8.

세속의 기쁨을 포기하고 사는 사제나 수녀님들을 묵상한다. 나는 얼마나 봄을 타는가. 해외여행을 실행하고 백화점 나들이며 옷을 사고 입고 나가야 하며 운전하고 다니던 그렇게 지난 시간들. 이젠 속된 행복의 기준에서 초월하고 싶다. 봄이지만 남의 것들을 부러워 않고 내가 해야 하는 단조로운 건강 관리에 조금씩 노력하며 지내려 한다. 딸들 방 청소하는 것도 힘들고 날마다 동네 코스 산보하고 마음 편한 청덕성당 미사 전례에 다시금 조용한 노력을. 봄을 멀리 멀리 날아다니며 잡으려 하고 싶시 않고 되노록이면 이젠 떠나고 싶지 않다. ✝

3.13.

두 달 정도 머물던 둘째 딸이 대학 근처 새 원룸으로 떠났다. 사고 싶어 하는 옷들 사주었더니 흐뭇하다. 홀가분하다. 혼자서 며칠 힐링 해야겠다. 조용한 봄날이다. 작년 봄 대만에서의 생활이 참 그립다. J 언니와 나의 공통된 점은 서로의 행복을 진심으로 바란다는 것. ✝

3.21.

남편 생일 모임이었다.

시누이는 봄 향기 물씬 풍기며 예뻐졌고 연세 많으신 시부모님은 다소 늙어감을 슬퍼하며 아들네와 함께할 수 있는 것에 심히 행복해 하셨다. 난 용돈을 드릴 수 있어 기쁘고 시어른들에 대한 깊은 애착을 느낀다. 풍족하고 좋은 하루였다.

둘째 딸이 떠난 지 두 달 됐는데 그보다 더 오래된 거 같다. 내가 쉬지 않고 기도하기에 잘 지내리라 믿는다. 통화가 지겨운지 며칠째 연락이 끊겼다. 예쁜 큰딸, 예쁜 작은딸. 딸들이 한창 새 봄에 피어나는 목련송이처럼 고귀하다.

내심 감사하고 또 감사하다. ✝

3.23.

봄 날씨가 좋아 두 번이나 밖을 걸었고 과일도 사고 마사지도 하고 딸들 용돈도 넣어 주고 좋은 하루였다. 뉴스를 보면 온갖 사회악이 가득해 그 살벌함에 슬퍼졌다. 첫째가 계속 소외감으로 연락을 거부하는데 어느 날 무슨 나쁜 소식 들릴까 순간순간 겁이 난다. 기도로 마음을 다스리지만 절망할까 두렵다. 엄마 노릇하기 쉬운 일이 아니다. 딸이 예전처럼 영상 통화할 수 있길 애태우며 기다린다. †

3.24.

가장 큰 재산은 몸의 건강함, 마음의 평안함이다. 돈보다 중요하다. 첫째 딸이 유리아의 도움으로 입원하였다. 무리한 다이어트에 심신이 외롭고 예민해져 탈진한 것 같았다. 병원에 있으니 곧 쾌유하리라. 몸과 정신의 건강을 위해 진심을 다해 기도했다. 아파도 좋으니 그저 나의 곁에서 살아만 있어줘도 감사할 거 같다. 어서 쾌유하여 씩씩하고 밝은 모습으로 돌아와 주길. 아멘. †

3.30.

며칠 동안 거동이 힘들었다. 잠을 오래 잤다. 남편과 함께 집 청소를 마친 뒤 샤워하며 머리 감고 볕 좋은 날씨 속에서 마음의 안정을 찾는 중이다. 성모님! 우리 첫째 딸의 영혼에 평안을 주시고 치유 기간 동안 꼭 안아 함께해 주소서. 아멘.

첫째 딸의 밝은 모습을 기다리며. †

4.3.

여전히 첫째 딸은 대만 병원에서 치료 중이다. 이젠 안쓰러운 가운데 서로 안정을 찾았다.

꽃비 흩날리는 눈부신 4월, 오늘 하루는 둘째 딸을 챙겨주러 나섰다. 압구정까지 봄날의 거리를 즐겨 걸으며 버스 타고 전철 타고 가서 호화로운 저녁 식사를 사 먹이고, 용돈 주고, 함께 사진 찍고. 딸 먼저 보내고 돌아올 땐 내 안에는 쓸쓸함과 안쓰러움이 맴돌았다. ✝

4.7.

종교에의 회의를 숱하게 겪었지만 내가 마지막 믿고 사랑해야 할 성모님과의 사랑, 예수님께의 순종은 결국 나의 운명으로 받아들인다. 예수님의 헐벗은 삶을 되새기며 가난을 두려워하지 않기로 했다.

첫째 딸이 집에 오는 다음 주까지 첫 휴가와 같은 나날이다. 기도만 할 수 있는 단조로운 일상에 성모님께 끝없는 감사드린다. ✝

4.8.

살이 빠지는지 종일 숨이 찼다. 기어이 저녁엔 성모님을 뵙고 왔다. 내 어머니 걱정으로 좋은 만큼 힘이 든다. 작은오빠는 또 얼마나 힘들까. 오랜 동네를 바꾸고 싶어서 이사를 꿈꿔 보는 게 무슨 잘못이라고, 남편은 의외로 큰소리치며 반대한다. 오랜만에 첫째 딸과 통화해 목소리 들더니 기고만장하다. 가끔 내 속을 갉는 힘듦이 있다는 걸 남편

은 모른다. 딸들을 생각하면 행복하다. 이대로도 좋다. 감사하다. †

4.9.

예수님 돌아가신 성금요일. 딱히 친한 친구나 지인도 변변히 없어 허무한 봄이다. 언제쯤이나 미사를 볼 수 있으려나. 마음 비워 혼자려니 하며 혼자가 되는 게 편하다. 관계란 조금만 엮이면 불편해진다. 어서 첫째가 돌아와서 내 곁에 있어주면 좋겠다. 봄의 고독으로 이리저리 마음 어지러운 날. †

4.10.

신학기에 노력을 다하는 기특한 둘째 딸을 위해 호수 풍경이 아름다운 멋진 곳에서 점심을 먹이 뒤 맛난 빵을 사 들고 집으로 돌아왔다. 벚꽃 흐드러지게 핀 4월에 세 식구 외출했건만 우리 첫째 딸이 없는 것이 다소 맘에 걸렸다. 며칠 후면 돌아온다. 딸들도 나의 어머니도 사랑해 줘야지. 요즘은 하루 한 번 성모님 찾아뵙는 낙으로 봄의 고독을 꿀꺽 삼킨다. †

4.18.

첫째 딸이 대만의 병원에서 여러 사람과 지냈던 이야기를 해주었다. 3주 만에 퇴원하는 날, 아빠에게 보내온 문자를 읽는 순간 눈물이 났는데 곁의 환우들이 왜 우냐고 묻더란다. "워 자런 요우딴신 워아" (가족이 내 걱정을 하고 있다)라고 대답했단다. 아빠가 챙겨주는 문자에 감동을 받고 울었나 보다. 집에 돌아온 후 엄마아빠가 저와 함께 있으니 정서적으로 안정되어 보인다. 기막히고 마음 아프고 한편 감사하고. 첫째 딸이 집에 나와 함께 있어 행복하다 못해 자꾸 슬프기도 하다. †

4.22.

첫째 딸이 한국사회를 싫어하는 건 성장기 내내 상처를 너무 많이 받았기 때문이라 생각한다. 대만을 다시는 가고 싶어 하지 않는 건 병원 신세를 졌기 때문인 것 같고 필리핀은 모든 국민의 따듯한 인상이 좋았던지 노래를 부른다. 취직에의 욕망이 남아있는지 필리핀 콜센터에서 전화를 받더니 기력이 되살아났다. †

4.24.

남편이 큰딸에 대한 깊은 연민 때문에 우울해 하고 있다. 딸은 귀국 후 음악을 온종일 틀어 며칠간 소란을 피워댔는데 오늘 밤은 공동 생활하는 이웃집들에게 불편함을 끼친 것 같다. 내가 이웃집에 상처 주는 사람이 되었을 생각을 하니 견딜 수 없이 괴로웠다. 이런 종류에 대한 괴로움은 참 오랜만에 느껴본다. 고민이다. †

4.26.

엄마가 자녀에게 종교를 강요할 권리는 없다. 인간은 종교의 자유가 있다. 나는 개인적으로 교적 있는 내본당에 바르고 열심히 다니고 싶어 이사를 꿈꾸기도 하지만 딸이 원하는 사람, 딸이 원하는 종교, 딸이 원하는 길. 이것에 내 욕심으로 집착하고 싶지 않다. 인생길의 험난한 걸림돌에 넘어지지 않고 바르고 행복한 길을 가길 기도하고 또 기도할 뿐.

나는 태어나서 떠나는 길까지 오직 가톨릭일 것이기에 성모님을 의지하고, 영원히 함께할 것이기에 모든 사람에게서 마음을 비운다. ✝

4.29.

2주간의 격리 기간이 무사히 끝났다. 첫째의 건강 상태가 차츰 안정세를 보인다. 예쁜 딸이지만 쫓아다니며 청소해대니 몸이 다소 힘들었다. 마음으로는 딸의 치유를 위함이라 여기며 엄마로서 도리를 했을 뿐 힘들다 할 순 없다고 생각한다. 내 나이에 더 이상 힘든 일은 없을 줄 알았는데 뜻밖의 충격이었다.

내일은 첫째 딸의 첫 외출. 큰딸이 제일 좋아하는 작은딸에게 갈 예정인데 소풍 가기 전 아이처럼 기뻐한다. 첫째 딸의 자유로이 열릴 미래가 주님의 축복이 내린 길이길 빈다. ✝

5.2.

첫째 딸의 미래관은 '자유'다. 아빠의 동의만 얻는다면. 나의 단 한 가지 걱정은 오직 차 조심뿐. 딸의 곁에 내가 함께할 수 있음에 감사한다. ✝

5.4.

기분이 좋지 않은 이유. 오래도록 맛있는 음식을 못 먹어서다. 김치 넣고 끓인 라면이 먹고 싶은데 큰딸이 산만해 영 먹지 못하며 지낸다. 밤새 깊이 잔 적이 오래되어 조용히 홀로 푹 잠들고 싶다. 몸의 기운이 나날이 빠져가고 음식은 맛이 안 나고. †

5.8.

첫째가 시도 때도 없이 밖에 나가고 싶어 한다. 진득이 집에 있질 못한다. 하는 짓이 말도 못 하게 예쁘고 귀엽지만 새벽부터 점심까지 잠 못 자게 들들들 볶아대는 통에 견딜 수 없이 힘들었다. 오후에 겨우 외출해 병원 진료 보고 롯데에서 이것저것 사 주고 포메인에서 잘 먹인 뒤에 나 먼저 집에 왔더니 오만 데를 다 쏘다니다가 아빠와 귀가했다. 자매가 따로따로라 내일은 작은딸과 약속이 있다. 며칠 동안만 홀로 쉬고 싶다. 첫째 딸이 불안정하고 갈피를 못 잡는다. 나와 오래 살 자신이 없는데다 결혼 계획은 뚜렷치 않아 초조해 하고 한국 사회에서 동떨어질까 두려워한다. 구성성당 사람들의 환영을 기대하는 듯한 여지가 있어 보인다. 대인관계에 대한 두려움이다.

언제나 딸 시집보내고 남편과 경남 아너스에서 둘이 오순도순 살게 되려나. 내년 초에 집을 팔고 내년 후반기 안에 조용한 곳으로 이사 가고 싶다.

5월, 사람 노릇하기 힘들다. †

5.14.

성당을 바르게 제대로 걸어서 다니는 것이 나의 할 일이다. †

5.19.

첫째 딸이 우울해 해서 한 시간을 헤매다 먹고 싶다는 찜닭을 사 먹였다. 딸에게 가끔 통화해주는 흑인 공주 친구 무제이, 첫째 딸을 아주 예뻐하는 이모, 그들에게 고맙기 그지없다. 둘째의 쓸쓸한 표정이 떠올라 순간순간 애정 어린 안타까움을 큰딸도 곁에서 공유했다. 옆집 아주머니와 아들을 마주쳤다. 아주머니에겐 항상 넘치는 감사를 느끼고 그 집 아들은 참 기특하다. 옆집 아주머니가 건강하길 바랄 뿐이다.

오늘 낮엔 엄마께 햄버거와 아이스크림을 사다 드리며 짧은 기도를 함께했다. 내일은 오후에 헤레나 님과 기도 시간을 가질 예정이다. 어떠한 경우에도 난 행복하다.

오늘은 친구 YS의 생일. 밝고 행복하게 지내길 빈다. †

5.29.

어젯밤 엄마를 만나 오이김치를 갖다드린 뒤 산보하며 시원한 밤바람을 쏘이고 아파트 나무 그늘 밑을 거닐며 행복을 느꼈다. 끝나가는 오월의 하루를 남기고 오월의 향기를 느낄 수 있음에 감사를.

엄마가 그리 싫어하던 H 아주머니를 마음 안에서 끊어냈다고 한다. 잘했다고 말해주었다. ✝

6.2.

딸들이 젊은 에너지로 자유로이 연애를 한다.

그 어떠한 경우에도 그 옛날 W씨 어머니와 같은 담대한 표정으로 견고해지고 싶다. ✝

6.14.

이사의 꿈이 시들해지니 허망하다. 삶의 기쁨이 사라진 듯하다. 일 귀놓은 거 없는 50대 용인 여성의 삶이, 강남에 집 한 채 없는 삶이, 20년 가까이 한 집에 머물며 발전하지 못한 삶이, 다소… 한 남자의 아내로 국한된 삶이, 위아래로 가족들에 치여 때로는 도망가고픈 삶이, 아날로그의 삶이, 노화한 몸과 나이의 무게에 힘에 버겁다. ✝

6.15.

오전 늦게 일어나 커피를 마시며 깨끗한 집에서 온종일 혼자 여유롭게 지내던 나날이 그립기도 하다. 그런 나날이 돌아오기나 하려나. 딸들 뒷바라지에 열 올리며 따로따로 비위 맞춰가며 북적이며 지내는 게 두 달이 되어가니 익숙해져 간다. 몸은 힘들 때가 많았지만 너무너무 귀엽고 예쁜 두 딸을 서포트해 주며 가까이서 매일 얼굴 볼 수 있어 이것을 행복으로 여긴다. 이번 기회로 첫째 딸과 서로 마음을 열었고 덕분에 애정 표현도 많이 해주었다. 둘째 딸은 꿋꿋이 아르바이트를 다니며 노력하는 모습이 대견하다. 두 딸 뒷바라지로 바쁜 한 해가 될 줄은 미처 몰랐는데 주님께서 내게 일을 주신 거 같다.

우선 9월 둘째 딸 개강 전까지는 이대로 같은 생활이 유지될 듯하다. 와중에도 챙길 사람이 많고 그리운 사람도 많다. 오늘은 동생들이 많이 그리운 날이었다. 그래도 나와 가장 마음이 맞는 사람은 헤레나 님 그리고 그리운 친구 YS. †

6.16.

혼자 있으면 외롭고 여럿이 있으면 싸우게 된다. 가끔씩 순환이 필요하다.

가난은 하느님이 주시는 선물이다. †

6.21.

첫째 딸은 영어를 쓸 땐 당당하고 자신만만한 모습을 보여주지만 한국어를 쓰면 비교적 그 기운이 떨어져 보여 사회생활에서 마이너스가 될까 걱정이다. 좋은 길이 열리리라 믿는다.

둘째 딸이 일하는 AK플라자 내 양식당 카렌 근처에 온 김에 딸에게 전화를 걸어 1층 로비에서 딸과 만났다. 가게 유니폼을 입은 모습에 냉커피를 들고 있던 딸의 얼굴에는 엄마의 깜짝 방문에 기뻐하는 표정이 떠올라 나까지 덩달아 행복해졌다. 잊을 수 없는 추억으로 남을 것 같다. †

6.22.

어제 남편이 했던 말. 첫째 딸은 불쌍하고 둘째 딸은 가엾고 나에게는 미안하다고…. †

6.28.

남편이 방심하더니 건강에 또 적신호가 켜졌다. 여럿이 함께 살며 과하게 신경 쓴 결과다. 단독으로 결정해야겠다는 생각이 들었다. 여름 내 남편 건강을 관리하고 챙긴 다음에 내 건강을 돌보기로 한다. 남편을 위해 최상의 환경을 만들어 줘야겠다.

첫째 딸은 9월 학기부터는 독립시키고 둘째 딸은 독립해 살다가 주말과 방학에만 합류해 살기로. 차츰 이사 가서 깨끗한 집에서 절대적으로 각자 방을 써야 남편 건강에 힘이 될 것이다. 딸 병치레에 네 식구 모여 살며 나도 남편도 상당히 무리였다. †

6.30.

매일매일 하는 살림. 청소기 밀고 빨래 돌리고 설거지하고. 방마다 정리정돈 하고, 쉬지 않고 밀레의 〈이삭줍기〉 그림처럼 바닥에 떨어진 머리카락 줍고 또 줍는다.

주말의 피로가 여태 풀리지 않아 오늘까지 등을 지진다. 모처럼 홀로 휴식 시간을 즐긴다. 여러 사람들 챙기고 싶지만 엄마랑 돈 버는 딸 생각해서 이제 멈춰야겠다. 가족이기에 노력할 뿐이다. †

7.2.

벼르고 벼르다 그립던 J 선생님을 오늘 찾아 뵈었다. 코로나로 인해 정신까지 편찮으셨다는 선생님께 과자 등 선물을 가득 챙겨드렸다. 변함없는 시계 문학회원들, 다들 그대로였다. 말 못할 감격의 해후로 짧지만 소중한 감정을 확인했다. ✝

7.3.

저녁에 J 언니네 집들이를 다녀온 날. 함께 간 남편과 사이좋게 대접 받고 돌아왔다. 형부와 언니는 행복해 보였고 집도 층이 높아 아주 좋아 보였다. 내가 이제야 시간이 되어 미안한 마음이다. 나의 언니가 형부랑 행복하게 살아가길 응원한다. ✝

7.5.

일요일 저녁, 식사 준비를 마친 뒤 잠시 대기 중. 한걸음에 반년이 지나고 잠시 이삼 일만이라도 홀로 쉬고 싶은 생각이 든다. 올해 상반기 남편도 나도 고생이 많았다. 인생은 그렇게 살아지고 또 살아지는 것이지마는. ✝

7.7.

오늘 유독 힘들어 그저 쉬고 싶었다.
잊지 말아야 할 것은 첫째 딸은 아직 나의 돌봄이 필요하다는 것.
여행은 내가 원할 때 갈 수 있지만 집은 살 수 있을 기회에 내가 맞춰야 하는 것. ✝

7.9.

몇 달 만에 나 홀로 종일 휴식. 황홀한 하루! ✝

7.14.

대주 피오레 65평 3층의 숲이 펼쳐진 풍경이 멋지던 예쁜 집을 찜했다. 예전엔 외지고 먼 곳이 불편하다 느꼈고 우울증이라도 걸릴 거 같아 엄두를 못 냈던 곳이었다. 이제는 무던하게 살 수 있음을 느끼고 흘러간 세월을 실감했다. 기침 많이 하는 내게 깨끗한 공기와 오염되지 않은 숲, 천연 대리석으로 꾸며진 청결한 실내. 넓고 고급스러워 딸들도 좋아할 테고 둘째 딸은 고고 졸업 후라 더 이상 교통은 상관없게 된다. 차액 없이 이사를 할 수 있는 상태라면 바로 실행할 결심이다. 차츰 엄마 네도 내 곁으로 이사오게 하고 우리 부부가 늙어 주체하지 못할 상황에서는 아파트 바로 앞에 생긴 요양원으로 갈 수밖에 없을 것 같다. 가족 모두에게 기쁜 변화가 이 가을엔 꼭 있을 것만 같다. 기대된다. 기다려진다. ✝

7.22.

어제 인연이 닿게 된 성원상떼레이크뷰와 계약했다. 우리 집에는 정 좋으신 부부가 오기로 하여 양쪽 계약을 끝냈다. 하늘로부터 받은 집으로 여긴다. 어찌나 크던지 딱 내 취향에 들어맞는 곳이었다. 너무 오랫동안 이루지 못한 꿈이어서인지 기쁘다기 보단 엄연하다. 살림소품 하나 사며 가구 하나 바꿀 때마다 설레고 떨 듯 행복해 하기엔 나이가 들기도 했고 마음을 비워서이기도 하다. 다만 이제 서서히 다가올 노년이 밝고 행복한 그 어떤 것으로 여겨지지 않고 엄격히 수행해야 할, 위로 아래로 옆으로의 임무와 삶의 책임으로 다가온다.

한 남성이 모든 속세를 떠나 오로지 하느님 사랑으로 사제가 된다는 것은 굉장히 사적인 신분이면서 공을 위한 삶이고 또 다시 하나님 한 분만을 위한 것이다. 머리를 밀고 여자로서의 삶을 포기하고 승복 입은 비구니의 삶이나 나는 거의 동격이라는 생각이 든다. 모든 행복과 사랑은 마음으로 시작되어야 하고 마음을 비워야 완성된다. 삶의 수명은 내가 원하는 만큼이라 생각한다. †

7.25.

오늘 벽지를 결정하는 것 외에도 바쁘고 중요한 일이 많았다. 그이가 며칠 전 만났던 친구가 교통사고로 세상을 떠났다며 장례식장에 다녀와서는 내리 씁쓸해 한다.

작은고모가 뇌졸중 수술로 2주째 의식이 없다고 한다. 시부모님은 연로하셔서 참 안타깝다.

첫째 딸이 워밍업을 마치면 업그레이드되어 사회생활로 진출하기 바라고 둘째 딸은 어릴 적처럼 밝게 웃고 명랑해졌으면 좋겠다. 둘째는 가끔 신경질적일 때가 있다. 이성의 사랑이 필요할 때가 가까워졌다는 조짐일까? 고민과 갈등이 무엇일까, 스트레스나 어떤 고독이 있는 것은 아닌지. 무지한 엄마라서 죄스러울 뿐, 조용히 눈 감게 된다. 어떤 계산이나 타산 없이 웃을 수 있는 밝음이 늘 있길 기원한다. ✝

7.28.

어제 여섯 군데 볼 일을 보고 오니 지쳐서 오늘 오후까지 늦잠을 잤다. 저녁에 가사 일을 마치고 찬물로 목욕하며 머리를 감았다.

장마가 이어지는 7월의 밤 중 단상. 그리움이 고여 있다. 몸을 깨끗이 하고 잠들기 전 무언가 여성적인 감성에 젖어들었다. 그리움은 과거로 젖어들 수 없고 미래를 꿈꾸지 못하며 그저 조용히 나다운 아름다움을 가꾸는 일에만 집중하며 여자로 살기 위해 노력하고 싶을 뿐이다. ✝

7.31.

딸을 간호하느라 내내 집에서만 지내다가 오늘에야 겨우 나 혼자만을 위한 시간이 났다. 살림에 치여 우아하게 멋 내기도 번거로워 커튼 확인 차 고투몰에 가서 한참을 걷다가 맘에 드는 하얀색 시폰 커튼으로 시공 서비스까지 받기로 하고 예약금을 걸었다.

뉴코아의 식품관에서 한가득 장을 보고 돌아오니 시미리에 사는 작은엄마가 보내신 먹을 것이 가득 담긴 택배를 받았다. 감격스러운 정성과 나에 대한 넘치는 사랑을 느끼고 한 번 더 감사함을 느꼈다.

부동산 법이 자꾸 바뀐다 한다. 하늘의 뜻을 따른다.

작은고모가 뇌수술을 하셨는데 그저 아픔만이라도 없으시길 빌고 또 빈다. 인간은 언제고 떠나야만 하는 것인가. †

8.3.

내겐 두려움이 없다. 코로나와 홍수, 산사태에 인명 피해가 허다한 요즘. 큰 집을 장만하는 게 소원인 내게 아버지가 복을 내려 주셨는데 절대적으로 하늘의 뜻임을 믿고 감사할 뿐이다. 세금 문제로 남편이 고민에 빠졌으나 난 그저 모든 것에 마음을 비우고 하느님 아버지께 맡기고 순종할 뿐, 두려움이 없다. 주변의 시기와 질투도 다 내가 안고 넘어서야 할 고난이라 여기니 편안하다. 다만 나의 염려는 첫째 딸의 빠른 쾌차뿐이다. †

8.10.

뉴스를 볼 때마다 나오는 부동산 문제나 재벌가의 법적 다툼, 혹은 부유로 인한 여러 악영향이 끼치는 삶의 부패를 보며 돈을 최고로 여기던 나이를 보낸 나의 현재를 바라본다. 나는 이제 이름을 내린 무소유의 행복으로 남은 삶을 살고 싶다. 이름 욕심으로 인해 파생되는 너무 많은 골칫거리를 풀어나가기 어렵다. 젊음과 욕망은 온당하나 꿈이 없는 젊음은 가난한 것이다. 과다한 욕심은 불행으로 가는 지름길이다. 내가 행복할 만큼의 풍족함이면 된다. 다 버리고 무소유의 행복

을 되새긴다. †

8.20.

폭염으로 보낸 팔월이 지나가고 구월로 다가선다. 친구 O의 생일이라 용기 내어 O네 부모님과 통화하였다. 너그러우신 O의 어머니 목소리를 기대했는데 예전보다는 연로해진 탓인지 여유가 느껴지진 않았다. 내년쯤은 O네 딸의 혼사 소식이 있으면 참 좋겠다. 부디 O네 어머니가 건강을 되찾아 남편분과 행복하시길 기원한다. 오늘따라 늘 새색시 같던 사유리 언니가 많이 그립다. 고생을 면하시고 건강해지시길 빌고 자식 복을 많이 누리길 기도한다. †

8.21.

장마가 끝난 뒤 폭염이 시작됐다. 후텁지근한 공기에 둘째 딸이 아르바이트 중에 힘든 일을 겪고 나 역시 첫째 딸과 사소한 일로 부딪힐 뻔했다. 도우미 아주머니가 다녀간 날은 집이 어수선해서 꼭 두 번 일하게 만들어 더 힘들다.

오늘 오후, 첫째의 대만 유학 시절 친구 유리아가 넉 달 만에 딸에게 전화했다. 딸과 함께 통화하며 친구를 응원해주고 또 고마움도 표했다. 친구의 고독과 생활고, 이민자로서의 설움으로 겪을 아픔을 이해했고, 그래서 더 좋고 참된 행복의 길만 있기를 늘 기도해왔다. 내 딸의 은인이라 그녀가 고통스럽지 않길 바란다. 유리아가 미국에 있는

자신의 친언니와 친밀히 지내길 기원한다. 한국에 한 번쯤 놀러오면 좋겠다. ✝

8.22.

첫째 딸이 방에서 잠을 잤는데 러플 이불이 참 시원해서 푹 잠들었다. 남편도 마음껏 홀로 푹 자고 쉬길.

저녁엔 첫째 딸을 데리러 서현동까지 갔는데 딸이 미용실에서 머리까지 하고 둘째 딸이 일하는 식당에 들러 대만 말로 인사를 나누며 의젓하게 동생을 챙기는 모습을 보고 대단히 뿌듯했다. 치어스에서 음식을 시켜 먹으며 자매간의 정다운 모습에 감사를 느낀다.

푹 잤는데도 몸이 영 피곤하다. 밥 짓기, 반찬 만들기, 그 외 집안일…. ✝

8.23.

J 언니의 아들과 딸이 2~3년씩 한국에 와서 지낸다는 기쁜 소식을 들었다. 자식을 끔찍이 여기는 언니에겐 왜 알지 못할 아픔이 눈에 어룽이는 걸까. 모녀의 모습을 지켜보니 참 어여쁘고 기특하다. 일 끝나 돌아와 샤워를 마치고 날마다 영상통화로 수다를 떠는 모습이 참 부럽다.

오전에 전화 통화로 기운을 빼고 지인 EJ 님과 외숙모에게 전화했다. 무엇보다 '마음 비움'이 주는 행복을 잊지말 것. 6조 원의 상속 재산을 마다하고 승려의 길을 택했다는 어떤 외국인의 이야기를 담은 기사를 스크랩해 두었다.

신동백 집을 파는 것이 정작 가족의 가계에 보탬이 되는지. 하느님 아버지! 저의 작은 돈을 담은 신동백 집이 작은 겨자씨가 자라나서 밀 알을 뿌리듯 딸들을 위한 최대의 결실을 맺게 도와주소서. 아멘. ✝

8.24.

매일 청소기 돌리고 설거지, 빨래하고 점심 준비, 저녁 준비. 남편 먹을 거 챙기고 쓰레기 버리고, 요리하고 목욕하고 머리 감고. 시어머님이 어쩌다 사랑으로 용돈을 주시면 남편은 어찌나 좋아하던지 모자간의 끈끈한 모습이 보기 좋다. 신동백 집이 팔려야 하는 상황이고 그래서 진행하고 있지만 실감이 나지 않고 어쩐지 나중에 팔아야 나에게 득이 될 것 같은 느낌이다. 집과 주식은 일찍 팔면 꼭 후회함을 알면서도…. ✝

8.28.

하느님은 왜 이리 내게 큰 저택을 주셨을까. 그게 어떤 면에서 좋은 일일까.

어제 첫 외출은 지인 EJ 님과 반가운 저녁 만남이었다. 그녀의 혼자 되신 80세 아버지의 여자친구 이야기를 전해들었다. 노년에도 정열의 사랑을하는 경우를 요즘 꽤 발견한다.

난 조금 허무하다. 요즘 스스로 여자라는 자각이 멀어지면서 남편과 거리감이 생겼고 그이는 나를 두고 혼자 친구들과 재밌게 지내곤 한다. 내게는 다소 냉랭해진 모습에 실망해 주말 내내 대화를 거의 나누지 않아 체력적으로 무기력해졌다. 삭막한 부부 관계에 회의감 젖은 슬픈 미소뿐. †

8.29.

엄마가 애써 만들어주신 200만 원을 홀랑 통장에 넣었다가 오늘 대출 정리하면서 다 써 버리는 바람에 심히 괴롭고 울고 싶어진다. 두고두고 죄송하게 느낄 것 같다. 뉘우친다.

오늘은 엄마 모시고 이마트에서 함께 가득히 장을 봤는데 잊지 못할 정도로 엄마가 행복해 보여 참 기뻤다. 여한이 없다.

돈만 있다면 용돈을 듬뿍 드리고 싶은데 생활비를 몽땅 털어 빚을 갚고도 아직 대출금이 남아 있는 상황이라 여의치가 않았다. 남편이 애정 표현으로 조금 넣어주긴 했는데 상황이 이러니 받은 거 같지도 않다. 많이 예민해진 이 밤에 그저 희미한 미소만 쓸쓸히 삼킨다. 정말이지 신동백 집을 더 오른 뒤에 팔고 싶다. 그게 아니라면 딸들에게 줄 게 너무나 없다. 심사숙고 해야겠다. 빗소리가 슬프다. †

9.2.

아침에 일어나서 쉬지 않고 집안일을 했다. 이불 빨래 등 연속으로 세탁기를 돌리고 밥, 반찬, 찌개 준비와 상황버섯차와 보리차를 끓이고 삶은 콩은 믹서기에 갈고 설거지까지. 찬물 받아 목욕 세 번에 양치도 수차례. 오후에 외출해 딸들 운전해 날라 내과에서 약 한 보따리 타고, 첫째 딸 미용실 데려가 매직시켜 주고 의사 진료 상담 받은 뒤 맥도널드에서 간식 먹고 롯데 백화점 한 바퀴 돌았다. 첫째 딸이 살이 쪘다고 다이어트에 열심이다. 차츰 다이어트 효과를 보길.

이사 날짜가 다가온다. 회색빛이 도는 파스텔 블루 소파를 결제했다. 이제 튀는 색은 질린다. 묻히는 색이 멋스럽다. 도배가 기대된다. 새 집처럼 올 화이트 대저택으로! 아직도 꿈같지만 곧 이사가 실감나겠지. †

9.4.

구월 하고도 며칠이 지났다. 욕조에 찬물 받아놓는 건 내일부턴 멈추기로 하고, 오늘 저녁 설거지부턴 다시 고무장갑을 끼웠다.

자기 전 내 마음의 글밭 한 뙈기를 들꽃 피우듯 일구었다. 이 가을 스며드는 스산함. 이제 이사 간 후엔 갈대밭이 가을바람에 일렁일 것이다. 나의 딸들이 한집에 살고 있어 외로움을 면할 수 있을 거 같다.

전 세계 코로나로 인한 재해가 쓸쓸한 현실이고 오늘 첫째 딸의 환우 한 명이 재활병원을 그만두었다. 사정은 자세히 모르나 그녀와 어머니 모녀의 입장을 가슴 시리게 묵상한다. 부디 건강히 지내며 경제적으로 안정되며 나아가는 삶에 모든 축복을 하느님께서 내려주시기를 기도 또 기도한다.

저녁에는 엄마 아빠를 잠시 뵈었다. 나이 대비 건강하셔 감사하고 엄마에게 아빠가 곁에 있어 든든하지만 나이 들어감이 안타깝다. 사랑하는 내 남편, 내 딸들의 아빠도 나와 명이 얼마나 비슷할는지. 작은 고모의 운명은 또 어찌될는지. ✝

9.7.

매일 네 식구 청소와 가사노동이 힘들다고 남편에게 호소했다.
월요일 오전 평온한 잠에서 깨다.
초가을 비가 내린다. ✝

9.12.

온종일 잠이 쏟아지는 데다 뒷목과 어깨 통증으로 잠만 잔 하루였다. 딸들이 외출했다 돌아올 때까지 잠들어 있었다. 주말이면 가족 뒷바라지, 집안일의 무게에 눌려 두통까지 생기고 벅찬 가사를 홀로 감당키 버겁다. 저녁부터 남편도 나빠진 건강으로 불편함을 삭이다가 가녀리게 뻗어 외등도 켜둔 채로 자고 있다. 슬픈 마음으로 예민한 남편 편히 쉬라고 나는 첫째 딸의 방으로 왔다. 나이 들며 함께 아프니… 남편이 빨리 쾌유되길 바란다. 또 병원에 입원할 때가 된 건지.

안타깝다. 이 집을 뜨기 전 마지막 액땜이라 여기며, 이사할 때가 온 것이라 생각하기로 한다. 오랜만에 조카네 부부랑 작은고모 소식 여쭙고자 통화했다. 세 식구 모두 행복한 목소리라 행복을 빌어 주었고 우리 고모는 오래 버티시는 걸로 보아 다시 기운 차려 일어날 희망이 있는 게 아닌가 싶었다. 고모가 영혼이 평안하시길 기도한다. ✝

9.14.

20여 년간 살던 집을 등지며 손 한 번 흔들지 못하고 지친 상태로 여행 가방 차에 싣고 엄마 네로 왔다. 어제 커튼과 이불 빨래로 세탁기를 네 번 돌리고 오늘은 냉장고 싹 비워 많은 쓰레기 혼자 다 날라 버렸다. 끝내고 나니 너무 지쳐 탈출하고 싶은 마음, 일찍 자고 싶은 마음에 엄마 네 오니 시원하기 이를 데 없이 편안하다. 커다란 내 집도 좋지만 건사할 식구가 많은 가사 노동에 매인 삶보다 혼자 더부살이 하는 삶도 홀가분할 것 같다고 여겨지는 오늘. 한여름 원두막 위처럼 서늘하다. ✝

9.25. 카타리나 축일

이사 온 지 내일이면 일주일째다. 쉬지 않고 순조로이 정리 중이다. 마치 훌륭하고 멋진 프랑스의 니스 바닷가의 대저택 같은 모습에 중년이 다 된 남편도 흡족해 한다. 널따란 대리석, 무엇보다 새 아크릴. 새하얀 욕조에서 새로 산 목욕 용품으로 매일 향기 목욕을 즐긴다. 과분한 호사지만 겸손한 마음으로 감사의 마음을 갖는다. 가족, 부부간의 건강과 사랑이 충만케 하소서.
이제부터 성바오로성당으로. ✝

9.27.

프랑스의 니스를 배경으로 한 대저택처럼 이사 온 이 집이 좋은 건 드넓은 거실 창가에는 가득한 환한 햇살과 고속고로를 끼고 펼쳐져 있는 울창한 숲, 그리고 양쪽 창문을 다 열면 시원 서늘한 바람, 바람. 거실 끝 한 자락 호수 풍경. 무엇보다 콧속으로 들어오는 상쾌하고 깨끗한 공기.

예전의 설렘이나 흥분, 감격은 없지만 내 인생에 더이상 여한 없을 과분한 호사다. 갑자기 김남조 시인의 시구詩句가 떠오르는 가을이다. 치유되어 가는 첫째 딸이 기특하고 자기 앞가림 굳세게 해내는 둘째 딸이 든든하면서도 안쓰럽고 늘 한결같이 성실한 내 남편이 고맙고 내심 자랑스럽다.
참으로 감사하고 겸손한 마음으로 시월을 맞이하는 중. ✝

10.4.

추석 연휴 9월의 정서는 늘 가슴 섬찟 싸늘한 냉기가 스며드는 시즌이고 풍요로운 가운데 스산함이 시작되는 처연한 달이다. 올해 추석은 추석 같지 않고 이사 후 살림 정리하느라 바빠 외롭거나 불안한 정서가 전혀 없었다. 다만 멀리서 엄마 뵈러 작은오빠 혼자 다녀갔던 것이 다소 안쓰러웠을 뿐이다.

헤레나 님이 강아지를 보낸 일로 우울감에 젖어 계신 듯하다.

난 이제 막 정리를 거의 끝내서 행복을 느낄 시간이나 여유가 없었다. 네 식구 살림이 힘든데 남편이 씩씩하게 날 도와주지 않아 홀로 아쉬워했다. 시댁 식구들이 즐겁게 다녀가 준 덕에 기분이 좋았다. 어깨가 쑤셔 쉬고 있다.

아, 벌써 10월이 며칠이나 지난 것을 이제서 알았다. †

10.13.

올해 내내 과하게 무리하며 쉬지 않고 일한 탓인지 폐경 1년 반 만에 하혈이 심해 자궁 초음파 검사 후 자궁 내막 암 조직을 검사했다. 그래도 두려움은 없다. 큰 저택이 생긴 행복에 감사하지만 무엇보다 내가 자유로이 다닐 수 있는 조그만 새 성전이 우리 가족을 인도하고 있어 넘치는 감격과 은총으로 미사 참례를 두어 번 보았다. 내 사랑 첫째 딸이 나와 함께 미사 다니기로 약속했다. 부디 주님의 도구로, 한 마리 양으로 불려주시길… 아멘.

암은 아닐 거다. 스트레스와 과로 때문일 것이다. 예수님이 나와 함께 계시기에 두렵지 않다. 오늘 첨으로 하루 쉬었다. 암에 걸려 말라가는 건 싫다. 주님! 카타리나 전능함으로 보호하여 주소서. 아멘. †

10.18.

참 다행스럽게도 병이 없다 해서 마음을 편히 내려놓았다. 호르몬제를 먹으니 감수성이 예민해져 다소 감성적으로 변하고 기분도 별로라 원래 행복했던 기운으로 돌아가려 노력하고 있다.

오늘은 예정된 시간에 미사가 없어 그이와 첫째 딸 셋이서 함께 새 성전에 감사 기도를 올리고 왔다.

가을이 깊어가고 이제 곧 11월이다. 친구 YS와 안부 나누었다. 내일은 어머니의 소망대로 마련한 내 생일 가족모임이다. 생일은 혼자 조용히 집에 있는 게 제일 좋지만. 이사 온 지 한 달째. 이제 여유로운 가을을 느끼고 싶다. †

10.24.

전날 두 딸을 돌본다고 무리한 탓에 종일 졸려서 잤다. 새 동네, 새 아파트 참 좋다. 이곳 아파트 주민들이나 주변 환경 모두 맘에 든다. 새 성전인 기흥성당, 코스트코, 크린토피아 세탁소, 깨끗한 상가건물 안 내과 병원, 노천 카페, 즉석 떡볶이 가게, 돈가스집, 분식집, 삼성 빌딩 주변 가득한 칼국수집, 차를 타고 나갈 때 곁에 보이는 호수 풍경, 멀지 않은 첫째 딸의 병원, 딸이 좋아하는 기흥역 에이케이 쇼핑몰, 가까운 강남의 활력 넘치는 거리, 아파트 주변 공세동과 기흥역 주변… 나의 새 터전이다. 맑고 깨끗한 공기도 빼 놓을 수 없다.

사랑해, 나의 패밀리 하우스. ✝

10.29.

과로는 병을 부르는 원인 같다. 생리 출혈을 호르몬제로 멈추었지만 부작용으로 유방이 커지고 잠이 쏟아졌다. 용인 세브란스는 정말 가까운 곳에 있는데다 최신 기기로 정밀 검사가 가능하고 깨끗한 젊은 의사들의 세심한 진료, 편리한 지상 주차 덕분에 마치 구원의 교회처럼 느껴진다.

우연히 저녁 페이스북을 통해 A 언니의 뇌 혈관 수술 입원 소식을 알게 되었다. 이사하고 명절 치르며 무리를 한다 싶었더니만…. 부디 쾌유를 위해 기도한다.

첫째 딸이 꿈을 갖고 밝고 희망차게 병원 잘 다녀줘서 고맙고 둘째 딸은 착실히 공부하며 여러 가지로 야망이 커서 기특하다. 사랑스러운 두 딸에게 고맙다.

저녁엔 의학 박사 친구 M과 통화했다.

엄마가 어디 가신 걸까, 오늘 저녁엔 오시겠지. ✝

11.1.

비 부슬부슬 내리는 일요일. 내 주변에는 굴곡 없는 삶을 사는 사람이 드물다는 생각이 든다. 이혼과 불륜, 사실혼, 장애와 병마. 슬픈 모녀 사이, 가정을 되찾고 싶어 하는 여인. 생활고에 시달리는 돌싱, 병고에 시달리는 환우들. 끝없는 범죄. 변화무쌍한 시대관.

외로우니까 시인이고 아픈 게 청춘이라지만 사랑과 봉사, 베풂과 순응, 비움과 신앙, 그리고 겸손만이 우리의 길이다.
나 홀로 새 성전으로 갈 수 있는 것으로도 넘치는 행복이지만 내 남편까지 함께 부르심으로 토요일 미사에 함께 참여했다. 하느님의 영광이다. ✝

11.4.
엊그제 TV 미사에 기도 요청했던 게 방영되었다. 새 집에서의 생활을 시작한 가족에게 축복만 달라는 기도를 수녀님께서 시청자들과 함께 기도해 주고 우리 집에 오는 이들을 환대하라는 내용이었다.

집 가까이에 작은 내본당이 있음이 가장 큰 축복으로 여겨지는 날. 오늘도 짬 내어 기도를 올리고 왔다.
새 동네에서 나와 사는 게 비슷한 이웃 친구가 생기면 좋겠다. 참된 가정에 편안한 주부나 살림에 세련된 멋 내는 일을 행복으로 여기는 그런 부류의 내 또래를.

앞으로 첫째 딸이 다니는 낮 병원 환우들에게 작게나마 봉사하고 싶다. ✝

11.6.

 사람을 만나 자신의 이야기는 솔직히 털어 놓지 않고 나만 말하게 하는 사람은 헤어진 후 뒤끝이 찝찝하다. 마음을 서로 열고 진심을 얘기하는 상대를 원한다.

 둘째 딸이 마음을 열고 아무 때나 수다 떨지 않아 섭섭하고 엄마도 늘 내 얘기를 들을 뿐 속마음을 잘 털어 놓지 않는 반면 첫째 딸이 꾸밈없이 순수하게 맘을 잘 표현해 애착이 간다.

 대화는 주고 받는 것이다. 저녁 늦게 외숙모와 통화했는데 대화가 잘 통하고 즐거웠다. 현실이 어려워도 행복한 목소리의 외숙모가 난 좋다. 내 목청을 크게 만드는 주인공. ✝

11.7.

 사람의 눈빛은 거짓말하지 않는다. 나를 바라보는 상대방의 눈빛에서 나의 모습이 어떤지 알 수 있다. 잘못은 용서되지만 때론 망신도 필요하다.

 딸의 친구, 러시아 여인 유리아.

 큰딸과 대만에서 함께 지내던 유리아를 참 사랑한다. 그녀의 삶이 긍정적으로 달라지길 기도한다. 슬픈 관계는 끊고 제 언니와 함께하길. 새 사랑을 만나 축복받는 가정을 꾸리고 소망 이루길. 부디 주님 도우소서.

 똑똑한 유리아에게 생명의 빛, 행복의 빛이 머물기를. ✝

11.13.

오늘은 새벽에 약 먹고 종일 푹 자고 쉬었다. 지난 삶을 조명해 볼 때, 용인 집에서 살던 젊은 30대부터 20여 년 동안 살기에 답답하고 속박되어 매번 용틀임했었다. 이제 내 나이 53세에야 하늘의 도움으로 최상의 대저택과 자유로운 삶의 평화를 느낀다. 아무 근심이 없다. 큰 희열이라기보다 큰 복으로 받아들이고 만족할 뿐이다. 새 동네 새 이웃 새로운 주변 환경. 참 좋다.

이제 멀고 먼 동대문도 갈 일 없고 시댁에서는 멀어졌으나 나는 서울 갈 일 없어도 아쉽지 않고 지금은 마치 어느 외국의 해변 마을에 사는 기분이다. 내 남편이 새 집으로와 날마다 행복한 얼굴을 하고 딸들도 바르고 어여쁘게 성장하니 모든 욕심을 버리고 마음을 비우고 순리에 따라 오직 감사의 기도를 올린다. ✝

11.17.

날씨가 느끄름하여 나가기 싫었지만 딸들과의 약속이라 몸을 일으켰다. 시미리 사는 작은엄마가 보내 주신 어마어마한 김장 김치 상자를 뜯기만 해놓고 성당에 가서 기도 올린 뒤 수내동의 첫째의 병원에서 볼일 두루 보고 둘째를 데려왔다.

딸들이 엄청나게 용돈을 요구해 와서 감당하기 어려워진다.
둘째 딸과 남편은 살이 빠진 탓인지 예민해졌다.
드디어 김치냉장고 정리를 끝내고 둥글둥글 귀여운 첫째 딸 곁에 누웠다. 딸 없인 잠시도 못 살 것 같다. 남편은 첫째 딸의 모든 행동을 넓게 감싸주지 못하고 문제로 여긴다. 그저 부족하더라도 미소 지으며 사랑해 주면 되는 것이다. 둘째도 날마다 예민하고 어릴 적 붙임성 있게 엄마를 좋아하며 따르던 모습이 사라져 내게 작은 목소리로 속삭이던 옛 모습이 그립고 또 그립다. 자식들은 살아가는 동안 파도처럼 그렇게 부모와 밀려왔다 떠나갔다 하는가 보다. †

11.18.

작은어머니가 김장을 많이도 보내 주셨다. 같은 용인에서도 소박하게 농민으로 사시며 평생 일만 하신 작은엄마. 어릴 적부터 내 모든 것을 그렇게 예뻐해 주시던 작은엄마. 누가 내게 손수 담그신 김치를 골고루 세 박스나 넘치게 보내줄까. 이 김치가 참 신성하고 소중하게 느껴진다. 가진 게 없는 사람들이 오히려 풍요롭고 사랑이 가득한 듯하다. 내가 너무나 사랑하는 작은엄마. †

11.19.

오늘은 엄마의 생신 모임. 우리 집에서 외가 친척이 모두 모이게 되었다. 엄마와 아빠, 이모와 이모부, 그리고 외숙모님. 잘 먹고 떠들고 나누고. 다들 행복해했다. 우리 외가에서는 늘 내 남편은 사랑받고 나는 주인공이 된다. 넘치게 감사한 건 남편과 저녁 미사에 참여하게 된 것이다. 한 가지만을 위해 기도하였다. 에우스띠올라 주님의 품으로- 성모님의 부르심을 위해서. †

11.24.

코로나로 인해 망가진 사회 경제에 굶주리는 이웃이 많으나 내 어린 몸 가느다란 열아홉 살 딸이 종일 아르바이트 해서 수당 8만 원씩 벌며 저축하는 보고 있으면 대책 없이 집값을 싸게 내놓을 순 없다. 최고가를 원하는 부모님들과 고생하는 딸을 생각하면 내 기분대로 집값을 성급히 낮출 순 없다. 온누리 부동산이 적정선에서 잘 팔아주길 기다려야겠다. 이 겨울 안에 K 사모님으로부터 좋은 소식이 들려오길 믿는다. 아멘. †

11.29.

둘째 딸이 새로 일하게 된 일터는 동네 10분 거리의 아웃렛이다. 시어머니가 주신 밍크 숄을 두르고 아웃렛으로 갔다. 여느 명품 아웃렛 그 어느 곳보다 잘 지은 우리 동네에 생긴 새 쇼핑센터다.

연말 분위기 가득한 네온사인 풍경과 뽀송뽀송한 품질 좋은 상품들이 풍부했다. 아이쇼핑한 뒤 우리 둘째 딸이 아르바이트 하는 곳으로 향했다. 아, 내 딸 곧게 서서 하루 10시간 넘게 일하는 모습을 보니 참으로 안쓰러웠지만 동시에 좋은 아르바이트 자리에서 열심히 하고 있으니 참 기특했다. 집 가깝고 환경이 완전 좋다. 시미리에 운동화를 선물했다. 처음으로 직접 사 보는 브랜드 운동화. 화려하고 예쁘다. 이래저래 알뜰하게 쇼핑하고 둘째 딸을 데리고 귀가했다. 열혈으로 노력하는 딸이 안타깝지만 일을 하게 해야 한다. 참 좋은 우리 동네에 생긴 새 쇼핑센터 롯데에서의 하루를 보내며…. †

12.1.

세수도 못 한 채 둘째 딸을 태우고 운전 나갔다가 예정에 없던 엄마와의 데이트를 보내게 되었다. 운전 면허장에서 볼 일을 함께 본 다음에 우리 동네 성당에 가서 기도를 올렸다. 이후엔 함께 롯데 아웃렛에서 쇼핑하다가 우리 집에 모셔 와 쉬게 해 드렸다. 이것저것 가득 싸서 엄마 네까지 모셔다 드렸다. 행복해하고 황송해하며 감격하는 엄마의 모습에 간만의 효도로 기분이 좋다. 잘 사는 딸 보는 게 엄마에겐 큰 효도다.

CY 엄마에게 전화했었다. 지난번보다 마음 편히 지내고 있었다. 오래전 이웃으로 맺어진 인연인데 현재 가까운 곳에 산다. 나와 마음이 잘 맞는다.

12월 첫날. 기분이 좋다. †

12.3.

첫째 딸은 참 예의바른 마음씨에 술, 담배도 하지 않고 욕할 줄도 모른다. 요즘은 꽤 정결 개념도 강해졌다. 둥글둥글 몽실몽실 말랑말랑 솜사탕처럼 사랑스럽다. 둘째 딸은 깨끗하여 청신하며 오월의 아카시아 같은 꽃향기가 난다. 속내가 어른스럽고 논리적이며 엄마가 운전해 주면 기고만장해져 행복해 한다. 어릴 때의 애교가 사라진 것은 조금 아쉽다. 서울여대 친구들이 모두 착하다고 좋아해서 참 기쁘다. 늦은 밤 딸들을 데리고 운전해 데리고 오면서 뿌듯함과 삶의 한 자락 감사함을 또 느낀다. †

12.5.

당분간 남편의 낮잠 시간을 보호해주고 싶어 외출 준비를 할 때는 딸 방에서 해결해야겠다. 나도 남편도 토요일 오후만큼은 좀 쉬어야겠다. 남편이 평화로운 숙면으로 행복한 저녁을 맞이하기를.

머리에 컬러 트리트먼트를 하고 핫핑크 털코트를 입고 둘째 딸에게 달려갔다. 우리 둘째 얼굴을 보고나서 쇼핑을 즐겼다. 꼭 사고 싶었던 MLB 불링 패딩을 결국 사고 모던하우스에서 알레르기 케어 이불세트가 세일이라 둘째 딸에게 사 주었다. 쇼핑을 마친 뒤 딸 둘 데리고 집에 돌아왔다. 둘째 딸이 행복해 하고 첫째 딸도 날마다 센터 친구와 즐거운 시간을 보낸다. 안방에서 평안히 잠든 남편의 모습을 바라보면 참 감사하고 뿌듯하다. ✝

12.8.

첫째 딸이 코로나 검사를 하고 왔다. 생전 처음 신나게 친구들과 어울리며 행복하게 지냈는데 이런 일이 일어나 안타깝다. 귀가 전 성당이 열려 있어 성체조배로 기도하고 왔다. 첫째 딸이 가깝게 지내는 환우들. 이 두 친구가 딸 곁에 있어 참 감사함을 느낀다. ✝

12.11.

살림에 치여 종일 허덕여 숨이 가빠진다. 첫째 딸은 한집에서 어수선하게 굴어 더욱 정신이 없다. 하루가 힘들어 늦은 밤에 말동무를 찾

왔더니 CY 엄마의 새 남편과 사업 구상 중이라 바쁘다고 한다.

유방의 물혹을 만져보니 딱딱해져 내 건강이 염려되었다. 오늘은 자궁 가운데에 경미한 통증이 느껴졌다. 게다가 남편의 지인이 60세에 암으로 사망했다는 말까지 들으니 간담이 서늘해졌다.

친구 YS는 꿩 구워 먹은 자리인 듯 무소식이라 야속하구나.
코로나라 다들 조용히 집에서 빚 쌓이며 노는 부부가 많은 거 같다.

내 작은딸의 몇 년 전 메모에서 얻은 명언 하나.
'인생은 받아들이는 것이다.'
그리고 오늘의 평화방송에서 두봉Dupont 주교님의 말씀.
"세상은 빈손으로 왔다가 빈손으로 가는 것이다."

쥐면 내놓아야 하는데 사람들은 쥐면 쥘수록 더 쥐고 싶어 한다. 돈을 많이 쓰는 것은 죄를 짓는 것이다. 인생은 흙에서 왔다가 흙으로 돌아가는 것이다. †

12.12.
대청소 환기 후 초저녁이 되어 쉬고 있다. 남편에게 양가죽 재킷을 사주려고 벼르다 롯데 아웃렛에 갔는데 그이는 간단한 바지와 니트 상의만 샀다. †

12.17.

백지 위 수놓인 들꽃처럼 향기 나는 나의 언어들. 그저께 최근 몇 년 동안 쓴 글 모음을 읽고 편집했더니 어제오늘 폭우 같은 잠에 취해버렸다.

둘째 딸이 실연당한 선배를 위로해주러 집을 비운 이틀 동안 정신없이 잠만 잤다. 정신을 못 차리는 상태에서 오랜만에 R 언니로부터 전화가 걸려왔다. 박사 학위에 전념하며 수년을 보내며 나름 마지막 도전 중인 거 같다.

세월이 많이 흘렀고 세상은 코로나로 말미암은 경제 위기와 독재 정치의 혼탁함 속에서 생명의 존귀함이 흐려져 가는 시대가 되었다. 어린 우리 작은딸도 20세를 앞에 두고 청춘의 고통을 치열히 겪는 친구들 속에서 간접경험을 하며 인생을 배워가고 큰딸도 어여쁜 새내기 시절을 다 보내고 곧 스물여덟이 된다.

코로나로 세상이 문 닫는 시대에 여러 안타까움뿐이다. 첫째 딸이 요즘 친구들과 밝게 잘 지내고 내 딸들 매일 한집에서 볼 수 있음에 감사할 뿐이다.

TV를 보면 대통령들의 엄청난 비리 소식, 실명을 하게 된 연극인의 사정 등 여러 이야기들을 듣게 된다. 가장 행복할 때 끼어드는 재앙을 조심하며 언제나 겸손하리라. 이렇게 살다가 하느님이 부르심의 상을 주실 땐 더도 말고 따뜻한 봄에 떠날 수 있기를 바란다. 이제 겁이나 대형마트도 못 가겠고, 내일은 어디든 찬바람 쐬며 운동 삼아 걸으러

나가야겠다. 집에서만 오래 있으면 몸이 아파오는 느낌이기에. 건강이 나빠지면 살림을 할 수 없게 된다. ✝

12.18.
어제는 R 언니에게 전화가 오더니 오늘은 친구 S에게 뜬금없이 전화가 걸려왔다.

동네 약사가 약의 농도를 조절하다 0을 하나 더 붙였는지 잠의 늪에서 빠져나오지 못하고 있다. 청소 후 또 잠이 쏟아진다. ✝

12.19.
J 선생님과 통화하였다. 도와드리는 일등 제자는 못 되지만 잠깐의 통화에도 마음만은 찰떡궁합이다. 노년에도 꿈이 있어 여성문학인회 회장 선거에 출마 예정이시란다. 꼭 되고 싶다 하시니 내게 꼬박 기도할 숙제가 생겼다. 사별 후 참 외로워 하시던 모습을 떠올리니 눈물이 차오른다. 내게 한 분뿐인 스승, J 선생님. 깊이 사랑한다. 무엇보다 건강하시길 바란다. 꼭 되시리라 믿는다. ✝

12.26.
친구 관계를 정리한다. 내가 연락하지 않으면 평생 소식도 없고 평생 통화를 거부하는 친구. 상투적인 안부 몇 마디만 몇 년을 두고 이어갔는데 속을 보이지 않고 자신의 진실과 말을 나누지 않는다면 무슨 친구인가. 답답하고 회의가 느껴져 그 친구와 관계를 더 이상 잇고 싶지 않아졌다. 이제는 서로 추억하는 관계로 끝내길…. ✝

12.29.

연말 인사를 나눌 겸 교보 플래너 EJ 씨와 만났다. 어제 최악의 컨디션으로 하루를 보낸 후 오늘에서야 몸의 붓기가 빠지고 컨디션이 회복되었다. 어제 새 도우미 여성으로 입매와 턱이 아주 어여쁜 주부가 왔는데 청소를 말끔하게 해 주어 덕분에 오늘 다소 힐링이 되었다.

EJ 씨에게 점심 식사를 대접하며 같이 편안한 분위기에서 좋은 담소를 나누었다. 8년째 이어가는 EJ 사장님과의 교류. 마음이 깨끗하고 돌싱으로서 인생을 재밌게 즐기며 산다.

요즘은 평화방송 사제나 수녀를 보면 오래된 고목나무의 마른 껍질 같은 까칠한 고독이 사무치게 느껴진다. 혼자인 사람에게선 왠지 자신만의 추위와 메마른 샘의 바닥과 같은 고갈된 외로움, 향기 없이 부스러지는 라벤더 꽃 같은 분위기가 감돈다.

연말 기분을 못 냈는데 겨우 이틀만 남았구나. 갑자기 바빴던 한 해. 12월에는 겨울이 시작되던 그 무렵 남편과 애정이 싹트던 기억이 떠오른다. 스물다섯 살의 시작이던….

2020년 한 해를 마감하며 이미 지나간 모든 날들에 감사를. 하느님 아버지께 영광을. ✝

12.31.

대만 타오웬 명전대 주변이 그립다. 첫째 딸과 다시 가게 될 날을 꿈꾼다. 오늘 나의 53세의 끝 날이다.

코로나라 올 한 해 자제했던 가족 외식, 오늘 저녁에는 12월 31일 한 해의 마지막 날을 기념해 간만에 미국식 카페에서 간단히 외식을 즐긴다. 남편이 좋아하는 미국 음식과 맥주 및 코코넛 쉐이크, 나탈리 주스 등을 곁들이며 맛있게 먹다 한 마디 제대로 못 나누고 핸드폰으로 몇 컷의 사진만 찍고 두 딸 차에 실어 집에 돌아왔다.

평생 꿈이던 93평 집으로 이사 온 이후 지난주에야 서재를 꾸몄는데 "아-" 소리 흐르는 행복을 입 안 가득히 삼키고 싶다.

새해, 이제는 54세.

건강 그리고 행복만을 꿈꾸며! ✝

김상아의 단상

나의 계절은

내게 있어 계절의 시작은 언제나 아파오며 시작되지만 계절의 절정은 사이다 거품처럼 충일된 풍요와 기쁨으로 흘러 넘친다. 겨울의 절정 1월이다. 어느 시인이 그랬던가. 창밖에 눈이 내리는 소리가 여인의 옷 벗는 소리와 흡사하다고. 내 선배 시인은 얼굴에 함박눈이 너무 많이 내려 눈이 과자처럼 느껴졌다고 아픔을 호소하기도 했다. 언제나… 사랑해 달라고 아름다우냐고 걱정 어린 눈빛을 반짝이기엔 오십을 바라보는 나이와 어울리지 않는다는 걸 깨닫는 마흔아홉 살이 시작되는 겨울이다. 이젠 걱정의 검은 눈빛보다 부드럽게 머무는 캐러멜 빛 눈빛을 갖고 싶다. 짙은 속눈썹의 각도가 살짝 쳐진, 그러나 연륜의 무게로 전혀 흔들리지 않는 떨리지 않는 순응의 기쁨과 묵언의 아름다움을 꿈꾼다. 눈가에 속눈썹이 그림자로 드리워지는 모습이, 가끔 조용히 깜박이는 모습이 창밖에 눈이 내리는 모습과 닮았다.

1.2.

잠드는 시간이 불규칙적이게 되고 오랫동안 외출하고 온 다음날은 꼬박 종일 잠이 온다. 요며칠은 두통이 많이 심했다가 오늘은 밤을 꼴딱 세운다. 새 항우울제 약을 먹기 너무 조심스러워 아직 먹지는 않고 있다. ✝

1.3.

오랜만에 남편과 둘이 시댁에 가서 부모님과 시누이와 함께 즐겁게 갈비를 구워 먹고 선물들도 주고받았다. 돌아올 때는 남편과 두산타워에 들러 쇼핑하며 딘트에서 맘에 쏙 드는 실크 원피스와 봄 원피스 세 벌을 기분 좋게 샀다. 메가박스에서 냉커피 하나 가득 마시며 남편과 정답게 귀가하였다. 정말 오랜만에 행복한 날이었다. ✝

1.8.

잠자기 전 몇 줄 적는다.
어제 갑자기 엄마를 호출하였다. 달려오신 엄마께 행복을 가득 드렸다. 엄마는 불편했던 대인관계를 속 시원히 털어놓으셨고 나는 세일해 산 어여쁜 단감색 골프 점퍼 입혀 드리고 골고루 먹을 거 챙겨드렸다. 상품권과 갈비 양념 요청 드리고 기쁜 마음으로 운전해 가셨다.

운이 좋은 건 저녁 때부터 찬 눈보라가 휘몰아쳤는데 그 전에 집에 돌아왔다는 거다. 안타깝게도 남편도 고생 끝에 집에 오지 못하였다.
둘째 딸의 선배가 집에 놀러와 하루 묵고 오늘 오후 늦게 빙판길 조심하며 운전해 주고 돌아왔다. 둘째 딸이랑 잘 지내던 그 선배란 아이도 행복해했다. 곧 방학이라 거제도 가족에게로 간다고 했다. 아주 자그마하고 여리여리했다.

오늘도 홀로 있는 밤.
행복하고 감사하고 또 감사하다. †

1.12.

한파의 절정. 흩날리는 눈발 속 그이가 집에 돌아오지 못해 밤새 홀로 2월 가정행사 계획을 짰다. 앱으로 대략 장을 보며 밤을 새우니 어느덧 아침이 되어 유튜브로 미사를 청취하다가 자야겠다. 겨울에 신동백 집이 팔리면 개운할 거 같다. 정초에 남편과 시댁에서 즐겁게 파티하고 두산타워에서 멋진 옷 3벌을 사고 나니 마음이 산뜻해졌다. 계속 행복하고 싶다. 가게에서 여아 옷을 보거나 어디서 여자 아기 사진을 보면 하도 예뻐 미래의 내 외손녀를 꿈꾸게 된다. †

1.14.

어제는 남편이 청소를 도와줘 참 든든하고 마음이 편안하였다. 온종일 집 청소며 환기며 살림 정리로 시간을 보냈다. 오늘도 첫째의 재활 병원에서 진행하는 바자회 용품을 준비하느라 몸이 바스라지도록 무리하여 다른 계획은 미루고 쉬고 있다. 어찌나 끝없이 챙길 사람은 많은지. †

1.26.

우중충한 날씨로 종일 눈이 맵고 졸렸다. 어제 코스트코의 옥상에서 햇빛을 쬐며 오래 걸었기 때문일까, 몹시 피로했다. 주말에 시아버님 구순 기념 점심 식사를 대접해 드렸다. 시부모님은 뿌듯해 하시고 행복한 얼굴로 감격해 하셨다.

우리 둘째 딸이 친구네 집에 가서 자고 온다는데 벌써 보고 싶다. 나의 엄마도 보고 싶다. 곁에서 잠든 내 남편은 사랑스럽다. †

1.28.

엄마께 작은 효도를 하기에는 희생이 따르고 힘겨울 때도 있지만 기뻐하시고 흐뭇해 하는 모습을 보면 나도 행복감이 충일된다. 별 게 아니어도 어제는 내가 사다드린 치즈 피자와 내가 만든 음식들을 받고 포만감에 어린 표정을 지으신다. 작은 표정 하나에 효도하는 기쁨을 느끼곤 한다. †

2.4.

어제 새벽부터 일어나 새벽 미사를 드렸다. 딸들 운전기사 일에, 코스트코에서 장을 보고 세탁소 들렀다가 점심 미사. 기다리던 우리 기흥본당 오픈 소식에 늦저녁 미사까지… 종일 무리했다. 낮엔 약속이 미뤄지던 큰집 조카가 YW를 데리고 와 점심 먹고 오래 앉아있다 갔다. S는 스무 살 때나 얼굴이 변함없고 YW는 살이 올라 순박하기 이

를 데 없다. 정성 가득 담은 선물이 참 고마웠다. 편안하게 만났다. †

2.10.

이번 주 월요일에는 온종일 전유어 튀김을 요리하는 시간이었다. 시댁과 친정에 보낼 분량을 따로 포장해 놓고 어제는 친정 부모님께 점심을 대접해 드리고 훈훈한 사랑을 나누며 세배를 올렸다. 초저녁에 이르러 외출해 이모와 J 언니, 헤레나 님에게 음식 배달 봉사를 하였다. 저녁엔 따뜻한 화요 저녁 미사를 올렸다. 오늘은 딸들과 평화로운 휴식의 하루였다. 달콤한 낮잠은 덤이다. †

2.17.

벌써 2월 말이 다가온다. 내일은 둘째 딸의 생일이다. 첫째 딸이 병 치레 시작한 지 거의 1년이 다 되어간다. 내 인생 중 가장 바쁘고 쉴 새 없이 달려온 시간이었다. 삶도 육체도 지친 상태다. 재활치료센터 방문을 끝낸 첫째 딸이 외로워한다. 어여쁜 나의 딸아. 인생은 그렇게 흘러가고 지나가는 것이란다. 저 너머로. †

2.19.

둘째의 생일이라 오랜만에 두 딸과 함께 하얏트 호텔에 다녀왔다. 호텔방의 창문 너머로 보이는 야경이 멋지다. 일식을 먹이고 로비 라운지 유리창 너머 가득한 서울의 네온사인 거리 야경은 명화 작품 같았다. 롯데 호텔에서의 추억, 처녀 시절 직장 생활… 문득 향수에 사무

친다. 아, 이제는 돌아갈 수 없는 저 너머의 그리운 시절이여. ✝

2.25.

어제 밤새워 집을 꾸미고 천연 대리석 바닥 청소 후 화초를 다듬었다. 오늘도 어김없이 택배로 배달 온 인테리어 소품으로 집 안을 꾸몄다. 두 딸과 함께 넓은 창문에 달린 커튼을 젖혀 넓게 펼쳐진 경치를 모두 나의 집인 양 여기며 딸들과 평화로운 일상을 만끽했다.

불현듯 꽃이 그리워 배달시킨 연보랏빛 한들거리는 유럽산 꽃, 리시안셔스.

오랜만에 바빼 지내는 친구과 통화했다. 강아지와 꽃 사진을 서로 공유하고 친구의 가정에 찾아온 좋은 소식을 축하했다. 4월쯤 시그니엘 호텔에서 만나기로 약속하고 통화를 끝냈다.

이제 이사 온 지 6개월째. 집에 대한 사랑이 차츰 시작되는 거 같다.

졸리다. 이제 잠속으로…. ✝

2.26.

어제는 코스트코 옥외 주차장에서 찬바람 쏘이며 운동 삼아 걷다 들어가 몇 가지 장본 뒤 성당에서 성체조배를 하고 왔다.

저녁에 남편에게 월급날이라 고맙게 여겼더니 저녁 식사에 와인을 곁들여 먹는 남편의 모습이 참으로 행복하고 평화로워 보여 내게도 평화로움이 느껴졌다. 매일 마음으로 행복한 부부, 행복한 가정이 되길 빈다. ✝

3.1.

3일간의 연휴도 끝난다. 어젯밤 걷기도 했지만 오늘은 삼월 첫 봄비가 종일 내리고 어깨부터 팔에 힘이 쭉 빠져 종일 누워 쉬었다. 두통도 삼 일째 지속되어 간만에 스트레스를 감내하는 시간을 보냈다.

꿈에 아빠가 체리 핑크 티셔츠를 입고 나를 돌보셨는데 부모님께 좋은 일이 생겼으면 좋겠다.

롯데캐슬을 장기간 오래 보유하고 싶은데 남편이 팔라 하니 조속히 팔아야겠다. 난 우리 네 식구만 생각하고 싶다. 없으면 없는 대로 가족과 정답게 살고 싶을 뿐이다.

딸의 친구 유리아가 러시아로 돌아갔다고 한다. 코로나 시국이라 돈이 궁해져서 곧 돌아가지 않을까 짐작했었다. 혹은 어쩌면 말 못할 사정이 생겨서일 수도 있고. 모쪼록 건강하고 행복하기를 빈다. †

3.2.

둘째 딸의 2학년 새학기가 시작되었다. 종일 인터넷으로 강의를 듣고나서 저녁 바람 쐬러 나간 우리 둘째 딸. 공부하느라 고생이지만 엄마인 내가 곁에 있어줄 수 있어 참 행복하다.

오늘은 평화방송에서 저녁 미사를 보고 마음이 편안하다. †

3.3.

관리비가 터무니없이 나와 충격이다. 돈 때문에 고통받는 비관하는 이들이 얼마나 많을까.

체중이 우연히 쭉 빠지고 몸이 아프고 두통도 왔다. 친구들이라고 한결같이 자신이 필요할 때만 전화하고, 쓸쓸하다. 봄인데 가족 이외에는 만날 벗 하나 없다. 마리아 고레티 소공동체 회장님에게서만 따뜻함이 느껴진다. †

3.7.

다만 단독 방 한 칸에 넓은 내 침대 하나 있으면 좋겠다. 혼자 독방 쓰는 행복을 언제나 얻을 수 있을까. 가족 한 명 한 명 맞추며 손발 노릇하기 지쳐 병원에 입원해서라도 며칠 쉬다 오고 싶다. 죽었다 깨어나는 고통만큼 육체도 삶도 힘에 겹다. †

3.9.

어제 오랜만에 교보 플래너 EJ 씨와 함께 지인 H와 동천동 카페에서 모여 수다를 떨었다. 내가 동네 주변 가까이에서 유일하게 만날 수 있는 지인들이다. 사장님은 멋진 차림으로, 지인 H는 날씬하고 명랑해진 모습이었다. 몸이 많이 아팠지만 만남은 즐거웠다.

오늘은 기운 내어 오이소박이김치 한 통 손수 만들었다. 남편 생일 다가오기에. 오후엔 첫째 딸을 데리러 나갔다가 공세동 일대를 두 시간이나 산책하였다. 하루 만에 건강이 좋아져 다행이다. 노년으로 접어드는 준비로 실손 보험을 들어야할 거 같다. 급 두통에 급 소변, 급 허기…. 무거운 물건을 들면 어깨 몸살이 들고 종종 낮잠으로 컨디션을 회복해야 한다. ✝

3.16.

어제는 함께 남편과 셈을 하며 속이 풀리고 부부 간의 소통이 이루어져 조금 살맛이 났다. 어떠한 정신적 쾌유의 매듭을 짓고 싶다.

날마다 밤이면 아기를 재운 뒤 찾아오는 고요한 휴식 같은, 나만의 시간이다. 날마다 오전 늦잠 후 일어나면 온종일 가사일로 쉬지 않고 넓은 집을 거니느라 밤 12시를 넘겨서야 밤 먹을 여유가 생긴다. 내게는 집 안이 마치 직장 같다. 사실 네 식구가 함께 살기 참 버겁지만 모두 절대적 가족의 일원이라서 마냥 힘들다고 쉬고 있을 수만도 없다. 그저 때로 힘에 겨울 땐 가끔 여행지라도 찾아 풀면서 살아야겠다.

오늘 겨울 이불 빨래하였고 내일은 전화 업무가 많다. 그리고 장롱만 한 킹사이즈 침대 옮기는 작업도 해야 한다. 버거울 것 같아 이삿짐센터를 불러야 하나 고민이다. ✝

3.17.

조명 정리가 끝났다. 기사님이 도와주셨다. 집이 심플하면서도 고급스러운 분위기가 되어 만족스럽다. 어제 혼자서 킹사이즈 침대 위치를 바꾸려고 힘쓰느라 뒷목이 뻐근하고 몸살이 났다. 모든 약속을 취소하고 종일 쉬었는데도 많이 피로하다. 오늘부터 제대로 안방에서 혼자 킹사이즈 침대에 누워 편안하게 수면하기. 그동안 불편해서 고생했다. †

3.18.

봄볕 든 오후에 오래 걸어다닌 뒤 성체조배를 올렸다. 요즘 들어서 유독 택배기사들이 실수 연발이다. 배송될 물건들이 꼬여 전화 상담을 해야하질 않나, 가뜩이나 피로한데 시간까지 낭비했다. 우리 둘째 딸이 발톱이 찍혔다. 사고를 조심해야 할 때. 남편은 또 얼마나 회사 업무로 과로할지 걱정이다. 체력만이 국력이다. 수없는 고난의 소용돌이 속에서도 엄마는 평탄한 노년을 보내며 밝고 행복하기를.
집 안 리모델링이 마무리되어 이제야 안정이다.

시어머니나 우리 엄마나 그리 가리는 사람들이 많은지. 우리 딸들은 그런 것으로 괴로움이 없기를. 모든 마음을 내려놓자. †

3.19.

정신을 못 차리겠다. 괴로워 몸이 지친다. 내가 미처 잠에서 깨기 전에 새 도우미가 청소를 지도하질 않나 와중에 어제 메신저 피싱 사기를 당해 이 문제를 처리하느라 공교롭게 여기저기 다녀오게 되었다.

내일은 남편의 생일 기념 가족 모임이 있다. 오늘 참 혼란했는데 내일도 여러 차례 약속이 있어 정신이 없을 거 같다. 때때로 돌연 졸음이 쏟아지는 순간이 잦은데 꼭 쉴 만하면 일거리가 생기니 누군가 밀어주는 눈썰매에 초점 없이 위험하게 떠다니는 것만 같다.

집 정리를 끝내고 잠자리에서 읽을 책을 찾고 나니 이제 내일 있을 가족 모임 방문자 세 탕 치르는 일이 남았다. 일이 모두 마무리 된 후 부디 나의 휴식을 그 누구도 방해하지 않길 빈다. †

3.20.

남편의 생일기념 모임이 순서대로 무사히 치러졌다. 시댁 식구 오고 남편이 연구해 주문한 대구 알탕과 생선 초밥이 참 훌륭했다. 오기로 약속한 J 언니와 형부가 우리 어머님을 뵈러 와서 극적으로 소원을 성취하고 갔다. 나의 엄마 아빠도 오셔서 평양 떡 박스와 손수 장 본 것을 주고 가셨다. J 언니는 과용果勇하였고 큰고모부 노환 때문에 얼마나 고생이 심한지 안쓰러웠다. 우리 부모님도 요즘 들어 연로해져 힘들어 보이니 마음이 쓰라리다.

다행히 집이 이사한 지 8개월 만에 인테리어가 정리되어 이제 집에 대한 애정만 풍요롭게 만끽하면 된다. 내 몸만 건강하다면 양가 어른들께 효도하며 시누이랑 사이좋게 지내며 J 언니네와 어울리며 인간애를 나누는 남은 삶을 살고 싶다. †

3.22.

이사 온 지 8개월째. 마음속 험한 번민도 끊기고 흔히 하던 기침도 고쳐졌다. 첫째 딸이 봄을 타는지 외로워하고, 소화 불량에 시달렸다. 봄의 허기에 친구들의 빈자리가 크게 느껴지나 보다.

난 3월 초에 이미 과다한 몸살을 다 겪어낸 거 같다. 부모님들이 늙어 휘어져가는 모습이 안타까워 많이 돕고 싶은 만큼 다 채워드리지 못해도 그저 묵묵히 초연해지기로 했다. 동일하이빌엔 목련이 필 테고 우리 동네 호숫가엔 노란 개나리 새순이 넝쿨마다 돋아난다.
남편의 뜻대로 어서 부동산 관련 금전 정리 건이 완료되길 기다린다. 3~4년 뒤 값이 껑충 오른다 해도 세금 내고 몇 년간 쓴 대출 갚고 나면 몇천 차이인데 일찍 속 편히 새로운 재테크를 모색하는 게 훨씬 낫다는 결론이다. 어떻든 후회하지 않기로, 두 손 모아 빈다. ✝

3.25.

수년간 내 메모장에 써 온 일기 모음집을 대충 검토해 보니 내 글 향기가 향긋하여 출간을 결정지었다. 올겨울 안에 묶어낼 계획이다. 내게 순조로운 문운이 있는 것 같다. ✝

3.26.

낮에 첫째 딸을 데리고 용인 병원에 갔다. 합류한 남편과 함께 센터장과 상담 후 재등록하였다. 첫째 딸이 친구들을 다시 만나게 된 것과 더불어 집에서 느끼던 무력감과 무위도식에서 벗어난 것에 행복해하였다. 용인 병원 건물 앞으로 커다란 초록빛 연못이 봄 햇살에 비추이고 예전 대만의 꾸꿍 박물관 앞 연못과 흡사하여 잠시 봄볕 즐기며 거닐기도 했다.

내일은 폐암 수술 앞둔 이모부님 일로 위로 차 이모랑 잠시 만나 마음을 나눈 뒤 작은딸과 드라이브 삼아 서울의 미술관을 관람하고 봄바람 쐬어줄 예정이다. 요즘 둘째가 태도를 낮추며 학업에 치중하느라 고생한다.

다행히 바쁜 남편 대신 사랑하는 딸들과 번갈아 함께 외출할 수 있음에 감사한다. 오늘 남편이 한 달간 수고한 월급이 들어와 참 감사하고 또 감사할 뿐이다. †

4.4.

덕을 베풀면 복이 들어온다.

이사 후 8개월째. 조명과 벽지 AS를 끝내고 액자 및 소품 등 마무리 단계에 왔다. 노곤한 몸이지만 그제는 폐암 수술하신 이모부께 인사드리러 서울대병원에 힘들게 방문했다. 이모님의 밝은 미소를 보니 안심이 되었다. 둘이서 함께 기도를 나눈 뒤 아쉽게 헤어졌다.

엄마와 피부과 마지막 마사지 효도하느라 힘을 다했다.

어느덧 아파트 단지에 미색의 목련꽃은 발레리나의 엎드린 몸처럼 웅크리고 있다가 두 팔 벌려 활짝 꽃잎을 펴 봄을 알리고 있다. 소리 없는 메아리 같다. 봄비 온 뿌연 창밖으로는 물가를 끼고 선 즐비한 나무들이 새순 돋는 여린 잎들로 물든 수채화 같은 풍경이 핀란드 호텔에서 바라보던 그것과 흡사해 동영상을 찍지 않을 수 없었다. 부활절 하루 앞둔 토요일. 기적처럼 부동산에서 기다리던 소식이 전해졌다. 계약금이 단숨에 들어왔다. 이대로 순조롭기만을.

참 감사하고 행복하다. 이럴수록 겸손함을 잊지 말 것. 가장 좋은 길을 주님께서 인도하신다. 나의 삶의 끝까지. †

4.6.

온종일 깨끗하고 넓은 우리의 새집에서 나 홀로 푹 쉰 날은 처음인 듯하다. 창밖 풍경만으로도 봄을 입안 가득 마실 수 있고 딸들 모두 늦도록 외출 중이라서 혼자 행복하게 휴식을 즐겼다.

오후 늦게 엄마가 바로 달려와 주셔서 동안 가꾼 집을 함께 누리고 수다 떨다 기도도 하고 바리바리 장바구니 골고루 담아 보내드렸다.

오랜만에 EH 언니, M 언니와 통화로 안부 나눈 뒤 식사는 몸 건강을 생각해서 엄마가 가져다주신 미역국을 한 공기 먹었다. 얼른 새하얀 원피스 입고 외출해야 하는데. †

4.7.

나도 나이 들며 네 식구 살림이 버겁듯이 내 남편도 나이 들어 직장, 가사일 돕기, 딸 운전해주기 등 모든 게 버거울 듯하다. 남편 건강도 중요하기에 서로 노력하고 이해하는 수밖에 없다. 예민해 하는 것을 배려할 수 있는 아내가 될 나이다. ✝

4.8.

폐암 수술을 마친 이모부께서 하루빨리 회복되시길 바란다. 외숙모는 감이 좋으신 편인데 유독 심상찮게 걱정하시는 듯해 덩달아 나도 이모가 고생할까 걱정이 되었다.

M 언니가 두 번이나 전화해 K 언니 소식 전하여 롯데 친구 모임 약속을 조율하기로 했다. M 언니나 외숙모가 우리 동네로 이사 오면 난 참 좋을 텐데. ✝

4.9.

M 언니, CY 엄마, K 언니랑 오랜만에 통화로 반갑게 안부 나누었다. CY 엄마의 애환과 K 언니의 생활을 전해 들었다. 다음 주 시그니엘에서 친구들과 만나기로 약속하였다. ✝

4.20.

새 동네의 4월은 잔인하도록 맑고 푸르고 아름답다. 새순 돋는 나무들이 바람에 산들산들 흔들리는 모습에서 5월의 따뜻함이 다가온 게 실감되고 꽃들이 활짝 피는 만찬이 오기 전 설렘의 극치를 이루는 4월이다. 다소 차가운 바람과 따사로운 태양이 공존하는 삶이란 증거하는 축복된 세레나데다.

목 기다란 유리컵 가득 싱그럽고 시원한 청포도 에이드 한잔과도 같은 4월이다. †

4.22.

약속한 날이다. 시그니엘 호텔 79층에서 M 언니, K 언니와 만났다. 수면 부족으로 낮에도 졸림이 가시지 않았지만 워낙 오랜 친구들이라 따뜻한 마음 안고 편안히 만났다. 가벼운 안부 인사 외에는 진중하고 개별적인 이야기는 나누지 못했다.

일러스트레이터 김정기의 개인전을 관람한 뒤, 늦지 않게들 귀가해 문자와 통화를 나누었다. 알뜰하게 모범적으로 살림해온 M 언니, 시그니엘 호텔 최고 VIP룸만 판촉하며 전화 예약 담당인 커리어 우먼 K 언니. 우리 건강만 하자. 사랑하고, 또 만나자.

9개월째 연명하며 누워 계신 나의 작은고모, 연로하신 큰고모, 큰고모부도 코로나로 한 번 찾아뵙지 못하였다. 사촌 동생들 운동화도 못 사 보내고 외숙모도 함께 놀러 다닐 단계가 아니었다. 큰올케언니의 고관절 수술 소식에도 안타까이 기도만 할 수 있을 뿐 도와드리지도 못하는 현실. 뉴욕에 사는 조카의 결혼 소식에도 뒤늦게야 어찌 표현

해야 할지 막막하다. 이모부 폐암 항암 치료는 많이 걱정된다. ✝

4.25.

둘째 딸의 미래 자식을 위한 마지막 적금을 들고 어버이날 드릴 용돈을 찾아 빵집에서 엄마를 만나 제일 먼저 용돈 넣어 드리고 즐겁게 이야기 나눈 뒤 첫째 딸 데리고 집에 돌아왔다. 엄마의 밝고 행복한 건강한 모습에 감사할 뿐이다. 아파서 고통 받는 분들을 위해 계속 기도한다. ✝

4.28.

몇 년 만에 남편과 단둘이 벚꽃 만발한 서산 개심사 절에 드라이브 갔다. 4월이라 해가 적어서 절까지 걸어갔다. 독특한 벚꽃나무 곁에서 사진도 찍고 산채비빔밥에 바삭한 파전도 시켜 먹고 기분 좋게 다녀왔다. ✝

5.2.

너무나 피로하다. 두루두루 친구도 돕고 둘째 딸의 기대도 채울 겸, 특가 기회로 시그니엘 호텔에서 1박을 머물렀다. 딸들과 많이 걸어 다녔다. 큰딸 옷 사주는 등 여러 곳 다니며 딸들이 만족해하는 모습을 보았다. 호텔은 라운지나 레스토랑 등 모든 시설이 참 좋았지만 호텔 객실 바닥이 청결하지 않아 괜히 바닥에 깔고 잤던 요가 찜찜하게 느껴졌다. 멀리 여행 가는 대신 호텔에서 함께 시간을 보내며 딸들이 즐거워하는 모습에 절로 즐거워졌다. 예쁜 딸들을 위해 나는 바닥에서 자는 희생을 하였다. 처음 먹어 본 스테이 레스토랑의 조식 뷔페가 참 좋았다.

친정 부모님 잠시 찾아뵈었는데 엄마는 단정하시고 아빠는 최근 유독 늙으셔서 안타깝고, 참 눈물이 났다. †

5.7.
참 좋은 평화로운 휴식 시간! †

5.8.
병이 생기지 않으려면 절대 무리하지 말아야 한다. 우선 내 위주로 내 몸부터 위하고 집안일에 과도한 희생은 지양해야 예방할 수 있다. 무조건 무리하지 않도록. †

5.9.
첫째 딸이 제대로 짝을 만난 것 같다. 서로 아끼는 모습에 신뢰가 간다. 내년 봄엔 준비를 해야 할지도 모르겠다. 감사한 일이다. †

5.12.
큰고모부님 장례식장에 다녀왔다. 고인께 절 올리고 여러 사람과 함께 애도했다. 작은엄마와 작은아버지, 조카들. 그리고 특히 보고 싶었던 내 동생과 이야기를 나누었다. 제부랑 사업이 잘된다고 한다. 밝고 일에 자신감에 넘쳐 보였다. 제부는 많이 살이 빠졌다. 아버지 돌아가실 때 만났던 친척들이 이제는 많이들 늙어 가는 거 같다. †

5.14.

동네 레스토랑 뒤편에 새로 발견한 산책로에서 홀로 걸었다.

일본의 오키나와도, 태국의 미니 발리도 부럽지 않다. 동네 주변에 이런 곳이 있어 참 좋다. †

5.15.

참 아름다운 성모의 오월이다. 대청소 깨끗이 하고 여러 지인과 전화로 안부를 나누었다. 행복한 오월의 저녁. 내가 행복할 때 내 남편도 함께 행복하다면 참 좋을 텐데. †

5.21.

간호사가 특별 케어로 관리해 줬는데도 첫째 딸이 병원 세균에 감염되어 아팠지만 중증 환자들 속에서 따뜻한 환우 애를 느끼며 치유를 받았다.

병원은 리모델링이 필요한 낡은 건물에 중증 환자가 꽤 많은 곳이다. 그곳엔 퇴원이라는 개념이 없어서 일 년여 정도 첫째 딸이 매사에 아빠 뜻을 따라 그곳에 다니게 되었다. 그곳은 환자들을 위한 치료의 장소이자 사회복지사들의 직장이기도 하다. 중립적인 위치에서 볼 때 그곳의 모든 것들은 순환되어야 한다. 환자들도, 의사도, 간호사들도.

새로운 환자들을 자꾸 받아들여야 한다. 첫째 딸은 병원에 다니며 거듭나려고 노력했고 자기 자신이 원하는 생활을 자유롭게 결정할 권리가 있다. 부모나 사회에 존속될 필요는 없다. 자식은 멀리 날려 보내는 활과 같은 것이다. †

5.23.

딸들 운전해 주고 에이케이에서 함께 시간 보냈다. 남편이 췌장염 증으로 병원에 있으나 염증 치료는 가벼운 치료로 크게 걱정 하지 않아도 되어 참 감사할 뿐이다. 편안히 받아들이기로 하자.

평생 책임져 줄 좋은 인연이 생기면 결혼시켜 행복한 가정을 이루어 살게 해주고 싶다. 왜냐면 그것이 첫째 딸이 원하는 소망이기 때문이다. †

5.24.

봄이 훌쩍 지나가고 곧 더워질 텐데 먼 곳에 사는 분들이 우리 집에 올 수 있으려나. 그래도 K 언니와는 친구로서 서로의 삶을 허심탄회하게 대화 나눌 것이고 교보 플래너 EJ 씨는 신세대 의식이 나와 다소 차이가 있지만 좋은 만남이고 외숙모는 주변으로부터 보호해 주고 싶

은 마음이 들고 한편 좋은 시간들 함께 나누고 싶다. †

5.28.

오후에 친정 부모님이 다녀가셨다. 집에 방문하실 때마다 부모님이 참 기뻐하시고 흐뭇해하신다. 이런 날이면 나도 참 행복하다. †

5.29.

어제 긴장하며 부동산 정리와 은행 예금을 마쳤다. 늦은 밤 둘째 딸을 픽업하고 오늘 점심엔 정신을 가다듬어 주방에서 깍두기 썰어 김치 네 통을 담갔다.

몸살 기운이 돌아 약을 먹고 누워 옛일들을 돌이켜 생각하였다. 그제 병원에서 첫째 딸 진료받는 동안 대만에서 봉사하던 시절 '안나의 집'에서 뇌성마비 지체장애아를 돌보던 일을 떠올렸다. 생각에 잠겨 있었더니 어느새 첫째 딸이 걸어 나왔다. 딸이 어서 활달해져 사회에서 씩씩하게 활약하길 소망한다. †

6.2.

벌써 유월이다. 담근 김치와 새 빵집에서 산 빵을 엄마네와 헤레나 님네 문 앞에 놓고 이모와 잠시 만나 뵈었다. 점점 지쳐 보이고 쓸쓸해 보여 내가 너무나 괴롭다. 이모는 딸을 많이 그리워하시는데 내가 눈물이 다 난다. 요양원 일을 좋아하셨던 이모부가 어서 쾌유하시고

집 안에 갇혀지내는 생활을 끝내시길 바란다. †

6.4.

기다렸던 얼갈이를 수령하여 오후엔 신속히 남은 양념으로 얼갈이 김치를 담고 목욕을 끝내니 배가 고파 라면을 끓여 생김치랑 곁들여 먹었다.

둘째 딸의 중학교 동창 친구가 오랜만에 놀러 와 기뻤다.
첫째 딸은 정말 오랜만에 내 침대에 같이 누워 한두 마디 나누다 잠들었다. 사랑하는 딸이 곁에 있어 새삼 감동이고 행복이다.

내일은 천장 에어컨 4개를 시공하는 날이다. 내일이면 인테리어가 모두 끝난다. 오래도 걸렸다.
오늘부터 날씨가 더워지기 시작했다. †

6.7.

어제오늘 몸이 아팠다. 비가 와서 그런지 가끔 이렇게 아플 때가 있다. 며칠 전 무거운 장바구니를 양손에 들면 꼭 뒷목부터 두통이 이어진다. 오늘은 속에서 신경질이 절로 났다. 밤 9시, 미사로 마음을 다스렸다. 내일은 염색으로 멋 부리고 어딘가로 외출하고 싶다. 수요일에 친구들이 집에 놀러 오는데 이 날이 기다려진다. †

6.11.

며칠 전 K 언니가 우리 집까지 먼 길 달려와 음식 만들어 대접하고 혼신으로 상담해 주었다. 현직의 끝에서 롯데의 일꾼인 언니의 고민도 들어주다. 싱글이라 사랑의 고민도 젊고 애틋했다. 언니는 참 정겹고 포근한 여성이다.

오늘은 살림 마무리한 뒤 딸들 운전을 잇달아 해주었다. 효자고개를 걷다 첫째 딸을 데리고 왔다. 딸들이 열심히 잘 지내줘서 고맙다.

남편의 어두운 표정이나 그늘진 모습을 보는 건 힘들다. 늘 즐겁게 일하고 인생을 즐겁게 받아들이면 좋겠다. 더워지는 날씨에 들어선 나의 새 동네. 좋다.

차츰 내년부터 우리 부부의 삼재이다. 남편이 아홉수라 특별히 병원행 각오해야겠고 딸들은 2년 내 해가 좋아 우리 부부의 운까지 커버할 수 있을 것이다. 마지막 3년째는 부부랑 합이라서 위험 중 횡재수도 겸할 것 같다. 가장 중요한 건 남편의 건강과 나의 건강이다. 삶의 파도에 대비해야겠다. †

6.13.

오랜만에 하얀 원피스를 입고 파우더로 화장한 뒤 남편과 둘이 시댁에서 즐거운 시간을 보내고 현대백화점에서 쇼핑하였다. 마음에 드는 초록빛 원피스와 딸들 먹일 마카롱, 남편 선크림 사고 집에 돌아왔다. 기분 좋게 귀가했더니 우리 첫째 딸의 기분이 가라앉아 보였다. 사랑을 해서인지, 고민이 있는지. 첫째 딸의 친구 유리아와 통화했다. 그녀의 행운을 빈다. ✝

6.17.

에어컨 시공을 끝내고 지난주 시댁에 남편과 문안드리고 더워지는 나날 속 일상이 평화롭고 여유롭다. 둘째 딸의 말대로 이제 우리 집안이 잘 풀려가는 거 같다는 느낌이 적중하길 바란다.

K 언니가 주는 정보로 주식 투자도 성공하길 믿으며 행복한 나날의 연속이길 기대한다. ✝

6.19.

첫째 딸의 주도하에 딸의 남자 친구와 예의를 차려 통화를 나누었는데, 무언가 오해가 생긴 듯 느껴져 난감하다. 열심히 일하며 노력하는 모습이 대견하고 딸을 아껴주는 모습에 기뻐했는데 이러한 오해는 처음이라 당황스럽다. 시어머니 노릇 못지않게 장모 노릇도 아무나 하는 게 아닌가 보다. 늙은 내가 마음을 비워야겠다. ✝

6.19.

비가 살짝 뿌린 날, 기분 내어 새로 산 초록빛 롱원피스를 입고 보따리는 차에 실어 엄마께 잠시 찾아뵌 뒤 헤레나 님과 차 안에서 커피 타임을 즐기며 근황과 안부를 나누었다.

그렇게 좋은 소식을 듣고난 뒤 은행과 병원에 들러 볼일을 보고 첫째 딸을 픽업해 강남대 주변을 돌다가 귀가하였다. 오늘은 예쁘다는 칭찬을 많이 들어 기분이 좋았다.

주식 투자의 꿈에 부풀었다. 많은 이득이 생겨야 할 텐데. †

6.20.

A 언니의 입원 소식을 듣고 어제 전화를 걸어 이야기를 나누었다. 염증 치료제를 끊었더니 온몸이 아프고 엄지손가락 문제로 수술했다고 한다. 크게 걱정했었는데 마음을 놓았다. 가까이 살아 간혹 통화를 나누며 정 있게 여겨 A 언니와 기흥역 에이케이에서 종종 만나며 살면 좋을 텐데.

누구에게나 부담 없고 편안한 사람이 되기에는 내가 다소 차가운 구석이 있는 거 같다. 친구 YS만은 나를 따뜻하다고 했었다. †

6.29.

살짝 비 오는 날씨다. 컨디션이 좋아 가평으로 여행 떠나는 둘째 딸을 배웅할 겸 엄마랑 오랜만에 마트에서 장을 보고 엄마께 커피와 피자를 사드리고 맛나게 잡수시는 모습 보며 기분이 좋았다. 성당에서 기도드리고 모셔다드렸더니 참 행복해 하시고 배부른 표정이라서 효도할 때마다 나도 그런 모습에 또 힘내어 최선을 다하곤 한다.

집에 와 새 재활 시설로 옮긴 첫째 딸의 환우와 통화 후 용돈을 조금 보냈다. 꽃다운 예쁜 나이에 경제적으로나 신체적으로나 상태가 좋지 못하고 수년간 함께 살아온 연인과도 어려움 속에서도 이별을 참고 지내는 안타까운 젊은이들. 환우가 우리 집에 종종 놀러 오면 좋겠다.

시아버님은 친손녀들을 가장 귀히 여겨주셔 참으로 감사드린다. 둘째 딸 한약 지으러 가시는 모습에 기운이 넘치신다. 이모도 요즘 힘드실까 걱정이고 안타깝고. 두루 내가 챙겨야 할 사람들이 많기도 하다.

엄마는 신체가 건강하셔서 감사하고 집 한 채 소유로 노년 걱정 없어 참 다행이다. 네 식구 먹거리 끊임없이 장보기 때로는 지겹지만 가족 뒷바라지로 이만큼의 복에 감사할 뿐이다. 주식을 공부하는 중인데 하느님이 주시는 만큼의 수확을 꿈꾸고 열심히 저축하련다. †

6.30.

둘째 딸이 아르바이트 일터에서 사귄 친구들과 1박 여행을 다녀와 밝고 행복해한다. 나의 엄마가 제일 예뻐하는 우리 어여쁜 둘째 딸. †

7.5.

그리움이 있다는 건 사랑이 남아있어서이다.
기다리는 전화가 있다는 건 사랑이 숨 쉬고 있어서이다.

서로 똑같이 그리워하고 서로 똑같이 기다리고 서로 똑같이 소유하고 싶음은 서로 사랑하기 때문이다.

내가 스무 살 때부터 보아온 K 언니는 늘 사랑을 한다.

남들도 좋아하지만 나도 좋아하는 언니! †

7.6.

집에 돌아오고 나니 어제 목욕탕 청소하다 미끄러진 것이 문제인지 상체가 쑤셨다. 첫째 딸이 씩씩하게 쓰레기를 버려줘서 큰 힘이 되었다. 오늘은 몇 달간 항암 치료로 고생하신 이모와 이모부를 위해 최선을 다해 갖은 음식과 선물을 사다 드렸다.

곧 이모의 딸이 귀국하는 생각에 걱정을 끊는다. 이모부는 건강이 좋아 보였고 두 분께서 고생을 많이 하셨다. †

7.7.

인간의 수명은 건강, 경제력과 자신이 살길 원하는 의지력으로 결정되는 게 아닐까 싶다. 고통 없이 병치레 없이 떠나는 게 복이다. †

7.13.

인터넷에서 뉴스를 보면 나를 무섭게 하는 사회악은 실재한다. 인간의 선과 악의 경계는 무시무시하다.

코로나에 심각한 생활고에 처한 사람들이 많은 것 같다. 오늘은 후

텁지근해서 오전에도, 저녁에도 잠이 솔솔 쏟아졌다. 요즘 종종 무릎이 찌릿하고 뇌에서도 찰나에 찌릿한 통증이 느껴진다. 어느 날 불운의 사고를 겪지 않도록 조심하고 각오해야 할 거 같다. 부디 불상사가 없길 기원하고 우리 네 식구 근심 없는 일상에 감사 기도를 올린다.

요즘의 내 안에서 느껴지는 변화 몇 가지는 아기들에 대한 가치관이 근심으로 바뀌었다는 것과 그리도 좋아하던 옷을 사기 싫어졌다는 것이다. 몸무게는 예전만큼 빠졌는데도 옷에 관심이 가지 않는다. †

7.14.
매일 큰 집 살림으로 분주하다. 기흥 성당에서 기도드리고 오는데 돌연 신경질이 났다. 무더위로 불쾌지수가 높아 마음 달래려 찬물 받아 목욕하며 속을 다스렸다.

벼르고 벼르다 좋아하는 작은엄마와 통화했다. 칠순 챙겨드려야 하는데 내게 여윳돈이 없어 아쉽다. 지금은 살림을 손수해도 나이가 더 들면 수발해 줄 도우미가 많이 필요할 텐데, 저축만이 살길이다. †

7.15.
종일 딸들 방에 에어컨 설치하고 대청소로 목욕탕 하수구까지 청소하고 나면 입맛이 떨어지고 살이 빠진다. 부지런히 움직이고 나면 빨래하고 난 여인처럼 청소 후엔 온몸이 지쳐 기운이 사그라들고 입이 열리지 않는다. 매일매일 밤늦게까지 가사일을 한다. 지금은 새벽1시 반이다.

옥수수를 들통에 가득 삶는다. 가스 불 끄고 자야겠다. †

7.17.

몹시 피곤한 하루다. 저녁나절 외숙모가 그리워서 통화를 나누었다. 외숙모랑 또 떠날 수 있는 기회가 올 수 있을까 고대한다. 두루두루 챙기지 못한 주변 친인척을 생각하나 마음뿐 쉽지 않다. 첫째 딸은 건강 챙기고 신랑감을 다시 찾아야 할 것 같다. †

7.18.

텔레비전에 고소영의 예쁜 모습을 보았다. 여유 넘쳐 보이고 행복해 보였다. 연예인들 호화 상에 세상의 빈부 차에 걱정이 일면서도 나도 빨리 긴 머리에 고데를 말아 분홍색 투피스로 멋 부리고 외출하고 싶다. 현실은 살림에 쫓어 지내고 있다. 얼마 전에 남편이 사준 화장품을 바르고. †

7.22.

여름 방학에 고생하는 작은딸과 함께 남산으로 서울로 콧바람 쐬러 드라이브했다. 오랜만에 멋 부리고 하얏트호텔 스테이크하우스에서 코스 요리를 사 주고 큰딸에게 줄 버거 세트 포장 주문해 정말 간만에 사진도 많이 찍었다. 두산타워에서 쇼핑하고 한남동에서 로드샵 구경하고 카센동과 팥빙수 사 들고 저녁 늦게 귀가했다. 첫째 딸은 버거만 기다렸는지 안쓰러우면서 사랑스럽다. 한여름 중복에 더위도 식힐 겸 둘째 딸의 기분을 풀어주고 나도 기분 낸 하루였다. ✝

7.23.

금요일. 오후 세 시 반부터 지금까지 8시간 동안 집 청소를 쉬지 않고 했다. 도우미 일을 한 것 같은 기분이다. 내 집 청소라기엔 과다한 양이다. 한여름 찌는 무더위 속에서 화초 3개도 물 먹이고 집 안이 맑아져 뽀송하다. 여름밤은 언제나 나 혼자 쉬는 환상적인 시간이다. ✝

7.30.

새벽 3시가 가까워져 온다. 한여름 밤, 샘터와 같은 휴식이다. 밤늦게 반찬 준비와 빨래를 마친 뒤 머리 감고 샤워를 했다. 첫째 딸은 연인과 티격태격하지 않고 지내는 것 같아 안심이다. 별 관심 없고, 다만 마음 비운다. 행복하고 또 행복하고 싶을 뿐. ✝

8.1.

땅에서 하늘까지 감사한다. 오직 감사만을 올립니다. 아멘….

오늘 저녁 K 언니와 통화 중, 언니의 왈 "요즘 은행에 돈 넣는 것은 바보짓"이라고. 롯데 36년 경력의 매니저, 직장인들의 노하우를 공유한다. ✝

8.3.

우리 시어머니 구순 모임이 있는 날이다. 각별히 준비한 꽃다발과 용돈 케이스를 챙기고, 식사 준비에 열을 올렸다. 오늘 시부모님이 표정이 밝으셨고 기쁨과 행복이 넘치는 날이었다. 무더웠지만 사진도 많이 찍으며 즐거웠던 행사가 끝났다. 잠시 다녀오신 친정엄마와 아빠께는 참으로 감사와 아쉬움이 클 뿐이다. 양가 어른들이 오시니 딸들도 흡족해하였다. 그 모든 것에 감사한다.

오늘은 월요일. 쉬어도 부족하다. 낮엔 CY 엄마와 통화하고 저녁엔 K 언니와 통화했다. 삶의 모습이 다 다르다. 마음이 잘 맞는 귀인들이다. 사랑하는 딸들 곁에 있어 행복하고 무더위에 종일 회사에서 일하는 남편 생각하면 안쓰럽고 불쌍해 미안하다. 하루하루 감사하며 겸손하게… †

8.5.

엄마와 간만에 데이트를 즐겼다. 이제야 살림에 여유가 생겨 엄마를 픽업해 구성성당에서 기도드리고 엄마가 좋아하시는 이마트 푸드코트에서 식사하고 커피 타임을 보냈다. 담소를 나눈 뒤 간단한 장보기를 마치고 미리 구매해 놓은 화장품을 선물로 드렸다. 엄마를 모셔다드린 뒤 큰딸을 데리고 왔다.

엄마가 건강한 모습으로 기쁘고 행복해하시는 모습에 나도 행복했다. 남편은 고달픈 회사 일이 빨리 해결돼서 일주일 휴가 받아 푹 쉬었으면 좋겠다. 남편이 건강에 탈 없이 나와 정답게 지내기만 한다면 아무 걱정이 없다. 엄마가 기도를 열심히 해주셨다. 모든 뜻을 하늘에 맡기고 오직 감사를. †

8.6.

이사 온 지 11개월째다. 오늘 혼자 대청소하고 이제야 여유가 생겨 말끔한 집 내부를 영상으로 남겼다. 구석구석 다 찍지는 못했으나 집을 조명하며 또 한 번 감사한다. 소중한 남편과 어여쁜 두 딸. 가족과 행복한 카타리나, 나의 성가정. 아름다운 나의 집.

금요일이다. 온종일 집 청소로 쉴 틈 없이 움직이며 염색에 목욕까지 마쳤다. 밤이 되니 하루 내내 무리했던 것이 영향을 끼쳐 하혈할까 조심스럽다.

모든 일을 끝마치고 밤의 바다에 누워 파도의 일렁이는 소나타를 듣는 것 같은 환상의 시간이다. 잠들 때도 잠에서 깰 때도 행복하고 또 행복하고 싶다. 마음속 행복의 척도는 아파트 평수보다 내 마음의 뜰, 마음의 평수가 아닐까.

내 소유의 지분, 주식 200주는 하늘의 뜻에 묻어 두련다. 마음 다 비운다. 하느님 주시는 만큼만 받는 걸로. †

8.10.

남편이 오죽 회사 생활에 지쳤으면 일을 마무리할 걸 남겨두고 갑자기 휴가로 쉬겠단다. 남편에게 무슨 속 썩이는 사회생활이 있는지 날마다 죽상이라 나까지 덩달아 마음이 힘들어진다. 첫째 딸한테만 온갖 푸념을 털어놓는다.

나부터 살림에 치이고 딸들 번갈아 운전해 주는 오늘 같은 날은 초저녁부터 숙면하고 싶다. 온몸이 민감하게 쑤시려는 것이 버석이는 바게트 빵처럼 살이 빠지려는 증상이다. 나도 늙어 때론 혼자 있고 싶은데 나의 노화를, 부부의 노화를 서로 어찌 감싸며 해결해야 할지 걱정이다. †

8.11.

활기찬 하루다. 남편을 위해 정관장 홍삼 두 박스를 주문하고 코스트코에서 신나게 장을 보고 현금을 찾았다. 고민 끝에 집에 돌아와 대출도 좀 받았다.

내일은 시미리의 작은엄마 칠순을 챙겨드리러 가면서 겸사겸사 아버지 산소 앞에서 추석 전 감사의 절도 올리자고 생각한다. 조카들까지 다 챙기고 나니 내가 무슨 힘센 장사나 되는 것 같다. 작은엄마가 손주들이 커가니 한없이 어려우신 게 아닌가 싶다.

이사 온 지 다음 달로 1년이 된다. 집값이 곧 두 배가 된다. 감사하고 또 이런 호재가 있다니 내심 위안 삼아야겠다. †

8.12.

남편이 휴가 중에 운동과 식사, 숙면을 만끽하며 힐링 중이다. 오후에 시미리로 향했다. 아버지 산소 문턱에서 큰절 올리고 감회 깊은 감사기도를 드렸다. 강아지풀, 어린 갈대, 깻잎 밭, 옥수수나무, 시원스러운 연둣빛 논이 즐비하였고 참 자연이 좋다 여겼다. 그러나 시미리에는 용인 테크노밸리에 이어 회사들이 들어서는 중이었다. 시미리에는 마지막 원주민의 가구 수가 몇 남아있지 않다. 작은엄마네 집 곁 뜰엔 고추밭이 하나 가득에 닭장엔 닭이 열 마리는 되고 양파도 하나 가득 있다. 농업에의 애착이 있는 사람들은 얼마나 고향을 지키고 싶을까.

작은엄마에게 배고파 밥 달라 하여 콩나물무침과 열무김치에 계란 프라이와 밥 넣고 맛나게 비벼 먹었다. 준비해 온 용돈과 선물을 챙겨 드리고 잠시 조카도 볼 수 있었다. 작은엄마네 가족 모두 행복하기를 빈다. 시골에 계신 친척들을 존중하고 찾아뵈며 대접해 드려야 한다고 생각했다. 난 작은엄마를 참 좋아한다. 서로 가까운 곳에 살 수 있음도 감사한다. ✝

8.16.

남편의 휴가 마지막 날이다. 열심히 휴식을 만끽하고 오늘은 부부 단둘이서 하얏트호텔 스테이크하우스에서 점심 식사를 하고 커피를 마셨다. 수제 버거와 샐러드를 남편이 맛나게 먹는 모습을 보며 기뻤고 뜨거운 커피 마시며 깊은 대화도 나누어 아주 행복했다. 남편이 이제 사회생활 막바지 기로에서 많이 지쳤는지 어깨가 처져 보였다. 로

비에서 사진도 여러 장 찍고 기분 내서 아이쇼핑 하다가 집에 돌아왔다. 이제 내일부터 새로운 마음으로 출근이다.

첫째 딸이 엊그제 환우의 동생을 새 친구라며 데리고 왔기에 이틀 동안 재우고 먹이며 쉴 수 있게 해주고 오늘 배웅해 보냈다. 어릴 때 낳은 아들을 부모님이 키워 주셨는데 초등 1년이라고 한다. 자신의 병으로 피해줄까 봐 아들을 지나치게 멀리하는 모습이라 마음속 강박을 내려놓을 수 있게 나름대로 조언을 해주었다. 첫째 딸이 친구에게 특별한 호기심을 갖는 거 같다. †

8.17.

J 씨는 시비 싸움으로 매를 맞다 험한 꼴로 도망 와 내게 도란거리며 얘기하는 모습. J 씨가 너무나 가엾고 걱정되고 치유를 빌었다.

여러 생각에 숙연해진 첫째 딸을 본다. 사랑스러운 내 딸, 나의 영원한 사랑.

추석이 오기 전 사촌 동생에게 전화가 왔다. 애인과 지내는 나날이 행복한가 보다. 감사한 일이다. †

8.18.

벼르다 이모께 전화해 밤에 통화했다. 이모부가 딸의 출국 직후 일주일간 또 입·퇴원 하셨고, 이모는 허리 디스크 통증으로 아픈 데다 여전히 밤에 가슴이 두근거리는 증상이 있다고 하신다. 이모도 나이가 드셔서 건강에 많이 예민해지신 듯하다. ✝

8.20.

마음속의 분노도 가라앉았고 기침도 고쳐졌다. 종일 몸을 바쁘게 움직여도 몸이 아프지 않아서 좋다. 어제부터 제대로 쉬고 싶었는데 어제도 오늘도 딸들과의 운전 약속이 있다. 첫째 딸 다니는 병원에서 고생하며 시간 보내는 게 가여워 내 몸 기운 내어 분당에 볼일을 보고 집에 돌아왔는데 돌아보니 참 긴 시간 동안 운전을 했다.

  오늘 계획해 둔 스케줄을 여럿 생략해야 했고 앞으로는 앞서 계획하지 않으려 한다. 내 오지랖이 부담을 키우고 무리하게 된다. 무리하지 않는 것만이 내 건강을 지킨다는 것을 잊지 않도록 한다.

  내 휴식은 오직 첫째 딸이다. 착하고 유순한 큰딸은 내게 살아가는 힘이 되어 준다. 고생하며 병원으로, 학교로, 일터로 다니는 내 딸들을 행복하게 해줄 수 있는 엄마가 되고 싶다. ✝

8.23.

마음을 가다듬고 주말 동안 남편의 누적된 피로 문제를 뒷바라지하다 생활용품 주문해서 정리했다. 엄마께도 장 본 물품을 보내드렸다.

  왕고모 노릇까지 하려니 마다할 순 없지만 다소 부담스럽긴 하다. 후드 티셔츠를 요청받아 좋은 마음으로 열심히 골라 주문했다. 내일이면 준비되니 모레에 부치려 한다.

많은 스케줄을 축소하여 낭비를 줄이려 하는데 코로나에 빚만 느는 상업인들은 어찌 살까. 남편이 근래 표정이 좋아져 참 감사하고 나도 스트레스가 들락거리지만 모든 걸 감사하기로 한다. ✝

8.25.

백신 주사를 맞고 첫째와 병원 일로 함께 다녀왔다. 엄마도 잠시 뵈었다.

내게 가을이 시작되었나 보다. 약간의 우울감이 느껴져서 몇 년 오래 먹어온 항우울제를 고민 중이다. 예전엔 약을 먹으면 이튿날 느껴지던 평온함과 안정, 이런 느낌이 사라졌기 때문이다.

밤에 K 언니와 긴 통화로 마음을 밝히고 언니가 자신의 사적인 관계를 노출하는 일을 꺼려해서 이 부분을 조심해야 함을 깨달았다. 심야에 둘째 딸과 함께 동물 학대를 주제로 소싸움을 다룬 영화를 우연히 보게 되었는데 뿔이 다친 소의 눈망울이 떠올라 마냥 마음속이 슬픔으로 질퍽거렸다. 둘째 딸이 사회 시사적인 안목이 똑똑하고 반듯하여 오랜만에 공감하였다.

첫째 딸은 근래 바른 마인드로 밝은 생활을 이어가고 있으며 다이어트 도전 의식에 불타고 있다. 이성에 무심하고 친구 관계에 성실하며 매사 자신감이 넘치는 상태다. 사랑하는, 참 사랑하는 두 딸과 한집에서 지낼 수 있어 감사하고 소중한 남편에게도 언제나 감사하다. 나의 엄마는 언제나 행복하기를, 늘 기도로 빌고 있다. ✝

8.28.

어제는 큰딸의 옷가지를 정리했고 오늘은 남편과 대청소를 했다. 일찍 졸려서 큰딸의 침대 옆에 이불을 깔고 잘 생각이다. 첫째 딸이 기분이 가라앉았는지 말이 없기에 함께할 겸, 남편이 넓은 방에서 홀로 편히 휴식을 만끽하라는 배려도 담아서.

엊그제 방마다 이불 빨래를 모두 마치고 뽀송한 가을 이불 꺼내 깔았는데 참 쾌적하고 향긋하다. 땅에서 하늘까지 오직 감사뿐이다. 주말이래도 다음 주는 연일 장마로 비가 서늘히 온다. 깨끗한 집에서 지내니 최상의 행복이 따로 없다. 주말 중 하루는 내가 첫째 방에서 함께 자도록 해야겠다. ✝

8.30.

월요일, 휴식하는 날이다. 오후에 엄마가 혼자 오셔서 두 시간 내리 수다 떨다가 장바구니 가득 갖고 돌아가셨다. 즐거운 시간이었다.

초저녁에 깊은 단잠을 즐겼다. ✝

8.31.

둘째 딸의 새 정장을 찾으러 롯데백화점 동탄점에 갔다. 나는 동탄이 좋다. 집에서 차로 5분 거리인 가까운 신도시로 깨끗한 아파트와 상가, 새 백화점 건물이 있다. 여유롭게 둘러보다 보니 신도시의 문화

생활권이 근처에 있는 축복에 감사하다. 오래된 것들은 깊고 새로운 것들은 귀하다. 내 복이 바로 나의 곁에 있다. †

9.1.

어제 엄마께 용돈을, 딸들에겐 보너스를 주었다. 부모님께 용돈을 드리면 마음이 뿌듯하고 딸들에게 용돈을 주면 행복해진다. 주식은 오래 전지전능하신 하느님 아버지께 맡기기로 한다. †

9.2.

깊은 잠을 잤다. 금빛, 잿빛으로 화려하게 빛나는 퍼런 바다를 엄마와 단둘이 항해하는 꿈을 꿨다. 그리고 어디서나 어린 둘째 딸을 염려하는 꿈도 꾸었는데, 어린 첫째 딸 곁에 둘째 딸이 맑은 얼굴로 있었다. †

9.4.

정신없이 졸리기만 하다. 내일 써야겠다.

어제 남편이 송도 병원에 급히 갈 일이 생기는 통에 주말에도 일하는 친구의 딸 결혼을 축하하러 잠시 만났다. 진솔한 근황 이야기를 나누고 첫째 딸과 송도 롯데에서 점심 사 먹고 귀가했다.

첫째 딸이 친구 딸의 용모나 직업적 유능함에 심적으로 힘들어하고 있어 딸의 마음을 이해해 주었다. 코로나 시기에 유일하게 크게 성공한 친구의 딸에게 축복을 빈다. 행복한 가정을 완성하길. 그리고 딸은 복 많은 자신의 자질에 감사할 수 있기를. 첫째 딸에게 새 친구들이 생긴 것과 딸 둘이 바르게 생활해 줘서 참 감사하다. †

9.7.

EH 언니와 오랜만에 통화가 되었다. 무릎 연골 시술을 받은 것이며, 아는 언니의 자궁암 소식, 아들 칭찬 등…. EH 언니가 부디 기운 내서 내년엔 직장에 재기할 수 있길 바란다. 친구 중 무릎이 멀쩡한 사람은 이제 나밖에 없다.

오늘 보니 첫째 딸이 사교성이 부쩍 좋아진 것 같았다. 둘째 딸은 세상에서 최고로 예쁘다.
남편은 좋은 거 챙겨 먹고 늘 행복하면 좋겠다. 딸들이 미래에 꿈꾸는 길을 관대하게 열어주는 통 큰 아버지가 되어 주길. †

9.8.

삼재를 맞이하는 우리 부부에게 조화로운 삶을 지낼 방법은 충돌과 대립을 예방하는 것이다. 남편의 뜻에 순종하고 침묵하는 길만이 유일한 대처법인 거 같다. †

9.11.

추석을 앞두고 챙겨야 할 사람을 다 못 챙기고 있다. 무릎 시술한

EH 언니, 큰집 형님들, 조카, J 언니, CY 엄마, Y 엄마, G 선배님, 암 수술 하신 J 선생님…. 모두 챙기기엔 내 몸은 하나고 가진 것도 부족하다. 나의 엄마가 가르치는 대로 반대하는 일은 하지 않는다. 시어머니가 체중이 많이 빠져 험난한 시간 겪으셔서 많이 놀랐고 시누이가 고생이라 안타깝다.

시아버님이 노년에 건강이 평강하셔서 참으로 다행이다. †

9.14.

쑥즙을 건강을 위해 먹기 시작했는데 홍삼을 먹을 때처럼 몸에 열이 살짝 올라 계속 먹기는 어려울 거 같다.

둘째 딸의 친구가 일 년 동안 다섯 번 정도 우리 집에 놀러 왔다. 둘째 딸이 그 친구와 함께할 때 제일 명랑하고 장난스러워 서로 소꿉친구 같아 보인다. 오후엔 쉬지 못하고 첫째 딸과 기흥 에이케이에서 장을 보고 돌아와 둘째 딸과 친구에게 정성껏 만든 저녁 한 끼를 대접해 주었다. 최근 우리 둘째가 참 자랑스럽고 기특하다.

이번 주는 다소 바쁠 예정이다. 일단 치과 볼일은 끝났다. 동탄 신도시의 피부과 토닝 관리가 남았고, 동탄 롯데에서 진행하는 시 낭송 강좌에 참여해야 한다.

요즘은 내 용모를 좀 가꾸고 싶어졌고 어서 빨리 새 생활로 도약하고 싶다. †

9.15.

첫째 딸이 멋을 부리는 걸 보니 누군가에게 꽂혔나 보다.

사회 뉴스가 절망적이다. 소상공인의 자살. 여동생과 엄마를 죽인 청년의 재판 결과는 사형 선고. 한집에 사는 80대 시아버지가 아내가 요양병원에 있는 동안 지적장애 며느리를 성폭행하고. 여성들의 노예화에 참담하고 가부장적 한국 남성들의 권위와 아집에 쓸쓸해하며 품위 있게 늙지 못한 노인들에게 한심함을 느낀다. 세상이 어려운 때라. 마음을 다잡아 낮춘다. †

9.17.

추석 연휴 전날. 종일 청소하며 살림 정돈한 뒤 CY 엄마와 통화하며 안부를 나누었다. 밝고 희망찬 목소리로 사업적 희망과 많은 관계 회복, 동거인과의 노력을 이야기해 주었다. 무엇보다 딸 CY가 철드는지 엄마한테 살갑게 효도한다는 소식이 참으로 감사하다.

J 언니와의 통화는 여름부터 아들네, YM 언니네가 오래 머물다 간 후라 많이 지쳐 보였다.

저녁엔 시원한 가을바람 쐬고 싶어 앨리웨이 레스토랑에 작은딸과 남편 셋이서 맛깔스러운 양식을 먹었다. 내일부터는 삼시 세끼 준비하기로 한다. 휴가인 남편은 좋겠다. †

9.18.

집안일로 과로한 탓에 인후통으로 건강이 악화되어 조금 쉬기로 했다. 정말 매 끼니 반찬 바꾸며 상 차리기 힘들다. 우아한 귀부인처럼 간단한 식생활만 챙기고 싶다. 가사일이 많아 이젠 하녀의 삶을 마치고 싶다. 잘못하면 추석 때 시댁에 못 갈까 봐 몸을 아껴야겠다. 입원하지 않도록 환절기를 조심한다.

이사 온 지 1년.
가사 노동과 살림 고치는 데 주력했다. 이제 나의 가꾸는 일에 노력해야겠다. 체중은 지금을 유지하고 피부 관리를 받기로 한다. 문화생활을 즐기며 주 1회 도우미 청소를 요청하고 주식 관리도 꾸준히 하기로. ✝

9.22.

추석이래야 이제 명절 분위기는 옛 풍습이다. 가족 여행이나 가족 외식 정도가 좋다. 시부모님 탈 없으셔서 좋고 음식 장만하는 고생 없어 기름 내음도 없으니 시원하고 좋았다. 이제 장수하고 싶으신 부모님들께 때마다 번번이 용돈 드리는 일이 우리 수입으로 버겁게 느껴지기도 한다.

친정 아버지의 암울한 표정은 상당히 가슴이 아프다. M은 사기 당한 뒤 가족과 소식이 두절되니 아버지의 마음이 얼마나 속상할까. 병드실까 걱정스러워 엄마랑 마음을 나누었다. 부모를 돕고 싶은 마음

은 이루 다 말할 수 없을 정도지만 내 건강, 내 딸들의 미래가 우선으로 두어야 함이 안타까울 뿐이다. ✝

9.23.

연휴 지나니 몹시 피로하다. 딱히 아픈 데는 없어 감사하지만 먼 나라로 여행하는 일도 이젠 자신 없고 늙어가는 나의 미래가 염려된다. 약속은 항상 부담스럽고 주식 값은 기운 빠지게 한다. 참 고단하다. 그 누가 나를 헤아려 줄까. ✝

9.24.

내일 시댁 식구 맞이할 준비를 해야 한다.

첫째 딸이 미래를 도약할 수 있게 준비를 돕는다.
난 그저 감사뿐이다. ✝

9.26.

주식을 사자마자 하락이라 심란했지만 고민 끝에 집 산 셈 치고 오래 보유하기로 했다. 당장 사사로운 곳에 쓰기보다 몇 년 후 큰돈이 필요할 때를 생각한다. 나로서는 더 이상의 재테크가 없다. ✝

9.28.

여름이 지나갔다. 입추와 처서가 지나 남편의 여름휴가도 끝나고 9

월 추석 연휴도 지났다. 시댁 식구 맞이 대접도 끝났다. 그 모든 길을 지나 이제 자유롭게 날아갈 듯한 기분이다. 이제부터 행복한 가을을 만끽한다. 야호! †

10.1.
하루 외출하는 동안 종일 무리하면 이튿날은 고스란히 잠이 쏟아진다. 오늘도 심히 깊은 잠에 들었다가 겨우 깨어나 장바구니 가득 채워 엄마네 가져다드렸다. 기뻐하시는 엄마와 헤어지고 헤레나 님과의 약속이 있어 코끼리빌리지에서 커피와 파스타를 즐겼다. 이 가게는 헤레나 님의 아드님이 방문한 뒤 1년 반 만에 오게 되었다. 그동안 집안 문제를 해결하셨단다. 속 깊은 얘기를 나눈 좋은 시간이었다. 내게 특별히 고맙다며 큰 선물을 주셨는데 기쁨보다는 그 마음의 크기에 감명하였다. 두통이 살짝 있었는데 엄마와 진솔한 통화 나누다 보니 가라앉았다. 3일 연휴가 시작된다. 이제는 자야겠다. 오늘도 변함없이 감사한 하루. †

10.2.
식구들 모두 나간 집을 환기하며 청소하니 땀방울이 가슴 언저리에 떨어지고 머리가 휙휙 돌 것 같아 찬물 받아 몸 담고 목욕한 후에도 어지러워 누워 쉬어야 했다. 우리 둘째 딸의 빈번한 운전 요청에 매번 도와주고 있자니 몸이 지친다. 아무래도 넓은 집 청소부터 해결해야겠다. 며칠째 이어진 두통에 무리하지 말아야 한다는 생각이 든다. 내 몸 먼저 챙겨야 한다. J 언니와의 통화로 형부네 남매간, 조카지간의 불의와 갈등이 있음을 알게 되어 슬펐고 친구 YS는 문자를 나눌 때마다 울적함을 토로하며 눈물을 흘리던지 안타깝다. 모두들 아프지 말고 서로 미워하지 말기를 빈다. ✝

10.4.

어젯밤 며칠 동안 아프던 두통이 나아질 즈음 겨우 하루를 끝내고 잠들려 하는데 둘째 딸의 생리통이 극에 달해 아프다 소리치는데 내 몸이 심약해 일어나 거들지 못했다. 겨우겨우 단잠 자는 남편 기어이 깨워 조치를 취했다.

둘째 딸이 요즘 학업이 과다한 데다 주 3일 아르바이트에 강박이 생겨 곁에서 보기에 안쓰럽다. 방학 기간에만 아르바이트하고 개강 이후엔 학교 공부만 전념하다 졸업 후 취직해 돈 벌면 될 텐데 어린 스무 살에 무슨 돈을 그리 많이 벌겠다 그러는지….

무리한 아르바이트는 학기 중에는 안 했으면 좋겠다. 아르바이트 시간을 조정하는 방향으로 부녀간에 해결하기를 바란다.

어젯밤 티토 주교님의 미사는 참으로 은총이 가득했다. 특히 독주 찬송 노랫소리가 그러했다. 나도 카톨릭 성가에 참여해 부르고 싶을 정도였다. 정신이 빠질 만큼 바쁜 하루가 도마뱀처럼 금세 흘러가 버렸다. 몇 번째 이어지던 3일씩의 연휴가 끝났다. 식구가 많은 것이 내

게 버겁다. ✝

10.7.

며칠째 이어지던 무기력힘을 이기고 일어나 첫째가 다니는 센터의 직원에게 바자회에 쓸 용품을 전달한 뒤 딸을 데리고 수내동 병원에 들러 약을 타왔다. 이후엔 그간 벼르던 맛난 저녁 먹으러 코끼리빌리지에서 플래너 EJ 씨와 그라탱과 청포도 에이드를 먹었다. 겨우겨우 기운 내어 식사하고 취기 오른 듯 지쳐 집에 돌아와 이모와 Y 엄마에게 차례로 안부 겸 통화했다.

Y 엄마와 가깝게 지내고 싶은데 내가 상처를 주게 될지 몰라서 선부르게 가까이하기 조심스럽다. 내일은 이사 1년 만에 도우미 청소를 불렀다. 귀인이 오길 바란다. ✝

10.10.

친구 O의 기일 즈음 친구 딸의 결혼식을 유튜브로 봤다. 영종도 바닷가를 배경으로 꽃으로 예쁘게 장식한 곳에서 이루어진 야외 결혼식이었는데 코로나 문제로 인원이 많지는 않았으나 결혼식 내내 자연스럽고 명랑한 분위기여서 참 감사했다.

오늘 친구네 부모님께 안부 인사로 통화 나누었다. 참 좋으신 분들이다. 친구네 어머니는 치매가 깊어지셨고 아버지는 외손녀의 결혼에 대한 소감을 밝히시는데 대단히 만족하신 듯하다. 손녀의 사위 자랑도 유감 없이 하셨다. 친구의 딸이 잘 살 것이라 믿지만 부디 외로워

할 일이 없고 상처받는 일 없길. 끝까지 잘살길 빈다.

아, 그리운 나의 친구 O. †

10.12.

불가근불가원**不可近不可遠**.

엄마가 누구와도 너무 가깝게 만나지 말라 하신다. 주식은 오를 테니 걱정하지 말라신다. 엄마 말씀이 정답이다. †

10.14.

헤레나 님과 동대문에서 저녁 쇼핑을 정말 오랜만에 즐겼다. 몸이 앙상히 마르셨고 마음이 추워 보였다. 동대문은 몇 해 전부터 흥미를 잃었었다. 이사 온 후 기침이 사라졌는데도 동대문 상가의 공기에 숨이 막혀 올 때마다 어지럽다. 사고 싶은 게 하나도 없어서 헤레나 님과 친구 O에 대한 이야기만 나누다가 헤어졌다. 귀갓길에 둘째 딸을 픽업해 함께 차 안에서 기도를 하였고 함께 돌아오는 길에 엄마네 문 앞에 맘스터치 햄버거 세트를 두고 왔다. 엄마가 맛있게 드실 생각을 하니 마음이 뿌듯하였다. †

10.17.

어제는 잠실 롯데백화점에서 두어 시간 쇼핑하며 걷다가 남편과 함께 돌아왔다. 새벽까지 집안일하고 일요일인 오늘은 정신없이 부엌일로 바쁘다. 인스타그램에서 후배 수필가 L 님의 신혼 상을 보고 나도 우아하고 고급스러운 분위기를 갖기 위해 노력하고 싶어졌다. 페이스북에서는 MJ 언니의 지난 수년간 시인으로서의 성장을 보았다. 세상때 묻지 않은 고운 글들을 읽었고 책 출간 소식도 알게 되었다. 부르주아 시인들을 보며 내 삶의 아쉬움도 많이 느껴졌다. 문화생활이라는 것은 상류층이 누리는 특권인 것 같다. ✝

10.19.

엄마와 이모, 나 셋이 엘러펀트에서 점심을 먹었다. 늘 고독하던 이모가 행복해 하시고 엄마는 가을 탓인지 마음 약해져 보여 안타까웠다. 친정 부모님 건강하실 때 효도하기. 오늘은 딘트에서 원피스를 두 벌 주문하고 피부 관리도 받고 왔다. 이렇게 가끔 살맛 나는 일도 누려야 한다. ✝

10.21.

딸들 데리고 지내는 인생의 소중한 한 자락 시간들. 행복을 영위하기 위해서는 내가 살림에 치여 무리하면 안 된다. 자칫 행복이 불만으로 바뀐다는 것을 알기에 내 몸을 아끼기로 한다. 너무 빠른 감은 있지만 나의 품위와 행복을 위해 진행하도록 한다. 우리 가족, 나의 자녀들의 미래가 아득히 멀다. 늙어서 화장실도 못 갈 정도가 된다면 요양원에 들어갈 비용은 준비해 둬야 한다. 하루 외출하고 나면 다음 날은 꼬빡 폭염 같은 잠이 시도 때도 없이 쏟아진다.

새벽. 나의 양력 생일이다. 학업에 매진하는 둘째 딸. 하루하루를 나름대로 노력하는 첫째 딸. 한 번씩 바라보고 머리카락 쓰다듬어주고 자려 한다. 소중한 남편의 건강을 빌며 난 오직 행복한 미래만을 꿈꾸고 싶다. †

10.24.

목욕탕을 청소할 때 독한 세제를 사용한 탓인지 며칠째 눈을 못 뜨고 졸음에 취했다. 오전에 깨서도 종일 쉬지 않고 이불 빨래, 옷 빨래에 점심 식사 준비와 설거지, 빨래 개기, 택배 정리, 쓰레기 내다 버리고 운전해서 딸 픽업해 오고 나면 저녁 식사 준비 또 설거지. 아직까지 졸리고 힘들다.

우리 둘째 딸이 가을 감성에 예민해졌는지 저녁을 먹다 말고 눈물을 흘려 제 아빠와 상담하고 나도 위로 용돈 넣어주고 감사할 것만 당부했다. 내가 큰딸에게 관심 모으느라 둘째 딸이 서러움과 애정결핍을 느낀 거 같다. 딸들을 몹시도 사랑하지만 나부터 여러모로 끝없는 스트레스로 시달리고 있어 사랑받기 위해 노력하기보다 그저 마음을 비우기로 한다. 둘째 딸이 약한 체력 무시하고 학교 공부와 아르바이트를 병행하느라 힘에 부칠 것이다. 밀어붙이는 성격 조금 내려놓고 충분히 수면을 취하고 집중력을 키웠으면 한다.
내 자산을 정리하고 싶은데 큰돈이 하락한 상태라 고민이다. 조만간 결단을 내리기로 한다.

첫째 딸은 아직 부모의 보살핌 속에 머물며 건강을 회복해야 할 듯 싶고 둘째 딸은 건강 관리 잘해서 국제 무대로 진출해야 하지 않을까. 젊은 이십 대 초반에 용인 구석에서 살면 안 될 거 같다.

두어 번 오신 도우미 아주머니를 통해 인간애를 느끼지만 내가 잠든 아침 시간에 방문해서 적응이 필요하다. 이제 자고 일어나면 가을 감성에 무딘 남편과 두산타워에서 옷을 교환하러 간다. 겸사겸사 남편과 둘만의 시간 필요하다. 우리 가족 모두 용기 내길. †

10.25.
며칠간 정신이 혼미해 정신을 못 차렸다. 오늘 남편과 두산타워에 가서 여러 옷 입어 보다가 적당히 몇 벌 사왔다. 저녁 늦게 목욕 후 체조하고 나서야 눈이 뜨이고 괜찮아졌다. 둘째 딸은 가을 타며 느낀 감정들을 친구에게 풀고 왔다. 마음이 밝아졌길 바란다. 용돈 주고 옷도 사줘 뿌듯하다.

엄마가 애써서 갖다 주신 생밤 한 뭉치가 안 보인다. 둘째 딸이 먹지 않아 오래 묵은 줄 착각해 버린 거 같다. 죄송하고 아까워 회개하였다.

첫째 딸은 삶의 방향을 잡아가며 더욱 성숙해지면 좋겠고 둘째 딸은 엄마인 나에게 조금만이라도 따뜻한 애정 표현을 해주면 좋겠다. 좋은 인격과 능력을 갖춘 애인을 교제해 보는 것도 둘째 딸의 내면을 환기할 하나의 방법 같기도 하다.

며칠 동안 눈이 따갑고 치매가 의심될 정도로 정신이 몽롱해 고생했다.

잠깐 잠든 사이 예쁜 꿈을 꾸었다. 하얀 비둘기 한 마리 빙글빙글 동그랗게 돌더니 내 품 안에 쏙 들어왔다. 우리 둘째 딸 같았다. ✝

10.28.

편두통을 이겨내려 몸을 씻고 며칠 전에 딘트에서 산 원피스 입고 나가 큰딸의 주치 간호사와 상담하고 나왔다. 오랜만에 엄마 모시고 성당에 모셨다가 이마트에서 장 봐드리고 피자도 맛나게 먹으며 좋은 시간 가졌다. 다음 달 엄마 생신 모임 준비에 대해 이야기 나누다가 댁에 모셔다드리고 돌아왔다. 엄마도 행복해하고 나도 효도해 드리는 기쁨으로 충만했다. 엄마가 깨끗한 얼굴에 몸 건강해 항상 감사하다. 참 감사한 나날이다.

페이스북을 보니 인도인 조카사위가 뉴욕의 조카 J와의 스토리를 올렸다. 5년 전 핼러윈 파티에서 만나 1년 전에 결혼했고 코로나 때문에 못 갔던 신혼여행을 이번에 몰디브로 간다고 한다. 사랑의 열매를 맺어 뉴욕에서 사랑하는 사람과 행복하게 지내는 조카 J의 근황에 참 감동스럽다. 몰디브라! 부럽구나.

M에게 전화 와서 한참 수다 중에 친구 MK와 이웃으로 살던 시절 그녀의 가족에 대한 사적인 소식을 이제야 전해 듣고 놀랐다. M과의 통화는 추워지기 전 K 언니와 셋이서 만나기로 약속하고 끊었다. 저녁에는 외숙모께 전화 와 외숙모의 멋진 단짝 친구 소피아 엄마가 부부

간 불화로 소식이 끊겼다며 재회를 바란다는 이야기도 들었고, 딸을 시집 못 보내 안타까워하는 이야기는 나를 씁쓸하게 만들었다.

　인스타그램에는 J 언니 딸의 사진이 올라왔다. 살이 오르고 긴 머리의 여신 같은 모습이 귀엽고 예쁘다. 젊음의 완숙으로 향하는 시기, 능력과 당당함, 여유로움, 씩씩함, 확실히 젊은 기가 흐른다.

　우리 둘째 딸이 오늘 학교 대면 수업으로 나갔는데 늦도록 전화를 받지 않는다. 자식이 외국에 떨어져 살면 이보다 더 애가 타겠지. †

10.31.

　일요일 오전부터 첫째 딸이 잠을 깨워서 잠이 부족해 종일 편두통에 시달렸다. 저녁에 기운 센 첫째 딸이 팔심으로 대걸레 청소를 도와줘 마음속에 해가 쨍쨍 떠올랐다. 첫째 딸이 바른 면모로 성장 중이라 흡족하다. 내년 11월엔 취직이 되리라 믿는다. 내일은 조용히 혼자 쉬고 싶다. †

11.3.

　벌써 11월도 이틀이 지나갔다. 어제 점심 신세계에서 약속을 미뤘던 친구 S를 만났다. 서가앤쿡에서 푸짐한 점심을 사 먹이며 장시간 대화를 나누었다. 친구는 마음이 많이 울적해져 있어 친정, 형제자매 이야기, 경제적 고충, 자식과의 고민, 남편에의 서러움, 관계 속 고독, 가사 노동의 지침 등을 얘기하며 눈물을 쏟았다. 그래도 피부만은 말

짙게 피어있어 다행으로 여겼다. S는 나와 가까이 사는 편인데도 몇 번 만나지 못하고 더 챙겨 주지 못했다. 앞으로 보다 행복한 가정을 이루길 바라며 자상히 챙겨줘야겠다. ✝

11.7.

자정이다. 아버지의 기일이었다. 오후 늦게 기도서 기도만 올렸다. 대청소를 지난 1년 동안 어떻게 매일 했는지 모르겠다. 이제는 도저히 나 혼자 하지 않으려 한다. 일요일, 큰딸과 생일 점심 데이트를 잡았다. ✝

11.9.

깊은 가을. 첫째 딸이 요즘 감수성이 많아져 쉬이 상처받는다. 당연하다. 여자니까.

오늘은 김장 김치도 왔고 헤레나 님네 보답 인사 갔다가 엄마께 효도하려고 이마트에서 장 보고 커피 타임도 가졌다. 엄마의 기도가 큰 힘이 되리라. 우리 가족 걱정 없고 친정 부모님 건강하신데 우리 시어머니가 연로하셔 마음이 약해지시니 나까지 쓸쓸하고 노약자들의 고독에 마음이 숙연해진다.

   오늘 주식도 올라 기분이 좋다.
   첫째의 생일. 딸의 고민을 들어 주고 따뜻하게 토닥여줬다. ✝

11.11.

늦잠 자고 일어나 살림을 조금 정돈했다.

오후에는 한껏 라쿤 털옷으로 기분 내 입고 신세계에서 쇼핑하며 거닐었다. 우연히 내가 좋아하는 연노랑 크림색 울 100%의 얇은 코트를 세일 가격에 사서 기분이 좋았다. 중식 레스토랑에서 조용히 짜장면 맛있게 먹고 새로 나온 빵 하나 사서 집에 가져왔다.

오랜만에 혼자 여유롭게 백화점 다녀온 하루였다. 신세계는 리모델링 이후 상품들이 너무 좋아졌다.

가을은 제2의 봄이라는 말귀가 참 좋다. †

11.12.

풍족한 잠과 휴식의 하루.

둘째 딸은 늘 전화기를 꺼 놓고 안 받는다. 남편도 가끔 전화를 바로 받지 않을 때가 있어 속상하다.

누구나 다 각기 외로움을 갖고 살기 마련이다. 짜증도 행복도 바이러스다. 코로나로 하여 작은오빠가 집에 많이 머무르면서 작은오빠의 가정에 소박한 행복이 느껴진다.

함께 사는 사람이 행복해야 모두 다 행복하다. †

11.16.

지난 토요일, 고대하던 친정엄마의 생신 모임은 점심 식사로 후련히 마치고 주말이 지나 오늘까지 폭염 같은 숙면을 취했다. 하루의 절반은 쉴 새 없는 가사일로 보냈고 이제 염색과 목욕을 마친 뒤 잠들려 한다. 종일 밥 먹을 새도 여유도 없다. 낮에도 시도 때도 없이 쿨쿨 자기만 한다.

낙엽, 단풍잎과 은행잎을 보는가 싶더니만 곧 12월이다. 딸들이 예쁘게 각기 충실히 지내는 모습. 행복한 연말이다. †

11.19.
모든 일정을 취소하려다 기운을 차리고 집을 나섰다. 언남동으로 내과 볼일을 보고 피부 마사지 받은 다음 파리바게뜨에서 엄마께 옷 선물 드리고 함께 커피 타임을 즐겼다.

이마트로 운동 삼아 시원스레 걸어가 장을 보고 첫째 딸을 픽업해 돌아왔다. 나갔다 오길 잘했다. 몸살이 이제는 낫겠지. †

11.26.
첫째 딸이랑 지내며 이틀 동안 정신없고 쉴 새 없었다.

사랑하는 남편이 낮에 집에 와 첫째 딸 진료 하고 오고 월급도 얹어주었다.

자정을 넘긴 시각. 날마다 자유로운 천국!

쉴 만하면 운전, 쉴 만하면 전화. 쉴 만하면…. 온몸이 아프다.
첫째 딸을 집에서 일주일 감독했더니 일어날 수 없이 몸이 아프고 졸리다. †

11.28.

Y 엄마랑 시간 내어 영통 아웃렛에서 커피 타임을 가졌다. 공유할 수 있는 이야기들을 나누었다. 특히 Y와 나의 큰딸에 대한 엄마로서의 심경을. 나도 가정으로부터 휴식이 필요해서 친구 같은 맘으로 이야기 나누고 이사한 지 7개월이 지나도록 미루었던 선물을 가득히 실어주고 기분 환기하며 아웃렛을 걸어 다녔다.

동탄 카페 아르바이트 끝낸 우리 둘째 딸에게 맛있는 거 사 주려고 오랜만에 카페 거리에서 근사한 와인을 곁들인 음식을 먹었다.
첫째 딸은 치료에 집중하며 쌓인 피로로 인해 휴식이 필요해 보였다. 첫째 딸이 아홉수를 맞으며 탈 나지 않길 기도한다. †

11.30.

EH 언니와 두어 달 만에 통화했다. ES 언니의 자궁암 수술 후 근황이 어떠한가 했더니 남편이 63세에 요로 결석 후 과로로 식물인간 상태가 되었다고 한다. H씨가 간병하다 과로로 20여 년 만에 골반 수술한 게 재발되어 병원 신세 지고 백반 장사도 못하게 되어 EH 언니가 신발 가게 운영으로 생활을 유지하면서 주변 동네에 아르바이트라도 더 하겠다고 한다. 다행히 자식들은 돈벌이 잘하며 잘 지낸다고 한다. 안부 소식이었지만 다들 아프고 병든 얘기들뿐이고 ES 언니네 부부가 위기를 겪는 듯하였다.

내 남편은 첫째 딸이 아픈 일로 과민해 피 말려 하는 게 안타까워 첫째 딸이 활달하게 춤을 추는 모습을 영상으로 찍어 공유해 주었다. 부모로서 행복한 웃음이 터지는 듯했다. †

12.1.

새 생명의 탄생 소식은 귀하고 천지에 지인들 사망 소식뿐이다. 오늘은 한 일 없이 한 끼도 못 먹은 채 또 하루가 지나간다. 내가 무력하게 늙어 가면서 예민한 남편과 사는 것이 때로는 버겁기도 하다. †

12.4.

29주년 결혼기념일에 앞서 단상.

결혼 생활의 장점 :
외로움으로부터의 해방.
물질적 풍요.
경제적 안정.
두 딸의 존재.
남편의 존재.
가정이 주는 행복감.

시댁 식구와의 풍요.

결혼 생활의 단점 :
결혼 전에 비해 부자유스러워신 생활 패턴.
자식의 속 썩임. †

12.9.
하루를 겨우 끝내고 침대에 누워 핸드폰을 볼 때가 가장 좋다. 연말 이어서인지 사고 싶은 게 끝없이 많다. 특히 옷이 그렇다. 열 번 생각하고 꼭 살 것만 산다. 주변에 작은엄마네, 친구 S네, 플래너 EJ 님, K 언니, J 언니네, 도우미 아주머니⋯. 가족 이외 챙겨주고 싶은 사람들이다. 얼마 전 Y 엄마를 챙겨주었고 어제는 피부과 실장님과 관리사들에게 빵을 선물하고 이모 생일 케이크 선물도 챙겼다. 이제 졸려 자야겠다. 내 곁에서 잠든 사랑하는 남편.
바라보는 나의 미소에 사랑이 느껴져 마음이 따사롭다.

엄마네 동네 아파트에서 오래 살면서 큰 평수를 꿈꾸며 많은 동네 집 구경을 다녔었다. 그중 내가 가장 원했던 성원상떼 아파트에 이렇게 인연이 닿아 살 수 있게 되어 감사를 느낀다. 가끔 이것을 실감하면서 한 번씩 행복을 조명하는 것도 좋은 듯하다. 가족 네 명 모두를 행복하게 하는 축복의 집이다. †

12.10.

우리 둘째 딸이 주말 아르바이트로 외식을 못 하고 지낸 지 꽤 되었다. 이제는 주말에 자유로워져 연말 외식으로 앨리웨이 꼭대기 레스토랑에서 광교 호수 야경을 보며 파스타, 피자, 디저트와 커피를 즐기며 즐거운 시간을 보냈다.

잠이 쏟아지는 요즘에 나가서 바람 쐬고 오니 묵은 컨디션이 환기되어 밤늦게까지 집안일도 하였다. 명랑해진 딸들과 보낸 행복한 12월이다. †

12.11.

월요일 약속은 무리라고 판단해 종일 잠을 잤다. 주식이 하락해 마음이 좋지 않다.

치유 중인 첫째 딸과 여대생 둘째 딸을 데리고 보살피며 딴 사람들과 약속 잡고 지내는 일상이 벅차게 느껴지는 하루다. †

12.15.

나를 위한 한마디.
사람 노릇 하려 노력하는 열 가지 중 한 가지만 해도 잘했다고 나 자신을 칭찬해 주자. 무리하면 병이 온다. †

12.16.

아침에 해약한 보험금이 들어와 전화 업무로 바빴다. ✝

김상아의 단상

초가을 앓이

처음으로 아침 창문을 닫았다. 바람이 너무 아려서. 영혼의 흐느낌이 시작되는 초가을 가슴앓이. 딸은 아주 어린데도 늙은 나보다 훨씬 강하고 훨씬 깊다. 낮은 북소리처럼 깊게 스미는 타들어 가는 나무 냄새처럼 진실한 풍요와 외로움이 공존하는 말하지 않음으로 무한한 깊음. 그윽한 침묵 속 오직 그 아이만이 가진 깊고 또 깊은 물빛 영혼. 누가 그랬던가. 사랑은 말하지 않을 때 가장 빛이 난다고. 그 아이를 닮고 싶다.

1.1.

연말을 얼렁뚱땅 지쳐 보내고 안 입는 옷가지 정리하느라 밤새워 빨래 돌리며 2022년 새해 첫날을 뜬 눈으로 깨어있다. 둘째 딸은 여러 힘듦을 호소하고는 휴학해서 자유로이 지내고 첫째 딸은 감정 정리랑 용모 관리가 더 필요해 보인다.

인스타그램을 보니 조카 E가 고생 끝에 삼성전자에 합격한 기념으로 오빠와 건배하고 있는 모습이었다. 좋은 소식에 뭉클하고 주님께 감사한다. 뉴욕 조카 J의 형제자매는 연말에 모두 모여 철판 스테이크를 먹는 모습이 멋져 보였다. 조카들이 참 사랑스럽다.

엊그제 이모가 마음이 약해지셨는지 길어지는 간병 기간에 미래를 걱정하는 듯했다. 친정 부모님은 충분히 아직 젊고 건강한데 늘 경제적으로 쪼들리셔서 심적 부담이 크다. 우리 가족이 행복하길 바랄 뿐이다. †

1.3.

정초 3일 연휴가 전쟁처럼 지나고 1월 3일의 새벽을 맞이하며 잠든다. 오늘이 1월 1일인 것 같다. 추운 겨울의 낭만을 찾아야 하는데. †

1.7.

숨 돌릴 새 없이 무리하는 생활이다. 첫째 딸이 액땜하느라 고생하고 있어 가엾기 그지없다. 둘째 딸은 방학이라 행복이 가득하다. 나는 늦잠을 자다 일어나 깨어있는 동안은 밤까지 바빴다. 내일 아버님 생신인데 날은 춥고 길은 멀고 긴장이 되어 머리가 아파 오려 한다. 시댁에 한 달 남짓을 구정까지 세 번이나 오가는 일은 무리가 된다. 언제 푹 쉴 수 있으려나. †

1.12.

어제 처음이었다. 이사 온 지 1년 4개월이 되어서야 넓은 목욕탕에서 우아하게 샤워하고 나와 파우더룸에서 화장품이 진열된 거울 앞에서 화장하며 드레스룸 옷장 속 옷들을 본다. 이어서 안방의 화려한 샹들리에와 오로라 소파, 우리 부부의 부귀한 침실. 정돈된 거실과 넓은 부엌과 딸들의 방. 거실 앞뒤로 탁 트인 풍경. 이제야 여유와 행복이 느껴지는 것 같다.

그간 가사로 정신없어 정서적 여유를 찾을 새 없었는데 영화 〈쉘부르의 우산〉 속 여주인공처럼 속눈썹이 어여쁜 우리 큰딸과 신세계 서가앤쿡에서 스테이크와 누들, 한라봉 주스를 맛있게 먹고 사이좋게 행복한 시간을 보냈다.

우리 둘째 딸은 고전 무용을 배우며 여자로서의 자태와 선을 배워가며 방학 동안 행복하게 지내는 듯 보인다. 지나온 결혼 생활에 감사하며 이제 날 사랑해주신 주님께 예물을 준비하고 싶고 깃털처럼 고운 옷들을 주인 찾아 보내야 할 거 같다. 작은 선행을 실천하는 새해를 시작해야겠다. †

1.13.

한파가 찾아와 몹시도 추운 날. 밤새 여기저기 신경 쓰느라 방광염 재발해 약을 먹었다. 첫째 딸이 많이 도와줘 일주일에 한 번 집 청소를 했는데 다음 날 꼭 하루는 몸이 아프다. 살림이 힘들어 죽고 싶을 만치 울고 싶다. †

1.18.

지난 금요일 J 언니네서 우리 부부가 함께 J 언니의 딸 S를 보러 갔다. J 언니로부터 훌륭한 대접을 받았다. 언니는 요즘 노인분들에게 치여 지치는 와중에 그나마 효녀 딸이 곰살맞게 몇 개월간 함께 지내주고 있어 같은 딸 가진 엄마로서 행복과 안정을 느낀다. 와중에도 아들네 득녀 출산 앞두고 많은 긴장과 초조, 예민함이 물씬 느껴졌다. 딸은 미모에 물이 올라 예쁠 때라 훌륭한 배우자 운이 따르길 빈다. 고대한 만남에 바라만 봐도 즐겁고 행복한 시간이었다.

엘리트 첫째 딸. 청아한 둘째 딸. 우리 공주들 행복한 꽃길만 걷길 바란다. †

1.20.

친구 O의 딸 HS와 통화했다. 벌써 입덧 시기를 지나 5개월째로, 아기는 아들이라 한다. 건강도 이상 없고 예정일은 7월 7일. 건강하고 복 많은 아기이길 소망한다. †

1.21.

어깨 몸살로 친구 S와의 약속을 취소하려 한다. 친구의 경제 상황이나 시어머니가 처한 상황, 그 외 여러가지 얘길 듣자면 나로선 차마 이해하기 어렵다. ✝

1.22.

오늘은 지인 여럿과 통화한 날이었는데 진실됨에 회의를 느껴 씁쓸하다. 말 속임, 눈 속임, 귀 속임, 돈 속임, 양심 속임. 대인관계가 허무하다.

운전으로 딸 데려다준 김에 잠시 성당에 들러 성채 조배 감사 기도를 드리고 왔다. 사람들이 나를 속이고 기만할지라도 마음 비우고 재물에 아쉬워하는 마음 비우고 너그럽게 포용하기로 하자. 양보할 수 있는 것이 미덕이다. 하느님이 다 알고 기억해 주신다. 내 뜻대로가 아닌 전능하신 하느님의 뜻대로. 네 이웃을 네 몸과 같이 사랑하라. ✝

1.24.

일요일 밤새 힐링 삼아 친구 YS와 깊은 대화를 나누었다. 지난해 일어난 삶의 변화를 소상하게 이야기 해주는데 자랑도 고백도 한마디 안 하고 살 수 있는 느긋함에 차마 놀라지 않을 수 없다. 무엇보다 친구에게 복이 따라줘 다행이다. YS와 가장 공통된 마음은 건강하고 마음 편한 게 최고라는 것. ✝

1.25.

승용차에 대한 정의 : 수많은 교통수단 중 하나.

최근 주변 챙김 : 엄마랑 이모. 연말 시부모님 용돈. Y네 엄마 이사 선물. 작은엄마께 옷. 생명의 집에 여러 용품. J 언니네 만남. 선배 KS 님께 옷. 음식 봉사. JS 오빠 퇴직, 올케언니 비상금. 시누이 아들에게 세뱃돈. †

1.26.

일주일 내내 무리가 심했다. 음식 봉사하느라 엄마, 지인 JY, 헤레나 님, 이모 한 바퀴 순회하고, 작은오빠가 퇴직했다며 보험 관련으로 연달아 보낸 문자가 운전을 방해해 사고를 무릅쓰고 다니고, R 언니가 초대한 문학회 모임에는 결국 못 가고, 요한 성당에서 쉬었다가 첫째 딸만 데리고 왔다.

퇴직한 오빠에게는 위로를 건네었지만 미래 생활비를 걱정하고 있어서 조만간 새 직장을 구하리라 여겨진다.

헤레나 님과는 차 안에서 간단하게 기도 후 이동하다가 먼저 만난 내 엄마가 길에서 걷고 계신 걸 발견했다.

엄마는 통장에 내가 보내는 돈이 이체되는 날이라 현금을 찾으러 간다고 예쁜 발걸음에 어쩐지 한편 눈물이 나왔다.

어제는 1년 만에 남편과 미사를 보러 성당에 가는데 남편은 성의 없이 옷을 입고 나와 서운했다.

몸살 나서 한참을 자다 깼다. ✝

1.30.

변호사 사무실에서 만난 새 직장인 친구들과 재밌게 놀고 온 둘째를 픽업해 롯데 아웃렛에서 저녁 식사를 했다.

주식이 많이 떨어지니 울분도 들어 브랜드 앱에서 최대 세일가로 파는 옷들을 한 개씩 사서 속상한 마음을 달랬다. 예전만큼 기도의 기력도 떨어지는 듯하지만 그저 감사와 마음 비움을 꾸준히 이루기로 한다. ✝

2.4.

어제 남편이 옷장 문 열어 두고 찬바람 맞게 하느라 그 사이 몸살이 들어 약을 먹어야 했다. 자녀들이 크면서 진로나 가치관으로 자꾸 대립하며 갈등을 겪더니 또다시 인상을 구기고 말 한마디 없이 자고 나갔다. 남편과 공유할 수 있는 즐거움이 없어 한스럽다. ✝

2.5.

첫째의 용모는 반듯해졌으나 예상을 뛰어넘는 돌발성 행동에 두 손 두 팔 다 들었다. 어디서 무슨 사고를 쳐도 범죄나 사고나 나보다 먼저 가는 일이 생겨도 눈을 감겠다. 엄마로서 기운이 다했다. 그저 포기하고 마음 비울 뿐이다. 오늘 아침 행동은 도저히 이해해 줄 수 없다. ✝

2.6.

친구랑 약속을 지키려 해도 협조를 안 해준다. 칼바람 맞으면서까지 먼 길 운전하며 왔는데, 남을 배려하기 위해 너무 애쓰지 말자는 생각만.

눈 뜨는 순간부터 밤늦게까지 가사로 힘에 부친다. 오늘도 어깨 몸살로 앓는다. 집 안 노동에서 헤어날 수가 없고 너무 괴롭고 알아주는 이 없고 큰딸의 돌발 행동 등 스트레스로 세상만사 후회스럽다.

연약한 남편은 신이 아닌데 늙어가며 꼬여가는 모습이 미울 때 있고 어떨 때는 불쌍할 때 있고.

그것도 잠시뿐이다. 다 늙어서 엄마 노릇, 주부 노릇.

서럽다 못해 허리가 휜다. ✝

2.7.

무리한 내 생활의 분출구로 이런저런 여행을 꿈꿔봤지만 코로나 시국에는 이행하기 어렵다. 물건 사는 사치도 이제 줄여야겠다. 남편 퇴직을 대비해 미리 절약하는 습관을 기르기로 한다.

첫째 딸은 사회복지 관련한 직업을 가지고 선한 일을 하면 좋을 거 같다.

오늘 월요일이라 쉬었지만 휴식은 짧게 느껴진다. 조용히 혼자 며칠 더 쉬고 싶다.

조금 있으면 봄이다. ✝

2.12.

며칠 전 친구 YS와 깊은 대화를 나누었다. 가족이 모두 흩어져 매일 빈집에서 혼자 지내게 된 친구. 서로를 인정하며 위로를 얻었다.

오늘 종일 청소하고 늦게 C 님과 통화했다. 주변 시인들은 다들 부유층으로 안정된 삶을 사는 듯하다. 다음 주에 R 언니랑 캘리그라피 공방에서 만나기로 했다. 헤레나 님은 남편과 둘이 다녀온 사이판 여행에 대해 이야기해 주셨다. 난 해외여행은 코로나 때문에 잊기로 했다. 쇼핑으로 풀며 지내는 중이다.

조금 늦게까지 자다 일어났다. 넓은 공간을 예쁘게 꾸민 옛 이웃의 집을 구경하는 꿈을 꾸었는데 참 기분이 즐거웠다. 첫째 딸을 불렀더니 내 품에 금세 안겨 참 행복하게 꿈에서 깨어났다. 오늘은 29주년 결혼기념일과 다음 주 둘째 딸 생일 파티를 겸하여 앨리웨이에서 저녁 식사를 하였다. 밸런타인데이 초콜릿을 남편에게 미리 건네고 이제 외출 준비. 무리해서 그런지 자꾸만 잠이 쏟아진다. ✝

2.18.

저축 통장과 주식은 그대로 유지하고 현 비상금 다 쓰면 남편에게 지원을 요청하기로 한다.

어제는 오랜만에 대치동 이사를 앞둔 HW 씨를 만나 신세계 아웃백에서 함께 식사했다. 보이쉬한 숏컷 헤어스타일의 HW는 암으로 돌아가신 엄마를 그리워하는 슬픔을 간직하고 있다. 늘 공손한 HW 씨랑 또 만남을 기약하며 마음이 애틋해졌다.

오늘은 심리상담을 다니느라 늘 고단하고 지친 인생의 여정을 홀로 지내온 S 아주머니의 딸이 놀러 왔다. 어느새 서로의 머리에 흰머리 난 모습 바라보며 살아가는 이야기 하다가 어릴 적 옛정이 남아 좋은 코트며 먹을 것 가득히 안겨 보냈다. 가까운 곳에 있는 지인들, 서로서로 복 받고 건강하기를 빈다. ✝

2.19.

작은딸의 생일을 충족시키느라 식사에 신경 쓰고 8시간 내리 집 청소를 전쟁처럼 치렀는데도 다 못 끝냈다. 너무하다, 내 나이에 이리 큰 살림. ✝

2.23.

광교에서 창시 회원 4인이 모여 점심을 먹었다. 다들 남편 복을 타고나서 긴 세월 동안에도 소망 성취하고 부동산 투자 성과가 좋고 늙지도 않고 고왔다.

유순하신 P 선배님. 항상 내게 도움을 주고 격려해주는 R 언니. 의리가 깊은 시인 동기 C 님. 허심탄회하게 담소를 나누고 헤어졌다.

감성이 예민하신 C 님은 각별히 마음을 헤아려 주어야겠다고 마음 먹었다. 언제 한 번 공방에 선물 들고 따로 놀러 가야겠다. ✝

2.24.

누적된 피로로 종일 잠이 쏟아진다. 카톡으로 창시 멤버들과 일상을 뜨문뜨문 공유하면서 한편 대인 관계의 즐거움과 조심스러움을 동시에 느껴본다. 서로의 자부심, 서로의 소외감….

내일은 둘째 딸 아르바이트 하는 곳까지 운전해 준 뒤에 첫째 딸 데리고 디저트 카페에서 저녁 사 먹이고 성당 들를 계획을 세웠다. 시어머니가 전화주셔서 따뜻이 대해 주시고 내가 보낸 참외와 망고를 시누이와 잘 먹었다며 전해주니 뿌듯하였다. 늦은 밤에도 꿀잠이 폴폴 산소처럼 별처럼 쏟아진다. ✝

3.1.

3월 첫날. 남편과 양평 두물마을로 드라이브를 하고 생선가스와 메밀을 사 먹고 서현동 에이케이에 잠시 들렀다 돌아왔다. 남편은 외로운 적이 없다며 자신의 감성 없는 성격을 털어놓는데 나는 내 마음을 누가 알아줄까 생각이 들어 남편과 이야기를 나누다 말았다. 남편과는 공감대가 서로 다른 것을 종종 느끼곤 한다. 난 남편의 마음을 모르고 남편도 나의 마음을 몰라준다. 남편은 자신의 한계를 넘어서지 못하며 그저 한결같기만 하다.

신경이 예민할 때는 친구가 연락한 것도 공연히 장난치는 거 같고 차가운 딸 태도도 아쉽다. 모든 것에 너그러워지도록 내심 나를 다스렸다. 정말 여행이 필요하다. 다시 스케줄을 짜야겠다. ✝

3.10.

어제는 사순 시기 묵상 겸 그이와 은이성지로 드라이브를 갔다.

우리나라 최초의 사제인 김대건 안드레아의 사제 서품 받은 상해성당의 건축물 일부를 가져다 지은 성지로 사제를 양성하고 박해자들로부터 보호하다가 30살 나이로 순교한 김대건 사제를 기리는 곳이다. 은이성지라는 뜻은 숨겨진 마을, 은둔의 동네라는 의미라 한다. 아주 조그만 크기의 성모님 조각상에는 이런 글귀가 쓰여 있었다.

"저는 기도할 줄 모릅니다. 저와 저희 가정을 위해 기도해 주시길 성모님께 청합니다."

성모님께 맡기는 기도문. 매일 11시 미사가 있고 기와집으로 된 성전과 뜨락이 있는 곳. 깊은 옹달샘처럼 산속에 존재했다. 내가 부탁받은 기도들. 이제 기도의 뜨거운 여력이 쇠진했다. 나이를 먹는 중이다.

오늘 의외로 윤 대통령 당선에 대한 국민들의 의식 변화를 느껴 놀라웠다. 시대가 달라져도 빛과 어둠, 흑과 백은 동시에 공존한다는 이치를 깨닫는다. 김건희 영부인의 신분 상승은 대운의 작용이라 여겨지고 법과 검사가 있어야 나라도 세상도 사는 거라 여겨진다.

남편과 칼리오페에서 점심 후 봄기운 즐기러 여기저기 걷다가 첫째 딸을 데리고 돌아왔다. 패션 공부, 집 공부, 휴양지 정보… 이제 SNS로 공부하며 노력한다. 오늘은 해외 패션디자이너들의 정보를 수집했다. 참 즐겁다.

앞으로 최소 20년은 더 사는 인생, 무언가 좀 배우고 싶어 예술대학원 진학을 알아보았으나 남편의 반대로 나의 동국대 예술대학원, 나아가 첫째 딸의 대학원 입학의 소망이 좌절되었다.

적극적으로 반대하는 남편과 마인드 차이를 다시금 느꼈다. 자식에 관한 문제도 내게 권한도 없고 재산의 영역도 내 권한이 없으니 그런 것에 섭섭함 쓸쓸함을 느낀다. 집에서 내가 좋아하는 액자를 거는 일이나 욕실 벽 인테리어를 해볼라치면 몇 번이나 싫다고 여러 번 반대한다. 문제는 이러한 사소한 의견 차이를 조율하지 못한다는 것이다.

내 인생을 다시 살 수 있다면 언어 능력을 키워 유럽으로 유학하고 싶다. 행복하고 로맨틱한 나만의 인생을 살며 가족을 위한 희생 같은 건 하지 않을 것 같다. 문학도 좋지만 패션이나 주택 디자인, 이런 것도 좋아한다.

부모는 자식을 붙들지 말아야 하고 자식은 어느 정도 크면 부모의 존속으로부터 벗어나 자유로운 삶을 살아야 한다. †

3.17.

어제는 봄 날씨를 느꼈다. 시어머니와 전화로 정겨운 대화를 나누고, 점심에 보따리 싸 놓은 것들 차례로 봉사 다녔다. 엄마께, 다리 수

숱한 헤레나 님께, 코로나 확진으로 격리 중인 이모네 문 앞마다 선물 갖다 놓고 기쁜 목소리로 통화들 나누었다. 이후 맘스터치에서 버거 사고 보라동성당에 들러 성채 조배를 드렸다. 보라동의 엔마트에서 장을 보고 봄 기운 즐기며 보라동 골목을 거닐었다. 오늘은 좋은 컨디션으로 둘째와 강남병원에서 건강검진을 무사히 끝내고 에이케이에서 점심 먹고 돌아와 두통이 와서 깊은 잠을 잤다. 우리 첫째 딸은 코로나 양성이라 격리 중에도 안온함을 즐겨 다행이고 빨리 회복 찾기만 바란다. 수면 마취 후유증으로 오늘 밤은 밤새 푹 자고 싶다. †

3.27.

어떻게 하면 돈을 벌 수 있을까 안 쓰고 아껴 쓰고, 그리고 재태크. 인정을 베푸는 일은 좋지만 오지랖은 줄이기로 하자. †

4.2.

봄, 봄이다! 4월의 단상을 잠시 쓴다. 봄 현기증 챙기고 시원한 옷차림에 선글라스 쓰고 가족과 외출한다. 오랜만에 광교 아브뉴프랑의 335키친에서 샤부샤부와 샐러드 뷔페를 먹었다. 봄 입맛에 미국식 샐러드가 오밀조밀 맛깔스러웠다.

광장에는 아이들이 뛰놀고 봄소식에 수제 행상들 물품 골고루 구경하다 첫째에게 옷 사주고 봄의 정서 속 그리움 깊이 밀려든다. 엄마아빠 모시고 식사한 기억들.

20여 년 전 창시 문학회에서 C 님을 처음 만났고 서로 다른 환경에서 서로 다른 경험을 겪는 동안 두어 번 C 님과 연락이 닿아 만나기로 약속했다. 간간이 몇 년에 한 번씩 아브뉴프랑에서 만나곤 한다. 서천 집 배웅 겸 방문해서 이번에 또 만났다. 벌써 20년이나 인연이 흘렀구나. 어린 딸 두 살 때부터 키우는 내내 뜨문뜨문 함께했던 시간들. 깊은 얘기 딱히 한 적 없지만 함께해 온 나의 유일한 시인 동기 C 님과의 시간들을 돌이켜보곤 그리움과 여운에 젖어 들었다. 여울목에 꽃잎 적시듯이….

문우들과의 소소한 기억들이 스쳐간다. 언제든 내가 원하고 찾으면 벗이 될 수 있는 귀중한 인연들. 지금 내 곁의 만남들을 소중히 하자. †

4.8.

오늘 엄마와 이모를 모시고 앨리웨이의 이탈리안 음식점 세상의모든아침에서 호수가 보이는 창가 자리에 앉아 식사를 대접해 드렸다. 이모가 1년 동안 간병하며 고생하셨기에 상쾌하게 기분 전환 하시라고 돕고 싶었다. 점심 식사를 끝내고 셋이서 수다 중에 엄마는 눈을 껌뻑이는 것이 졸리신 듯했다. 날마다 아빠와 운동하시고 함께 다니느라 일상이 홀가분하지 못하고 지쳐 보이셨다. 이젠 늙어가며 쉬이 지쳐 졸고 이모도 1년 꼬박 간병하느라 얼굴들이 까맸다. 마음 놓고 힐링하기엔 마음들이 너무 각박한 틀을 벗어나지 못해 힘들게 사는 모습이 안타까웠고 자매라도 마음이 아주 애틋하지 않아 보여 서글펐다. 내일은 J 언니 외 몇 분과의 모임이 있다. †

4.9.

J 언니, YM 언니, 큰형부랑 고기리에서 점심을 먹었다.

재성이 아기일 적에 면목동에서 YM 언니를 본 것이 거의 40여 년 전이었던 거 같다. 소식만 여러 차례 듣다가 이번 기회에 우리 엄마를 뵙고 싶어 하기에 자리를 마련했다. 엄마는 지적이고 깨끗하고 서로 옛사람들이 만난다는 것이 부담스럽긴 해도 얼마나 삶의 의미가 있겠는가. 언니들이 화장품을 선물로 주었다. 소중히 받았고 감사 인사를 전하였다. 큰형부가 참 신사적인 성격에 평생 아내만 사랑하고 미국에서 깨끗이하고 검소하게 모범적 삶을 살아왔는데, 참 여유로워 보였다. J 언니는 열심히 YM 언니를 뒷바라지하며….

참 감회가 남다른 하루였다. †

4.10.

딸들 미래의 혼사, 가정, 출산 문제에 대한 기대나 환상은 예전만 하지 않다. 아기들이 참으로 예쁘긴 하나 외할머니가 되고 싶은 설렘은 이미 접었다. 남편의 무관심의 영향이 컸다. 모든 것에 맘을 비우고 의연하니 세상에 아무 걱정 없음에 가장 감사하고 행복할 뿐이다. 아픈 것이 가장 큰 걱정이다. 정신적 고통이나 육체적 고통이 없는 것 또한 감사하다.

오늘 부활절. 병들지 않고 고통 없이 살다 요양원 신세 지기 전에 어느 날 갑자기 홀연히 떠나는 인생이야말로 축복받은 삶인 거 같다. †

4.14.

2022년 올해도 벌써 4월 중순이다. 올해의 내 생활신조는 "선행과 봉사". 엄마랑 간병 중인 이모, 다리 수술한 헤레나 님 등 그 외 모든 아픈 분들을 위한 기도와 봉사의 삶. †

4.15.

어제는 뀌숑에서 찍은 꽃 사진을 보고 봄날이 그리 예쁜 줄 그제야 알았다.

창시 문학회원 4인 모임 약속이 있었다. C 님이 운전대 잡고 백현동 카페 거리 뀌숑에서 점심을 먹으며 편안한 마음 공유하는 시간을 보냈다. C 님의 컨디션이 아주 좋아 보여 속엣말 경청해 주고 지나온 삶의 변화 좋은 소식을 전해 들었다. R 언니의 멋 부린 모습은 항상 좋고 위례에서 차를 타고 오신 P 문학회장님에게서 우리들에 대한 사랑을 물씬 느꼈다. 런치 코스 먹고 봄볕 가득 만끽해 올망졸망 피어난 봄꽃 잔치 앞에서 사진도 함빡 찍었다. 참 좋은 나의 글벗 문우들. 이 좋은 만남 영원했으면. †

4.20.

제주도 패키지여행 끝나고 집으로 돌아가는 중이다. 좋은 일행과 함께 나로선 딱 좋은 제주도 동선으로 버스 타고 즐거운 시간을 보냈다. 몇 가지 좋았던 일정을 말해보자면 청보리밭 및 유채꽃밭 방문, 말 쇼와 서커스 관람, 휴양림 방문, 녹차 족욕, 승마… 더해서 가이드도 일행들도 호텔도 다 좋았다. 제주 토산품 매장에서 선물들을 좀 샀다.

오는 날엔 외숙모는 면세품을 사고 기분이 우쭐해 무료 전철을 고집하고 끝내 내가 드리려 했던 용돈이나 여행비도 오히려 내게 더 보태어 주시고는 당신이 받으시는 건 끝내 사양하셨다. 억지를 피울 순 없어 서운해도 고맙게 받았다. 주는 사랑과 받는 미덕.

외숙모의 마인드는 외삼촌이 감당 못 할 직관력이 있어서 젊은 사람을 따라줘야 한다고 역설한다. 망설이던 조카 Y는 만날 수 있었고 건강히 지내고 있어서 걱정을 끊는다. ✝

4.21.

여행은 여럿이 하게 되면 좀 조심스러워 지는 것 같다. 나이 드신 외숙모에겐 귓병이 있는데 치료는 하지 않으셨던 거 같고 첫째 딸은 요동치는 감정 때문에 예기치 못할 때 서로 부딪힐 뻔한 걸 몰랐다가 심히 눈치를 봤다. 제주도 여행 동선은 버스로 관광하기에 안성맞춤이었고 날씨도 덥기 직전의 날씨라 딱 좋았다. 여행 동안 외숙모 위주로 맞춰주며 지냈는데 외숙모는 몇 년 전 대만 여행 때와는 달리 흥이 오르지 않으셨는데 몸이 약해진 탓이라 생각된다.

오늘 이모랑 넋두리 통화하며 첫째 딸이 싫어하는 취직 문제를 언급하며 바라보기 딱하다고 호소했다. 복지사가 좋은 직업인 건 사실이나 첫째 딸이 그저 풍요롭게 지내며 좋은 남성과 인연 맺어 재미나게 살길 바란다. ✝

4.26.

그저께 코로나 격리가 풀려 귀국한 큰오빠와 작은오빠랑 내 남편이 시미리에 인사드리고 화기애애하게 웃음꽃 피우며 아버지 산소에 절 올리고 기도한 뒤 기쁘히 집에 돌아왔다. 하루 너 푹 숙면하며 휴식해야겠다. 날씨가 우중충한 탓에 졸음이 몰려온다. †

4.28.

아침에 눈을 뜨면 남편에게 사랑한다는 말이 듣고 싶었다. 가벼운 포옹, 따뜻한 눈빛, 애정 표현이 사무치게 그립다. 표현하지 않는 성격은 모래벌판 같다. 친구도 내게 사랑한다는 말을 꼭 해주던 O 같은 친구가 좋다.

YS는 편안해서 그립지만 평생 전화 한 번, 문자 한 번 먼저 하는 적이 없어 멀어지는 기분이 든다. 안 보면 정도 멀어지는 건지.

첫째 딸이 내년 1월부터 월급받는다는 보장도 없이 교육비만 걸고 1년을 묶여 있어야 하고 기껏 자격증만 얻는다. 취업 보장이라는 확실한 미래도 없이 센터에서 인력으로 이용당하는 거 같아 찜찜하다. 얼른 털어버리고 나왔으면 좋겠다. 새로운 밝은 길을 택해 새 직업을 가지면 좋겠고 둘째 딸은 부디 아르바이트는 그만두고 언어 공부하다 빨리 복학했으면 좋겠다.

모든 대인관계가 돈으로 엮인 거 같고 생존경쟁이라는 생각이 들어 회의감이 든다. 내 핏줄로부터 염려를 끊고 하느님께 다 맡기련다.

K 언니나 외숙모나 약속에 변덕들을 부려서 착잡한 기분이 든다. 부모들도 자식한테 요행이나 횡재를 기대해선 안 될 거 같다. 딸들을 호사시켜 주는 엄마가 되고 싶으나 가사 뒷바라지는 끝내고 싶다. 거의 날마다 어깨가 쑤신다. 너그러워지려 묵주기도 한다. ✝

5.2.

움직이면 청소, 움직이면 쓰레기, 움직이면 설거지. 살림이 버겁다. 시댁은 잘 다녀왔고 오늘은 월요일이라 정기 휴식 날이다.

부디 착한 작은오빠 취직 결정되길. ✝

5.6.

윤리의 중요성. 배우 강수연이 심정지 상태라는데 내가 그리 되고 싶다. 주식은 우리 외숙모처럼 들쑥날쑥 하루하루 변덕부리듯 오르락내리락 일관성 없이 급등 급락. 나까지 코로나 걸리면 안 되는데… 아, 죽고만 싶다.

보라동성당에서 기도하고 나와서 첫째 딸을 데리고 돌솥밥을 사 먹였다. 엔마트에서 장 봐온 게 가득이라 비싼 꽃게탕 가득 끓이고 부엌일했다. 내가 사랑하는 첫째 딸이 문득 가장 좋아하는 사람이 있다기에 누구냐고 했더니 "엄마"라고 해서 큰 위안, 큰 기쁨이었다.

나를 사랑한다는 표현. ✝

5.7.

너희는 재물을 하늘에 쌓아 두어라. 마음을 비우면 행복하다. 내 돈이 없으면 난 내 아버지처럼 일찍 죽어야 한다. †

5.8.

기운에 기운을 내어 보라동성당 청년 미사 시간에 첫째 딸을 데리고 갔다. 거대한 신앙의 은총, 성모님의 부르심, 치유, 삶의 힘. 신심이 고르면 평생 혼자서도 행복한 삶의 의지를 가질 수 있는 생명의 기쁨을 얻는다. 젊은 여성 오다연 회장의 신앙적 아름다움. 건실한 어린 청년들과 소박한 주민들. 참 감동스럽다. 은총의 샘이었다.

고해성사와 성체강복. 아, 기쁜 우리 젊은 날이여. 성모님! 임하소서, 첫째 딸에게. 사제님 말씀 - 하느님 아버지께서 기다리셨습니다. 아멘. †

5.9.

주식을 당분간 유지하기로 했다. 주식은 대만의 날씨와 같다. 비 온 후 갑자기 해가 비추고 개는 것처럼. †

5.11.

집안일 조용히 혼자 다하고 목욕 후 휴식 시간 즐기며 오후 늦게 꿀 같은 잠 두어 시간 잤다.

첫째 딸이 바자회를 마치고 기분 좋게 귀가했다. 내겐 든든한 사랑의 힘이다. 내일 쯤 즐거운 만남, 맛난 점심하고 싶다. 큰집 S 만나고 싶은데 EH 언니 너무 멀리 살고 J 언니는 몸 사리고. 누구든 이해타산 엮일까, 씁쓸할 뿐이다.

여행도 차도 분양 아파트 재테크도 일단 접는다. 내 가족부터 챙기고 마음 통하는 진솔한 약속이나 만들어 인생 즐기자. 보라동성당 미사는 꾸준히 보러 다니기로 노력하며. ✝

5.12.

행복한 5월이다. 깨끗이 집 정돈 후 커피 마시며 홀로 누리는 이런 시간이 행복이다. ✝

5.13.

새로 나는 것도 사라져 가는 것도 마음 덤덤하다. 늘 떠날 것에 대비하며 현재의 나를 맘껏 향유하며 살자. 늘 너그러우면 된다. 늘 사랑하면 된다.

엄마 모시러 갔다가 우연히 강 여사님 만나 반색하며 인사 나눴다. 살도 빠지고 건강해 보여 참 감사했다. 엄마 모습도 깨끗하고 건강해 보여 감사한데 이웃들 이목에 경직되어 보여 다소 아쉽다. 딸 가족이 얼마나 엄마아빠를 사랑해 드리는데 부디 기운차게 밝고 행복하시길 빈다.

시원한 하이네켄 생맥주와 감자튀김 맛나게 드시고 신세계에서 대화 나누고 첫째 딸에게 빅맥 폭립에 주스 잘 먹인 뒤 엄마 모셔다드리고 귀가했다.

글꽃 동인들을 우리 집에 한번 초대하고 싶다. 살아가는 이야기들 나누며. ✝

5.16.
삶이란 끝없는 십자가의 길, 순례의 길이다.
첫째 딸의 미래의 길.
고생 없는 결혼과 가정의 길.
대만 대학원과 아르바이트 병행의 길.
가족과 함께하며 환우 돌보는 사회복지의 일을 갖는 길.
일반 사회로의 진출에 부딪혀 세련된 직장에서 적응하는 길.
성모님 임하소서, 아멘. ✝

5.17.
남편처럼 다소 냉정해지자. 내 형편 모르고 오지랖이 지나치지 않도록, 알맞게.

종일 살림이 쉴 새 없이 바쁘다. 두 딸 운전해 데려와 나란히 알탕과 소고기 구워 저녁 먹여 뿌듯하다. 요즘 종종 헬스하고 볕 쬐니 금세 몸이 나아지고 있다. 내일 시댁 큰집 S와 약속이 있다. 진솔한 마음 나눔을 기대한다. ✝

5.21.

남편은 큰딸에 대한 조바심을 조금 내려놓을 필요가 있어 보인다. 큰딸은 언뜻 다소 부족해 보여도 능력이 있어 얼마든지 밀어주면 분명 잘할 수 있다. 글도 잘 쓰고 잠재력이 있어 씩씩하게 응원해 주며 사회에 투입하면 되는데, 치료에 큰 차도를 보이지 않고 일자리를 준다는 확신도 없는 곳에서 자격증 때문에 아이를 들들 볶는다. 사회적으로 좋은 자리로 섭외 기회가 들어와도 흔들리다 포기해 버린다. 일단 시작하면 다 잘할 수 있는데, 딸이 애써 가진 용기를 포기하게 만들어선 안 된다.

이제 나도 나이 들어 나를 도와주는 남편이 몹시 필요하다. †

5.27.

엄마랑 이모를 픽업해 이마트 푸드코트에서 즐겁게 식사하며 시간을 보냈다. 두 분 행복 충만하게 해드려 기쁘다. 몇 가지 장을 보고 나왔다. 이마트 트레이더스는 상품이 참 맘에 든다.

우리 둘째 딸이 코엑스에서 아르바이트를 시작하며 새로운 체험의 문을 열었다.

첫째 딸에겐 늘 고맙다. 남자친구가 없어 외로워하지만 금세 극복하리라 본다. 나의 공주님. †

5.31.

내가 정한 암묵적 휴식일인 월요일에 쉬지 못했다. 딸들 운전해 주고 마트 세일 타임에 깻잎 한 박스 사와 늦저녁에 깻잎김치를 만들었다. 엄마가 고생 중에 사서 물려주신 강화도 땅이 효력이 있는지, 팔 수 있을 때가 되면 운이 닿을지. 하느님을 사랑하고 성모님을 사랑하고 내 남편과 딸들 - 가족을 사랑해야겠다. 오로지 감사할 뿐이다. †

6.3.

오늘 내 중대 업무를 보는 날이다. 20년 거래 은행을 가까운 곳으로 옮긴다. 내 엄마를 위해서이기도 하고 새로운 마음으로 정비하기 위함이기도 하다. 난 이제 이 이상 딸들 방 청소는 포기한다. 내 몸의 건강을 위해 우아함을 가꾸도록 노력해야겠다. 예쁜 엄마, 예쁜 아내가 되도록 아름다운 나 자신을 위해 용모와 내면을 깨끗이. †

6.6.

4박째 메리어트 호텔 15층에서 힐링 시간을 보냈고 오늘은 마지막 밤이다. 첫날 첫째 딸이 하룻밤 자고 가고 어제는 몸살 약 먹고 쭉 낮잠 자다가 저녁에 둘째 딸이 남자친구를 잠시 만나고 밝은 얼굴로 날 만나러 왔기에 호텔 레스토랑에서 주스랑 파스타 먹이고 일찍 재웠다. 오늘은 점심에 클럽샌밍쯔룸으로 시켜 카페오레랑 먹여 집에 보냈다. 룸 청소 해결하고 새하얀 이불 덮고 쉬며 오후 내내 힐링했다.

비 내리는 거리로 나가 잠시 아브뉴프랑도 다녀왔다. 오늘 저녁 마지막 밤은 정말 편안하고 좋아서 새하얀 침대에 누워 에어컨 켜두고 텔레비전 보며 맥주캔 하나 마셨다. 오롯이 혼자만의 시간을 보내니 시원하게 숨이 트인다. '코트야드 메리어트 서울 판교', 최고의 시간이었다. ✝

6.16.

남편이 직장 업무로 인한 과로가 한계에 달해 곧 퇴직하겠단다. 반가운 소식이다. 어서 속 넓게 갖고 편안히 가정에 안주하기를.

하느님께 감사드린다. 모든 재물을 전능하신 하느님께 맡기고 보호를 굳게 믿고 마음을 비우자. 아무 근심이 없으리라. ✝

6.17.

더위가 습격했던 하루. 여러 연예계 소식을 알게 되었다. 65세 모델 유혜영 부부의 파란만장한 두 번째 재결합. 데미 무어의 59세 인생에 찾아온 40대 셰프와의 새로운 사랑. 브루스 윌리스의 은퇴 이후 실어증. 외국인들의 인생 마인드는 대담하고 겁이 없다. 나도 그들처럼 용기를 낼 수 있을까. ✝

6.18.

온종일 집 청소와 주방 살림을 했다. 세탁 일 끝내고 몸을 씻었다.

밤에 걸레 청소를 했더니 배가 고파 사발면 먹고 이제 잠자리에 들었다. 내일은 비가 온다 하니 언제 시원스레 외출할 수 있으려나. 종일 쉴 새 없었다. 외숙모 생신과 지연이 개업, 몇몇은 아기 출산.

몸이 지쳐 세심하게 챙기기 어렵다. 오늘 겨우 사촌 KH랑 안부를 나눴을 뿐. 정말 다하기 어렵다. †

6.23.

첫째 딸이 얼굴빛이 탁해지고 자신감이 떨어진 모습이 딱해서 급히 달려가 데려왔다. 용모를 곱게 가꿔 때늦지 않게 동반자 만나길 성모님께 함께 기도했다.

머잖아 그이가 퇴직할 테고 9월엔 둘째 딸이 복학하며 독립할 것이다. 내가 살아온 경험의 자산은 삶 속에 쌓였고 내 가족들을 위한 기도의 자산이 있어 내 영혼은 목마르지도 허기지지도 않다.

죄 없는 미혼모나 센터의 환자들에게 적절한 후원금도 내고 싶은데 결단을 못 내리고 있다.

저녁에 큰딸이 먹던 주꾸미 밥 몇 술 떠먹었더니 속이 불타듯 매워 크게 아플 뻔한 위기감을 느꼈다. 우리 가족 모두 아프지 않은 게 행복 일 순위다. 욕심이 사라져 가는 건 나이가 들었다는 의미이다.

가족이 있어 지인들 연락을 미룬다. 교보 EJ 님, K 언니, M 언니, 큰집 S. 곧 출산할 케이티, 친구 O의 딸 HS. 부디 고통 없이 행복한 생명을 낳아 기쁨 얻기를. †

6.26.

남편이 퇴직을 앞두고 은근히 예민한 상태다. 불쾌지수 높은 우기에다가 자신의 엄마로부터 받기로 한 유산이 실망스러워 아내인 내 앞에서 초라해지고 사기가 꺾이는 거 같다. 자칫 다툼이 생길 수 있어 조심히 대해야겠다.

네 식구 부대끼려니 서로 간에 부딪히기 쉽고 가끔 서로 자리를 비워줘야 슬기로이 함께 지낼 수 있다. 곧 남편의 휴가인데 내가 나가서 남편이 편히 홀로 힐링할 거 같다. 어제 지난번 시골에서 가져온 20킬로 쌀을 친정에 드린 걸 남편이 섭섭해하는 눈치라 미안했다. 남편이 우리 네 식구 외에 본가나 처가와 엮이는 걸 피곤해해서 나 또한 지나친 효녀 노릇을 자제하기로 했다. 시댁, 친정, 각자 독립의 능력이 있어야 한다는 생각이 든다. 이제부터는 내 딸들 말고 다른 데서 식사비 내는 것을 딱 끊어야겠다. ✝

6.29.

CY 엄마와 저녁에 통화했다. 나와 통화할 때면 간간이 깨어진 가정이 아쉽고 한스러운지 흐느끼곤 한다. 다행히 든든히 자리한 동반이 있고 자식들이 엄마한테 잘한다고 한다.

가까이 살아도 노출하길 꺼리지만 깊은 인생 얘기 나누기에 얼굴 마주하지 않고 통화만 하는 벗이래도 소중하다.

CY 엄마는 딸의 아빠에게 미련을 버리고 친구처럼 편안해지길 기도하고 동반남과 다정히 잘 살길 바라며 부디 건강을 빈다.

장마철이라 매일 비가 내린다. 주변에 비 피해가 없으면 좋겠고 항암 치료 중인 서정희 님의 글귀를 빌려 "건강을 가지면 다 가진 것이다"라는 말을 떠올리며 삶에 감사하며 재물을 하늘에 쌓으며 살자. 남편이 퇴직할 날을 기다린다. ✝

7.2.

토요일인데 모처럼 볕이 났다. 둘째 딸은 데이트 나가고 그이도 모임이 있어 외출이다. 나는 종일 쉬지 않고 집 안 청소, 정돈, 빨래. 땀이 나서 찬물 받아 목욕을 세 번이나 했다. 첫째 딸은 말이 적으나 자기 표현을 성심껏 말해줘 마음으로 소통하고 사랑을 확인받는 엄마로서의 기쁨을 느꼈다. 엄마를 생각하면 힘이 생기고 엄마가 제일 좋다고. 나도 그렇다. 우리 둘째 딸은 참신한 군인 학생과 기다리던 만남을 종일같이 재미나게 보내고 늦게 귀가했다.

제 나이에 맞는 경험과 추억은 둘째가 속이 깊고 똑똑해 알아서 할 것이다. 밝아진 모습을 엄마로서 관망한다. 상처 줄 관계는 아닌 것으로 보인다. 집 청소 종일 해도 끝나지 않는다. 참으로 큰 집이다. 장마가 끝나면 메리어트에서 휴가 즐기고 늦가을 11월 첫째 딸 생일 무렵엔 저가 항공에 티켓 끊어 다낭으로 여행을 계획한다. 사랑하는 나의 가족, 행복해지자! ✝

7.3.

가족 모두 온종일 뻗어 있었다. 남편이 측은해지고 위로해 주고 싶어 저녁 차려 먹였다.

요즘 저축에 대한 의욕이 넘치는 상태. 내 딸들, 내 엄마 이외에는 돈을 가급적 안 쓰련다. 요즘은 외국 여행이 부담되고 싫고 언젠가 꼭 가고 싶을 때만 가려 한다. 사랑하는 딸들과 남편과 조용히 일요일을 보냈다. ✝

7.5.

어제 밥맛이 좋아 잔멸치 볶음에 밥 많이 먹고 오늘은 온종일 쉬다가 오후엔 연속으로 지인들과 통화했다. 어머님이 다소 섭섭함을 표출하셔서 하늘만큼 위로와 사랑을 표현해 드렸다.

플래너 EJ 님이 오늘 오기로 했다가 약속을 저울질하느라 피곤함만 쌓이고 아직도 심히 피곤하다. 오늘은 마음 맞는 EJ 님과 마주 앉아 마음 나누고 싶었고 K 언니도 많이 보고 싶고 눈물 나게 안타까운 M 언니는 아프지 않길 빌며 항상 노심초사다. 비 오는 장마철이라 친구들이 그립다. 친구 YS는 늘 무심해 미워 일부러 그리움 걷어낸다. 멀리 있는 탓인지 마음마저 멀어지는 거 같다.

장마 지나면 곧 무더위가 찾아온다. 슬슬 남편 퇴직 후 정붙여 함께 건강 관리하고 딸들, 부모 보살피며 살아가려 한다. ✝

7.8.

일어나자마자 집안일을 한다. 오늘은 모레 외가 가족 모임으로 큰딸을 데리고 오며 몇 가지 장을 보았다. 마침 오이 한 다발, 부추 한 단을 사게 되어 집으로 돌아와 억세게 밥집 장사하는 여자처럼 휘리릭 오이소박이 맛깔스럽게 담갔다.

어제 인터넷에 뜬 기사를 보고 감동을 하였다. 두산 박용성 회장의 아들 박용만 임원이 동대문구의 쪽방촌 어귀에 단독 주방을 만들어 직접 음식을 조리해 난민들에게 직접 음식을 나눈다는 소식에 그의 훈훈한 인간미와 내 능력의 아쉬움도 느꼈다. 부귀와 체면을 버리고 봉사와 사랑을 실천하는 솔직한 인생. 나도 가능하다면 죽을 때까지 나를 필요로 하는 이들에게 봉사하고 싶다.

저녁 늦게 쉬면서 텔레비전 보다가 갑자기 기분이 센티해져 감상적이 되었다. 가수 임수정, 최성수가 노래를 부르는데 그들의 가정사가 가슴 저렸다. 아이 셋 있는 남자를 사랑해 딸 하나를 낳고 고운 모습 간직하며 꾸준히 노래해 온 임수정. 6개월 만의 첫 이혼 후 두 아이를 키우는 사별녀와 재혼해 금쪽같은 아들을 낳아 키워온 최성수. 그들의 사연과 인생. 그들의 귓가 적시는 옛 가수들의 가요가 나는 좋다. 힘들지 않은 인생이 어디 쉬우랴. 더 젊어진 임수정을 보니 나도 아름다워지고 싶다. †

7.13.

첫째 딸의 재활센터 환우들을 보며 다양한 청년들의 인생을 보았다. 정신의 치유를 위한 센터. 미래에 딸과 얼마큼의 인연이 닿을까. 성모님의 뜻만큼. ✝

7.14.

남편과 근래에 딸들 문제로 자주 대립하면서 남편과 사이가 좋았던 때가 아주 오래전 같다.

부부로서 애정의 의무를 다하기 너무 힘들고 남은 인생이나마 홀가분히 자유로워지고 싶다.

남편은 새 인생에 대한 동경이 크고 나에 대한 애정은 식은 지 오래인 듯하다. 딸들은 다 컸는데 오히려 성장 후에 부부 사이를 무정하게 하는 거 같다. 남편과 진심도 서로 모른 채로 살아가야 하는지에 대한 회의가 크다. 내가 만약 이혼을 이야기한다면 그제야 남편은 나의 아픔을 이해해 줄까. ✝

7.15.

근래의 난 과로 후 낮잠이 쏟아지는 증상만 제외하면 건강이 좋아진 것 같다. 남편이 신경에 과민해져 쉽게 화를 내서 미래에 걱정된다. 스트레스를 분출할 데가 마땅히 없다 보니 아무 걱정할 문제가 아님에도 가족의 미래를 유별나게 신경 쓰면서 신경이 쇠약해지는 듯하다. 내가 예전에 퇴직하고 우울증이 왔는데 그때를 생각하면 남편의 정신 건강을 각별히 챙겨줘야겠다. ✝

7.16.

어제 선풍기 바람 때문에 급작스레 두통이 와서 타이레놀을 연신 먹었다. 오늘 점심에야 정신을 차리고 살림 정돈하고 저녁 반찬을 준비했다.

잠은 마루에서 자기로 했다. 남편이 안방에서 후련하게 숙면하길 바란다. 안타까운 마음이다.

내일은 시누이 생일 모임이라 컨디션을 조절해야 한다. †

7.22.

지난주 시누이 생일이라 가족 모두 기쁘게 축하해 주며 뿌듯했다. 다만 시어머님이 자꾸 마르시고 시누이는 몸고생까지 하니 안타까웠다.

플래너 EJ 님에게서 불현듯 연락이 와서 앨리웨이에서 함께 점심을 먹고 커피 타임을 가졌다. 어제는 산 신발 엄마께 가져다드리고 헤레나 님께 음식을 가져다드린 뒤 보정 카페 거리로 모시고 가서 한스 케이크 전문점에서 시간을 보내며 실컷 담소를 나누었다. 노년기의 부부 생활에 회의와 공감을 나누기도 했다.

오늘은 첫째 딸이 다니는 센터의 강사 초빙에 참석했다. 몇몇 안면 있는 사람들과 인사를 나누다 헤어지고 첫째 딸 데리고 돌아와 계속 바쁜 살림을 이어갔다. 토요일 초저녁 시간대에 미용실 예약을 해서 남편이 좋아하는 펌을 해서 우아한 머리를 해볼 심산이다. 망고 독일

브랜드 옷이 맘에 들어 몇 벌 주문해 나를 위한 행복도 충전하였다. ✝

7.27.

무더위에 종일 직접 욕실 세 군데를 비누 거품 청소했다. 온 집을 대청소하는 날이었다. 유리창, 거울, 창틀 청소, 다 끝냈다. 도우미 없이 직접 하는 게 훨씬 힘들어 곧 입원할 지경이다. 이렇게 무리하면 정말 급사할지도. 내 몸 내가 위해야 하는데 누가 알아주나.

동생 K에게 전화가 왔다. 새엄마와 관계를 극복하기 어렵다고 고래고래 하소연하며 투정을 부린다. 다 들어주며 이해하고 응석으로 받아들인다.
사랑하는 내 동생. ✝

7.28.

주방 음식 준비 완료.
저녁에 입원 중인 시어머니와 8월 7일에 약속하고 위로해 드렸다. 심각하지만 워낙 노령이라 받아들인다. 드디어 메리어트로 피서를 왔다. 내일 첫째 딸 데리고 오후에 출발한다. 오직 룸에서만 쉬고 싶다. 딸들과 함께 즐겁게. 내 부모님도 오셔서 점심 뷔페 하실 예정이다. 효도를 영원히 잘해야 할 텐데. 내 남편에게 고맙다. 강화도 땅이 호재가 라 언젠가 횡재하길 기대할 수밖에. ✝

7.30.

메리어트 호텔 판교점에 체크인해 들어갔다. 늘 환자들 사이에서 고생하는 첫째 딸에게 최고급 요리 사 먹이고 사이좋게 고급 객실에서 머무르며 호강시켜 준다. 오늘은 현대백화점에 가서 구경 다니고 스낵으로 점심을 해결하였다. 첫째 딸이 행복해해서 내 마음도 좋다. 가끔 성질부리며 시비 걸고 사차원 행동을 할 땐 내 살이 쪼그라들지만 큰딸이랑 둘이 있으니 참 좋다. 판교 삼평동의 모든 건물이 내다보이는 창밖 풍경. 봇들공원 다리와 개울, 파란 하늘에 흰 구름. 창가 풍경이 너무나 환상적이라 며칠 더 머무르고 싶다. 객실료가 비싸서 그럴 순 없지만. ✝

7.31.

첫째 딸이 센터에서 기껏 내년까지 냅킨 접고 화장실 청소하고 심부름이나 해야 하는 게 과연 최상인지. 그곳을 고집하는 또 다른 이유가 있는 건지. 첫째 딸을 너무 과소평가하는 거 같다. 좋은 환경에서 잠깐씩 일하고 좋은 남성 만나 결혼해서 아이 없이 인생 즐기며 행복하게 살면 좋겠다.

내게 아낌없이 모든 재물 다 주고 파출부처럼 살게 하지 않고 진정 자상히 아껴주고 사랑의 표현을 말과 스킨십으로 해주고 공주 대접 좀 받고 살고 싶다. 남편만 왕처럼 대접하고 살던 식순이 때깔을 벗고 싶다.

첫째 딸이 2박 3일 동안 호캉스 누리고 집으로 갔다. 나도 이제 잠깐 머리 감고 쉬는 중. †

8.1.

오전 일찍 일어나 둘째가 깨지 않게 조용히 나와 아브뉴프랑에서 산책을 즐겼다. 호텔 앞 카페 그랑주에서 팥우유 빙수 시원히 먹고 뜨거운 커피도 홀짝였다. 어머니가 무사히 퇴원하시기를 빈다. †

8.2.

둘째 딸과 함께 지내보니 내게 어쩜 이리도 예쁜 딸이 있을까 황송하고 또 황송할 뿐이다. 원래도 예뻤지만 흰 피부와 검은 머릿결, 가느다란 몸매에 현재도 미래에도 정말 예쁠 내 둘째 딸. 너무 예뻐 바라보기도 아까운 용모는 청아, 청초하고 피부는 어떤 말로도 표현할 수 없는 새하얗게 빛난다.

친정 부모님께 점심 대접하고 피서 시켜드리고 두 분 기분 나시게 아빠 앞으로 용돈도 송금해 드렸다. 이제 둘째 딸은 집으로 보내 놓고 완전한 나 혼자만의 시간을 보낸다. 커튼 닫고 불 끄고 몸살 약 먹고 긴 수면을 취한다.

삼재에는 부부간 불화를 조심해야 한다. 서로 부딪히지 않게 더러는 떨어져 지내는 것도 현명하다. †

8.3.

오늘은 좀 쉴까 했으나 그이가 둘째 딸을 근처 한의원에 데리고 온 김에 내 객실에 잠시 심부름 도와주고 비싼 수제 버거 먹이고 보냈다. 이래저래 충분치는 않지만 오늘 이 시간부터 내일 오전까지 푹 휴식한 뒤 집으로 돌아가야겠다. 주말에 시댁 갈 준비도 해야 하고. †

8.4.

메리어트 호텔에서 보낸 나를 위한 휴식 시간. 몸살이 나서 2박 연장하였다. 봇들공원 다리 건너 햇볕 가득 쬐며 산책하고 오늘 하루 겨우 종일 힐링했다. 내일 하루 휴식 만끽하고 모레 집에 가면 할 일이 잔뜩 쌓여있다. 객실의 창가 풍경은 기분을 좋게 해준다. 혼자만의 공간, 최고다. 1721호, 여길 자주 오려면 어떻게 저축을 더 많이 해야 할까! 땅이 좋은 가격에 팔릴 날을 기다리며. †

8.5.

오늘 메리어트 호텔에서 보내는 휴가 마지막 날이다. 참 평안하다. 사랑하고 안타까운 첫째 딸, 어여쁘고 기특한 둘째 딸, 고생하는 내 남편. 어서 보고 싶다.

8일이 어찌 지났는지 순식간에 지나갔다. 내일은 체크아웃하고 예약 케이크 찾아서 첫째 딸 데리고 귀가할 예정이다. 정신없는 부엌살림이 기다리고 있고 모레는 어머니 생신이라 총출동이다. 약해지는 노인들을 보면 세상사 참 슬퍼진다. 우리 딸들이 건강하고 밝고 씩씩하게, 행복을 위해 노력하며 잘살길 기원할 뿐. 젊음이 재산이다. †

8.10.

동네 내과에서 지어온 약이 쾌유가 빨랐고 오전에 오래 푹 자서 기분도 좋았다. 그이도 코로나에 전염된 덕분에 일주간 쉬게 되어 다행이다. 메리어트 호텔에서 걸린 전염병이라 어찌할지 유감이고, 난 입원하지 않고 고비 넘겨 다행이다.

내 남편 맥없다 해서 입원할까 조마조마하고 가엾다. 시어머님이 올여름 엄청 액땜하느라 남편을 위해 휴가 때 자리까지 비웠건만 어머니 몇 번씩 입퇴원 반복하시고 노환이 깊어져 너무너무 불안하다. 오늘 남편이 갑자기 산소에 방문해 납골당 알아보고 준비하는 모습에 실감 못하고 걱정뿐이다. 시어머님의 급격한 병환에 마음 심란하고 몸도 아파 목소리가 쉬었다. C 님이 안부를 보내와서 정말 고맙지만 내가 C 님 문자에 재미나게 답변할 처지가 못 될 정도로 여러 가지 불안한 시점이다. †

8.17.

칩거한 지 거의 열흘 만에 기동성 부족해 가까스로 오후 1시가 넘어서야 외출하였다. 은행 일과 내과 진료, 엄마 뵙기, 놀아 주길 바라는 첫째 딸을 그동안 못 챙겨 맛난 음식 사 먹이고 기분 좀 맞춰주고 집에 돌아와 공들여 남편의 저녁밥을 차려주었다. 남편의 증상은 나의 목감기, 코감기 증상과 다르고 유독 맥을 못 추고 있어 온몸 탈진으로 입원하지 않도록 각별히 기도한다. 제발 몸 건강하기를. 난 애써 나갔다 오니 한결 기운이 차려졌다. †

8.20.

남편과 아침 일찍 안성 천주교 묘지에 갔다. 시미리를 지나갔고 우리 시부모님 유골함 자리를 정하느라 쏘이는 햇살에 땀 흘리며 골라보다가 좋은 자리 결정하고 계약했다. 시외할머니, 시외할아버지, 납골당에서 우리 시어머니의 건강 요청 기도 올리고 성묘 기도 올리고. 참 좋은 자연경관 보며 힐링하고 남편과도 천주교 성령의 향취 가득 마시고 귀가한 하루다. ✝

8.23.

코로나가 약한 감기로 여기기엔 온 집안 전쟁 치르듯이 부부가 함께 병치레하느라 쉬지 않고 밥반찬에 음식 차리고 몸 관리하느라 애먹었다. 어제 겨우 대충 청소 후 환기하고 안방 침대에 누워 잠들었다. 다행히 남편이 원기 유지해서 위기를 넘기고 통화 나누었던 시어머니께서도 목소리가 좋아져 한시름 놓는다.

남편의 직장 수명이 다소 연장됐는데 이제 최대한의 검소함과 저축만이 살길이다. 가끔의 휴양은 필요하지만 혼자 남은 인생 살기엔 엄마로서의 자리, 함께 살아온 남편을 위한 보호의 역할이 주어져 있기에 그래서 때로 참고 살아야 한다. ✝

8.29.

월요일 11시 반까지 늦잠을 자다가 4시간 동안 요리, 청소, 목욕을 마치고 큰딸 픽업해 신세계에서 쇼핑한 뒤 저녁은 아웃백에서 해결했다. 첫째 딸이 답답한 현실 속 심경을 거듭 호소해 가여운 마음이 들어 기흥성당에 들러 기도하고 왔다.

마침 둘째 딸이 없어서 둘째 딸 방에서 취침하기로 했다. 남편과 종종 떨어져 지내면서 예민한 우리 나이를 조금 더 유연하게 만들어야 한다. 가정생활의 연장이라 여긴다.

초가을 바람 솔솔 불어 서늘해 외출하니 홀가분하게 기분 전환된다. 자꾸 외출해야 젊어짐을 깨닫는다. 자꾸 나가야 한다. 살림에 찌든 내음 던지고 향기로운 여성으로 인생을 향유해야 한다. 예쁜 와인 색깔 새 자동차도 타고 싶고 남편과 우아하게 드라이브도 가고 싶고…. 가을엔 어딘가로 여행도 가고 싶은데. †

9.4.

남편의 지인네 딸 결혼식에 동행했다. 서초동 보넬리가든 야외 웨딩이었는데 초록 가득한 숲속에 하얀 꽃으로만 단출히 장식하고 하객만 300석 정도 됐다. 뉴욕에서 함께 패션 공부하다 현재 같은 회사 같은 팀인 사내커플이라 한다. 고급스러운 20대 동갑 커플의 9년 연애가 드디어 결실을 맺었다. 9월 초 저녁 시간, 내추럴 하면서 자신만의 취향을 반영한 멋진 결혼식이었다.

오늘 컨디션이 안 좋았지만 남편과 단둘이 데이트 삼아 함께 정서적 공유하는 시간을 가질 수 있었다. 집과 살림에서 벗어나 고급 인력 젊은이 둘을 보니 삶의 의욕이 샘솟고 상쾌하였다.

꿈 많고 능력 있는 20대 중반 남녀를 보니 삶의 희망과 동시에 미래에 우리 딸 결혼시키려면 건강 챙겨 빠릿빠릿해져야겠다는 긴장감 불끈 생겼다. 남편이 나를 좋아해주는 요즘 간만에 독일 출장의 희소식이 들려왔다. 가을엔 건강하고 예쁘고 멋있어져서 내 남편과도 행복해지고 싶다. †

9.5.

시댁에 악재가 끊이지 않는다. 90 넘은 시부모님의 건강이 연신 위태위태한 시간을 보내고 계신다. 나로서는 그 모든 가을 스케줄과 명절 행사를 생략하고 조용히 기도하며 생활한다. 내 가족 돌봄밖엔 도리가 없다. 부디 몸 건강들 하고 사고 없기를. 전능하신 하느님께 순종할 뿐이다. 남편이 마음을 편안히 내려놓길 바란다. †

9.7.

9월. 그리고 7일이 지났다. †

9.11.

며칠 전 창시 4인 모임이 있었다. C 님이 운전하고 함께 점심을 먹으며 얼굴들 함께하였다. P 님의 개종과 책 출간이라는 유복한 소식을 듣게 되었고 내가 좋아하는 R 언니의 늘 밝고 바쁜 모습에 흐뭇해졌다. 감수성 예민한 C 님은 아들 미래 준비에 앞선 걱정을 털어놓으셔서 함께 들어주었다. 50-60-70대의 공감과 공유의 시간.

몸컨디션 조절하며 어제 시댁에 정말 힘들게 네 식구 함께 다녀왔다. 코로나 후유증이 아직도 남아서 움직이면 몸에 열감이 느껴진다. 괴로움 참고 시댁 식구, 새 간병인 만난 뒤 점심 간단히 먹고 화기애애하게 함께하다 왔다. 어머님이 표정은 밝으셔도 삐쩍 마르시고 걷지 못하시는 게 신체적 무력감으로 고민이신 듯했다. 잠 시차가 바뀌시고 아버님마저 두통으로 뇌 검사를 예약하셨다고 한다.

남편은 외국 출장 준비로 바짝 예민해져 있고 난 나대로 몸이 시원찮다. 그래도 어여쁜 두 딸이 곁에 있어 힘을 낸다. ✝

9.12.

연휴 끝날. 둘째 딸 점심 먹인 뒤 보내놓고 집안일 마무리 후 작은딸 방 침대에서 누워 홀가분히 이제야 휴식한다.

우연히 신시의 OJ 언니랑 10년 만에 통화로 인연 닿아 변함없이 기쁜 근황 듣고 좀 전에 헤레나 님의 싱가포르의 옛 사제분인 김광근 도미니크 60세의 심장 마비로 인한 별세 소식 전해 들었다.

내 나이도 이제 55세인데 등허리 근육이 부자연스럽게 삐걱거릴 때가 있어 가사일 무리하지 말고 방광염도 조심해야겠다. 주변의 아픈 사람들 소식 쉴 새 없고 J 선생님도 부디 빨리 쾌유하시기를. ✝

9.17.

오후 늦게 비 오기 전부터 헬스를 했는데도 몸이 찌뿌둥하다. 요즘 비는 오락가락 들쑥날쑥해서 꾸준히 오지 않는다. 가을인데 하늘 한 조각, 바람 한 조각, 흔들 나무 한 조각 맘껏 향유하지 못한 채 넓은 집 안만 서성이고 멋진 음악 한 곡 감상할 기분도 갖지 못한 채 지낸다.

아는 만큼 보이고 보는 만큼 배우고 글은 쓰는 만큼 마음 비워지고 기도는 하는 만큼 믿음 생기고 사랑하는 만큼 아프고 다니는 만큼 성숙해지는 거 같다.

가을인데 난 누구랑 함께 이 가을을 느껴야 할까. 어딘가 가야만 할 거 같은데 떠나지 못하고 머물러 있는 중이다. 가을이 강물처럼 흘러가고 있다. 더 아프지 않음에 감사하고 우리 가족 지금만큼만 잘 사는 것도 충분히 감사, 또 감사하자. ✝

9.21.

하나뿐인 하느님을 섬기라. 나는 질투하는 신이다. 나 이외에는 다른 신을 섬기지 말라.

— 십계명 중에서 ✝

9.22.

새벽까지 부엌에서 일하다 끼니 때우고 늦잠을 잤다. 부모님들 때문에 스트레스로 두통이 심하다. 어제는 첫째 딸이 군만두 튀겨와 한 접시 함께 먹고 곁에 있어 주며 힘이 되어 줘서 참 고마웠다. 내일부터 또 가족 돌봄이 시작된다. ✝

9.23.

스마트낮병원 가족 모임에 참석하였다. 서로 얼굴 익히면서 각자 병치레하는 환자의 가족 관계들, 보호자 경험 사례들을 허심탄회하게 공유하며 이야기를 나누었다. HJ 씨 엄마랑 사이좋게 마음 열고 별다른 거리감 없이 소통하다가 첫째 딸을 데리고 왔다.
어쩌면 인간적인, 너무나 인간적인 환우들과 부모들 모습들이 병원 중앙 연못에 비치는 가을하늘에 물그림자로 반짝이고 있었다. ✝

9.25.

금요일부터 3일 내내 일했다. 남편 귀국에 둘째 딸이 집에서 지내느라 꼬박 살림에 올인해서 일요일 밤이 되어서야 머리 감고 휴식에 들어갔다. 둘째 딸이 마시멜로처럼 보송한 새 이불 덮고 너무나도 행복하게 보내다 갔다. 딸을 행복하게 해줄 수 있어 기쁘다. 내일 늦잠 자고 일어나면 한 주 동안 멋진 가을 스케줄을 잡아야겠다. ✝

9.26.

페이스북에서 A 언니의 일기를 종종 읽는다. 온몸의 통증으로 광주의 요양 병원에 입원해 입술 빼고 전신에 침을 맞은 채 4일을 한 번도 깨지 않은 채 숙면했다고 한다. 평소 늘 열심히 일하느라 무리한 탓에 뇌 수술을 해야 했던 A 언니.

나도 체중이 2킬로 늘었더니 그제 어제 온몸이 아파 지압 마사지라도 다녀볼까 생각했을 정도였다. 다행히 조절해 오늘은 컨디션이 많이 회복되었다. 절대로 무리는 금물이다. 내 몸 건강 챙기는 걸 소홀히 하지 말자. 주중 5일은 살림을 거의 쉰다. ✝

9.27.

엄마네 아파트에서 가을 햇볕 만끽하며 몸속에 양분 흡수하고 벤치에서 엄마와 얘기를 나누었다. 좋은 날씨의 가을날이었다.

둘째 딸과 페이스 톡으로 영상통화를 했다. 너무 예쁜 내 딸. 이 가을에 울적하지 않아 좋았는데 오랫동안 무심했던 둘째 딸이 가슴 아리게 마음에 걸린다. 늘 딸의 사랑을 기다리는 나의 엄마 역시 이러한 마음일 테지. 우리 딸이 혼자 지내고 있는 방의 모습 둘러본다. 그립고 사랑한다. ✝

9.28.

이 세상에 환자를 돌보는 직업은 최상이라 여긴다. 그러나 첫째 딸이 젊은 나이에 국한된 시야로 환자들에게만 갇혀 지내는 상황은 엄마로서 아쉽고 또 아쉽다. 빨리 치유해 넓은 세계로 진출해야 한다.

인스타그램에서 보니 주변 아기들 백일 맞이들 한다. J 언니 친손녀 말도 못 하도록 예쁘다. 어쩌면 그리도 예쁜지! 친구 O의 딸 HS이 아들 이준이 참 하얗게 곱고 예쁘던데 선물하나 준비 못했다. HS가 사업과 육아로 갈등 없기를 바랄 뿐이다. 친구 O의 기일도 다가오고 안양 영각당도 시미리의 아버지 산소도 들르고 인천 송도에 사는 HS도 만나고 강화도에 땅 시세도 알아볼 겸. 여기저기 나 혼자 갈 수 있는 곳이 별로 없다. 내일은 누구를 좀 만나야 할 텐데. †

10.5.

어제 작은딸과 하얏트 호텔에서 만나기로 약속해 조용히 첫째 딸을 동행해 갔다. 카우리에서 비싼 런치 세트 먹였다. 호화 점심이 아닌 단출한 점심이라 너무 실망했지만 대신 하얏트 수영장 뷰가 멋졌고 서비스와 매너도 마음에 들었다.

거의 일 년 만에 서울행 운전 덕에 활기가 붙어 오늘도 차 몰고 나가 고투몰에 갔다. 이것저것 찜해둔 것들 꼭 사고싶었던 게 없고 과소비가 싫어 소소한 것만 산 뒤에 눈요기 하고 돌아왔다. †

10.6.

바자회 용품 전달할 겸 병원에 첫째 딸을 데리러 갔다가 짬이 나서

CY 엄마랑 통화했다. 지난 몇 달 사이에 큰일이 지나갔는지 8월 초에 대장암 초기 진단을 받아 수술을 진행했고 남편이 혼신을 다해 돌봐 주었다고 한다. 여기에 감동한 CY 엄마가 혼인신고를 하고 열심히 치료에 전념하며 노력한다는 근황을 이야기해 주었다. 암이 17~20퍼센트 정도면 건강 관리하며 회복되리라 본다. 58세. 암이 안 걸릴 수 없었다. 너무 많이 속을 썩고 상처받고 살았다. 쾌유를 빈다. †

10.7.

친정 부모님이 다녀가셨다. 엄마는 기분 좋게 뿌듯해하시고 아빠는 조카 S의 연애 상황을 얘기하시며 속상해하셨다. 아빠가 속 썩이며 안타까워하는 모습 보니 덩달아 심란하기 이를 데 없다.

오전에 미소 아주머니 오셔서 일하셨는데 아주머니의 생활상이 특별한 낙이 없는 듯이 느껴져 66세 좋은 나이인데 안타까웠다.

코로나 후유증이 아직도 남아있다. 귓속, 머릿속, 겨드랑이 등 열이 식지 않는다. 살림하면 열이 난다. †

10.9.

비 내리는 아침 밀려오는 졸음 쫓아내고 식구들과 시댁 시부모님 찾아뵈어 즐거운 시간 보냈다. 시누이 ES의 걱정스러운 소식을 듣게 되었고 결혼관에 대한 새로운 깨달음도 얻었다. 요즘은 갔다 오는 세

상이다. 하지만 나는 평생 네 식구 우리 집에서 영원할 각오다. 딸들은 성년이고 자신의 권리가 있다. †

10.11.

이모 컨디션 맞춰 엄마랑 엘러펀트에서 점심을 먹고 몇몇 볼일을 보고 왔다. 종일 졸음이 떠나지 않고 눈이 매워 괴롭다. 가래 기침까지 나오는 건 외출 중 대중 속에 숨어있는 코로나 세균 때문인 거 같다. 머릿속까지 따갑다. 지치고 짜증 나 푹 자야겠다. 누구랑도 만날 경황이 생기지 않는다. 내일은 종일 쉬어야겠다. †

10.13.

오늘은 벼르던 은행 볼일을 보러 나갔다. 통장 종류를 줄여서 딸들 통장으로 저축해 주었다. 기억력이 안 좋아져 나중에 통장 관리를 못하게 될 수도 있다고 염려해서다.

이래저래 언남동과 보라동을 휘저으며 다녔고 첫째 딸과 여권 갱신 신청도 완료했다.

이모랑 통화 중에 이모가 이모부랑 다니는 병원 볼일에 너무 지쳐 보이셨고 이모부는 여전히 가끔 통증이 있는 거 같아 빠른 완치를 빌 뿐이다.

어제 작은오빠는 좋은 새 취직자리 얻은 것에 감사함보다 못내 아쉬움이 큰 거 같아 내심 안타까웠다.

탤런트 선우은숙이 연하남과 돌연 재혼한다는 발표에 깜짝 놀랐다. 만남 열흘 만에 결정하고 석 달 만에 혼인신고를 했다고 한다. 평생 동거해도 혼인신고를 하지 않는 사람들도 있다고 하는데, 법적 관계가 그리 중요한 것인가. 미음과 마음이 하나인 게 더 중요하다고 생각한다. 관계에 애정이 없다면 소용이 없다. 첫째 딸이 늘 친구처럼 지내줘 행복하다. ✝

10.14.

신경 쓰지 말고 스트레스받지 말자. 명치 통증을 요즘 몇 번 겪었다. 노화가 문제인 듯하다. 골다공증 영양제와 멀티비타민. 야식과 과식을 지양해야 한다. 소화 기능이 노화되어 간다. 코로나 늦은 후유증. 처음 겪어본 몸 기능의 변화. 담석증, 협심증, 심근경색. 단순 역류성 식도염. 조심히 관찰해 보기로 한다. ✝

10.17.

천국 같은 월요일이다. 모든 병의 근원은 스트레스와 긴장 때문이며 휴식은 절대적 치유의 방법이다. 체중 유지하고 야식은 금지한다. 마음이 행복하면 병도 낫는다. ✝

10.21.

어제는 창시 4총사 모임이 있었다. 한결같이 천사표 남편들을 둔 복 많은 네 여인들. P 회장님은 책 출간 준비 중이시고 R 언니는 농사

일 마치고 여유를 즐기고 있다. C 님은 차분히 예쁜 모습이다. 창시 문학회 레트로 분위기. 난 살찌고 컨디션이 통 좋지 않지만 그래도 활짝 얼굴 피며 함께 한다. 그녀들이 어찌 아는지 내 생일을 챙겨주었다. 헤어진 후 광교 갤러리아 백화점을 돌아다녔다.

오늘은 내 생일. 딸들과 어제 갔던 행궁 정찬에서 맛난 음식을 먹었다. 참 맛깔스러운 한식 요리였다. 갤러리아에서 그동안 외롭게 지낸 우리 둘째 딸이 어여쁜 옷을 선물해 주었다. 시험 기간인데도 엄마 생일이라고 보고파서 달려왔다고. 참 고마웠다. 내 두 딸. †

10.27.

어제 S를 만나 허심탄회하게 좋은 시간 갖고 서로 살뜰히 챙겨주고 돌아왔다. 선물 포장이 예술이라 감격했다. S는 재능의 일인자다. 더 많이 챙겨주지 못해서 참 아쉬웠다.

오늘은 늦잠 자고 살림 정돈한 뒤 엄마 생신 선물을 준비했다. 내일은 위장 장애로 병원에 들른다. 그리고 낮에는 병원 모임에 방문. 체중을 2킬로만 빼야 건강이 유지되기에 야식 습관 중단하려 계속 노력하기. 딸들의 미래 출가 계획은 일단 보류하기로 한다.

썬오렌지빛 코나 차로 바꾸면 내 용모나 건강도 보다 젊고 건강해질 수 있을까. 그간 나를 거쳐 간 5대의 차도 모두 중고차였는데 끝으로 코나와 새 차로서 운이 닿을까. 집착이나 기대는 없지만 맘에 드는 예쁜 차다. 지금부터 구상해 봐야겠다. ✝

10.29.

오늘 엄마 생신 기념 가족 모임 날이다. 조카 S가 확 예뻐져서 나타났다. 얼마나 예쁘던지, 젊음이 충만히 넘쳐 보였다. 외가 친척 모두 흡족해하셨고 엄마가 너무나 행복해하셨다.

한 분 한 분 너무나 소중하다. S는 고모인 내 집에서도 첫째 딸과 사이좋게 시간 보내고 내 남편은 조용히 식사 대접 다 하고 내게도 선심써 주고 다들 참 고마웠다. 처가 친척 모두에게 사랑받는 내 남편. ✝

11.1.

어제저녁 커튼 빨래 서너 번 돌리고 오늘 12시까지 잠이 쏟아졌다. 젊은이들 떼죽음 사고 뉴스 보니 생명의 덧없음과 액운에 대한 무력감을 느끼며 애도했다. 나도 55세에 아쉽잖게 호사하고 살아 인생에 미련이 없다. 요즘 위장이 안 좋은 거 같아 내일은 병원에 들르려 한다. 아프지만 않으면 좋겠다. ✝

11.9.

자정을 넘긴 시각에 첫째 딸 생일맞이를 딸의 방 욕실 하수구 청소로 시작하다니! 어지럽다. 더러운 거 만지는 내 손이 가엾고 배가 아프려 한다. 핸드크림을 발랐다.

얼마 전 조카 S가 한 달 여행을 마치고 떠났다. 스물셋 나이에 깊이 사랑하는 연인과 여행을 만끽하는 것에 유감없이 응원하지만 부모로서 아쉬워하고 친할아버지로서 염려하는 입장 또한 이해한다.

주말엔 우리 둘째 딸이 집에서 쉬어 갔다. 속 깊고 바르고 똑똑한 작은딸, 늘 엄마의 사랑을 기다린다.

병원에서 일하는 첫째 딸을 생각하면 안타깝다. 오늘은 저녁 장을 갤러리아에서 보고 갑자기 배달 봉사를 세 집 코스로 돌고 왔다. 얼마 전 아버지 기일 날에 꿈을 꿨는데 흰 수표 현금 높이 쌓인 것을 내게 주시는 거였다. 1억은 되어 보였는데 꿈속의 난 무덤덤해했다. 참 특이한 꿈이었다. 늘 평정된 삶과 가족의 건강함에 감사할 뿐이다. ✝

11.11.
코로나 백신 부작용으로 죽게 된 사례를 듣다가 나도 8월 초에 목감기로 코로나가 걸려 꽤 오래 후유증 겪었다. 3개월 반이 지나고 싸늘한 겨울바람 차츰 시작되는 지금 온몸의 열 기운이 이제야 다 식었다. 식도염약 먹고 명치 쓰림 증상도 나아간다. 남편이 다소 불안한 표정이다. 원하는 시점까지 즐겁게 즐겁게 일하기를 빈다. ✝

11.15.
이사 온 지 26개월 만에 옆집 아주머니와 인사를 나누었다. 두 딸과 사는데 각각 30살, 32살이라 한다. 작은딸은 독립했고 큰딸은 공부하고 있다고. 직업은 정치 연설가라고 한다. 성원 4총사 딸 엄마들 모임은 이렇다.

   704호, 우리 집.
   703호, 두 딸 엄마 : 옆집.
   701호, 외동딸 엄마: 앞집.
   1102호, 딸 둘 엄마: 남편 사업 돕는 주부.

커피 타임 되면 연락한다고. †

11.22.

요즘 왜 이리 바빴는지. 김장 나르느라 시댁, 친정 찾아뵙고 둘째 딸이 집에 다녀갔더니 어제는 맥을 못 추었다. 끝없이 주변에 인사 치를 일들이 계속 생긴다. 문병, 장례, 혼사.

남편도 늙고 변화되는 모습에 한편 연민이 들어 너그럽게 받아들이고 나 역시 하루건너 하루씩 늙어감에 이젠 딸들도 다 성장했으니 당장의 죽음도 두렵지 않다. 예전과 달라진 나 자신. 내 안엔 불안도 공포도 없다. 그냥 마음이 편안할 뿐이다. 그저 이만큼만도 감사할 뿐. †

11.26.
어제 가까운 한의원 찾아 약침 치료를 받았다.

밤늦게 J와 영상 통화했는데 올케언니 안부에 눈물부터 지었다. 조카에게 친정이 가까우면 좋을 텐데 아쉬워 가슴 아프고 올케언니 건강이 무척 우려된다.

오늘은 남편과 강화도 드라이브 다녀오는 데 종일 걸리고 남편도 장거리 운전 이제 쉽지 않다. 내 땅 산의 위치 한 번 더 확인하고 개발을 앞둔 평야 임야가 결코 미래에 법이 바뀌고 신도시로 바뀔 때가 시간문제인 거 같다.

종교의 의미라는 건 연약한 인간의 부르짖음과 의탁이다. 선행과 양심. 베풂과 사랑. 윤리와 개인적 겸허. 이런 생활이 더 중요하다. 다만 점은 안 봐야 하고 보더라도 좋은 말만 믿고 꿈도 좋은 꿈만 기억하면 된다.

11.30.
이모의 칠순 기념 가족 모임을 메리어트 판교 호텔에서 치렀다. 이모부가 건강해지셨고 2년 또 직장을 연장한다는 희소식도 듣게 되었다. 모두 대단히 맛나게 드셨고 이모는 내가 드린 양모 코트를 기쁘게 받으셔서 행복했다. 참 즐거운 모임이었다.

난 J 선생님 뵈려다가 엇갈려서 만날 수 없었다. 그간 몹시 아프셨고 이젠 지팡이 짚고 다니신다니 마음이 아파 다음 주에 C 님과 같이 가기로 약속하였다. 늙고 아픈 노인 분들을 보면 너무나 가슴 아프다. ✝

12.6.

어제 엄마랑 신세계에서 좋은 음식 사 드리고 레몬민트 코트 꼭 맘에 들어 구입했다. 엄마가 외손녀 둘째 딸을 그리워하며 가슴 절여 하셨다. 기분 좋은 하루를 마무리하고 나는 둘째 딸을 기다린다. ✝

12.7.

오늘 문우 C 님과 좋은 시간 보냈다. J 선생님 모시고 점심을 먹었는데 고생 겪으신 후라 걱정했건만 다행히도 거의 회복 상태여서 참 감사했다. 언니, 형부 되는 분들도 다 유방암 재발에 반신마비, 파킨슨, 대장암…. 온통 모든 병을 겪고 있어 선생님께서 혼자 식사를 사 잡수신다니 참 맘이 아팠다. 회원들 함께 인사하고 일찍 귀가하였다. 노인 분들의 삶 너무나 가엾고 안쓰럽다. ✝

12.9.

스트레스로 눈이 맵다. 엄마의 대인관계 때문에 화가 난다. S 아주머니에 대한 피해의식 때문에 늘 돈 많은 골프 친구 아주머니들과 어울리는 엄마가 너무 짜증 난다. 한 달 생활비에 알맞게 생활하려면 골프 좀 줄여야 한다. 배불리 먹여드리고 돌아보면 또 배고파 있고 배불리 채워드리면 또 배고파 있고. 이제 남녀동등 경제력과 가사 분담 시

대라 여간해서는 출산도 재혼도 안 하는 시대가 되는 거 같다. 난 또 무엇으로 자산을 비축해야 하는가. †

12.13.

멀티 비타민 젤리나 버블티 알맹이가 녹지 않아 가슴 언저리에서 이물감이 느껴질 정도로 소화 기능도 감퇴하는 것 같다. 어깨 통증에 분통 터져 작은오빠에게 전화 걸어 분풀이를 해 버렸다. 친구 O의 딸 HS와 카톡으로 안부 나눴는데 아기 양육으로 고단하지 않기를 바랄 뿐이다. †

12.16.

점심까지 눈발 날리는데 잠 기운과 편두통으로 약속을 연기하려 했다가 형님네 딸 기분 좋게 해주고 싶어 기운 내서 눈발 길 달려 약속 장소로 향했다. 서가앤쿡에서 조카 심경 들어주고 맛난 음식 화려하게 대접해 함께 즐기고 힘들게 챙겨간 여러 선물을 안겨 주고 다독여 주었다.

카톡 사진첩 열어 몇 사람 들춰보니 아기들 정신없이 호화롭게 키우는 모습들에 아찔하다. 돌아보면 두 딸 키우기 얼마나 끝없는 희생이었는가. S만 살림하느라 여윈 몸으로 가족들에게 희생하는 게 안타깝다. 같은 주부로서의 공감하였다.

조카의 부인 카톡을 보니 아기 데리고 호화 여행, 호화 호텔 쉬지 않고 누리는 모습이 대견하고 나도 덩달아 여행 가고 싶어졌다. 오늘 나갔다 오니 아픈 게 싹 없어졌다. 날마다 행복하고 싶다. 이만큼 보기 드문 넓은 집에서 우리 가족이 사는 복도 감사하게 여기려 한다. ✝

12.18.

토요일, 일요일 동안 남편 뒷바라지. 오늘도 10시간 쉬지 않고 집안일. 졸음이 온다. 며칠 지나 새해 되면 남편이 60세가 된다. ✝

12.21.

남편이 운전을 도와줘서 먼 길 작은고모 장례식에 갔다. 친정아버지가 돌아가신 지 8년이라 노령의 고모님의 부고가 생각보다 크게 슬프지는 않았다. 2년 반의 연명을 기나긴 코로나로 컴컴한 병실에서 홀로 의식 없이 견디셨는데 그러한 고생 끝에 오늘 호흡기 떼고 돌아가셨다.

작은오빠 부부랑 함께 자리하다 왔는데 작은오빠와 올케언니는 많이 지친 듯 아파 보이고 조카며느리는 친정 부모랑 수혁이랑 지내는 모습이 참 귀여웠다. 생명의 실체가 사라짐은 다 하늘의 뜻이라 돌아올 수 없는 하늘 길로 떠남이다. ✝

12.25.

어제 성탄 이브는 아파 몸져눕고 25일 오늘은 그립던 우리 둘째 딸

집에 오는 날이라 기뻐서 살림 준비에 매진했다. 수지 롯데몰에서 실컷 걷고 셋이 영화 〈아바타〉 보는 동안 난 맘껏 걸으며 쇼핑했다. 내 옷, 딸들 옷 세일가에 얻을 수 있었다.

단 하나 남은 외식 체인 후라이데이 레스토랑에서 맛난 요리 먹고 다들 집에 와선 저녁 식사 차리고 밤늦게까지 설거지와 몇 가지 주중 요리 준비하느라 몸 혹사해 늦은 시간이 되어서야 겨우 씻고 잠자리에 들었다. 상쾌하다.

우리 둘째 딸과 함께 지낼 수 있어 기쁘다. 또 기쁘다. †

12.29.

연말이라 친정 부모님 초대해 즐겁게 점심 식사를 대접하였다. 둘째 딸은 기필코 보고 싶다 하시며 달려오셨다. 내가 봐도 바라보기 어여쁜 우리 둘째 딸. 요즘 늙어가시는 친정아버지 바라보면 마음이 아파 눈물이 난다. †

12.30.

은행 볼일 보고 동네 한의원에 약침 치료로 뒷목 어깨, 허리, 옆구리 부황 받았다. 입원해 3일간 주말 살림은 쉬고 오직 누워서 쉬고 집중 약침 치료 받으려 했는데 입원실 공기가 탁해 적응하지 못할 것 같아 관뒀다. 큰딸과 함께 다니며 온갖 신경질 나게 하는 일 실컷 토해냈다. 도저히 며칠 연휴가 힘에 겨워 호텔에서 쉬려다가 집안일 밀려있어 그냥 머물기로 했다. 남편이 온갖 고생하는 모습 보니 딱해 돈도 아낄 겸 넘어간다. 그러나 코트야드로 달려갈 때가 됐다. 내 한 몸 쉼터로. †

12.31.

어제부터 메리어트 호텔 광교에 드디어 투숙을 시작했다. 첫째 딸을 데리고 하루 푹 감기 떨어지게 약 먹고 자고 쉬고 몸조리해서 웬만큼 피로 해소가 되었다.

판교점이 훨씬 넓고 풍경이 시원하고 좋다. 여름엔 그곳이 좋고 요즘 같은 겨울엔 어쩌다 보니 같은 호텔 광교점으로 오게 됐는데 새 빌딩이지만 규모가 작고 아담해서 비싼 숙박비가 아깝게 느껴져 하루 일찍 체크아웃해 내일은 귀가하려 한다.

좀 전에 시어머님이 전화하셨는데 입원 중에 기력이 더 소진되신 거 같아 안쓰럽기 그지없다.

한 해 마지막 날 남은 시간 큰딸과 휴식하며 보낸다. †

김상아의 단상

타이페이의 기억

나의 서른두 살부터 서른다섯 살까지. 우리가 살던 타이베이의 첫 동네. 첫 집. 대학교를 다녔고 둘째를 낳았던 곳. 첫째의 뛰놀던 유년의 그림이 아직 그대로 남아있는 곳. 쓰환따쉬에의 열정과 낭만 어린 캠퍼스의 추억. 만삭의 배를 안고 땡볕의 재래시장에서 망고와 바이샹궈 과일 비닐 보따리 사들고 누추한 아파트의 계단을 땀 흘리며 오르던 새끼 도마뱀이 천장을 기어다니는 집에서 타이베이의 그 작은 아파트에서 남편과 미친 듯이 사랑을 했던 우리들의 추억, 우리들의 젊음. 그때만큼은 꼭 돌아가고 싶은 타이베이의 잊을 수 없는 시절.

1.1.

새해 첫날.

현 12시.

내일 12시 체크아웃할 때까지 24시간 내리 휴식.

자유- ✝

1.2.

체크아웃해 광교 일대 앨리웨이까지 걷다가 택시 타고 귀가했다. 집에 돌아와 두 시간을 넘게 꼬박 환기하며 청소하니 이제 후련하다. 새해엔 내 몸 건강만 챙길 것. 두루두루 봉사도 내 몸 건강 위해 날개를 다 접고 내 인생 즐겨야겠다. 노곤하다. ✝

1.4.

며칠 지나 오늘 저녁 넘기니 부부의 감기가 호전된 듯하다. 비로소 행복해지는 밤이다. 노화 증상으로 생긴 명치 위 결림 비정상적 맥박으로 이어질까 조심스럽다. 소화기를 검사해야겠다. 필요시 약 먹는 게 방법이란다. 체중 증가가 몸에 해롭다. 위장약 먹고 낮잠 자니 감기는 나아가지만 몸은 부은 느낌. 우리 가정 아무것도 아쉬울 거 없다. 밝은 미래만 계획한다. ✝

1.6.

약속이 중한가.

사랑이 중한가.

책임이 중한가.

선택이 중한가.

사랑 앞에선 약속도 법도 무가치하다.

사랑은 모든 것을 다 버릴 수 있는 새로운 생명이다.

사랑에 빠지지 말아야 한다. †

1.17.

좋은 아침! 나에게 인사를 한다. 우아하고 럭셔리하게 외출 준비를 마친다. 내 행복을 위한 하루를 오늘은 한 걸음 한 걸음 내디딘다. †

1.18.

S를 만나 점심을 먹었다. 결혼 30여 년 가까운 우리 주부들이 서로 나이 들어감과 모든 가정생활은 다 비슷하다. †

1.24.

남편이 이종사촌 동생들 초대해 광교 세상의모든아침 식당에서 점심을 먹었다. 새색시님이 사교성이 대단해 쉬지 않고 기쁜 담소 나누며 45~46세에 느지막이 만나 결혼한 커플들의 행복한 모습 보며 흐뭇했다. 섭섭하게 벌써 수년 전 이혼한 사당동 댁 소식에 무척 아쉬워했지만 굳이 묻지 않았다. 잠깐 사이 세월이 불쑥 성큼 지나가 버린다. 인생은 길지 않다. 인생의 종착역이 올 때까지 아낌없이 즐기자! †

1.25.

앨리웨이에서 공부와 돈벌이에 치여 세상 즐거움을 모르는 JY 만나 근사한 카페에서 눈 내리는 호수 경치가 내다보이는 창가에서 점심과 브런치 진한 커피 뜨겁게 마시고 기분 나누었다. 내가 선물로 줬던 남색 양털 코트를 멋지게 입고 함께 분위기를 즐겼다. 어릴 적 친분이라 허물이 없다. JY를 보내고 걸어서 보라동 성당에 가서 기도하고 첫째 딸을 데리고 집에 왔다.

오늘은 춥고 눈 오는 날. 난 여전히 사라진 이종 동서 SH이 엄마 아빠의 재결합을 기대한다. 시간이 많이 흘렀고 망상이겠지만. 잊을 수 없는 시댁 이종 동서. 누군가 날 이만큼 그리워해 줄까. ✝

1.31.

어제 기흥 AK 미용실에서 머리 다듬고 장을 봐왔는데 오늘 잠이 쏟아지고 몸살 기운이 심해 많은 일정을 조절했다.

책 출간을 고려 중이나 나의 가정생활을 세상에 알리기 싫어 거의 접을 생각이다. 내 행복만이 소중할 뿐 천 권의 책을 읽는 독자들에게 세상으로부터 사랑받음이 무슨 소용인가. 딸들이 행복했으면. 오직 그게 나의 행복이다. 낮잠 한 스푼. ✝

2.2.

첫째 딸이 졸라서 여행 계획을 다시 세우려니 딸과 내가 서로 기준이 달라 여러 번 조율하다가 아예 취소했다. 살기 어려운 때에 온갖 호강만 바라는 건 부끄러운 일. 나는 소소한 상품 구매들로 충분히 행복해서 아무것도 아쉽지 않다. 첫째 딸이 빨리 돈을 벌었으면…. †

2.7.

오랜만에 오후에 엄마가 자가 운전해 오셔서 즐겁고 행복한 시간을 만끽했다. 우리 집을 보시며 감탄하고 내가 사놓은 골프 복과 향수를 맘에 들어 하시고 신바람 나게 수다 떨다 우리 가정에 감사해하셨다. 나만큼 효도하는 딸은 세상에서 단 한 명이다. 너무 좋아서 아픈 게 사라질 정도였다. 참 감사하다. 내일 남편 좋아하는 오이소박이 담글 준비해 놓았다. 무조건 감사하는 삶. †

2.11.

오랜만에 시댁에 방문했다. 너무 오래 머물다 오느라 꼬박 커피 한 잔 사 들고 집으로 왔다. 아침에 꿈을 꿨는데 옛날 정 씨 언니가 평생 아기가 없었다가 66세 나이로 아기를 가졌다며 나와 마주 앉아 대화하는 꿈이었다. 잉태 꿈, 임산부를 보는 꿈은 길몽이다. 곧 우리 가족에게 좋은 일이 생기겠지 생각하며 미소 짓는다. 좋은 꿈만은 믿고 싶다. †

2.14.

봄 꽃물 입 안 가득 물고 싶다.

멋진 봄 여행을 꿈꾼다.
바야흐로 봄. ✝

2.15.

오랜만에 KS 선배님 전화를 받았다. 반가웠고 첫째 딸을 위해 기도 해주셔서 감사했다. ✝

2.17.

〈내가 하고픈 일〉
1) 뉴욕 사는 조카 – 아기 옷 포함 여러 벌. (국제 우편)
2) 친구 YS – 겨울 골프 점퍼(국제 우편)
3) 플래너 EJ 님 – 골프 옷, 과일 등 먹을 것 선물
4) 바자회 용품 – 생명의 집 전달

〈음식 봉사〉
엄마, 이모, 헤레나 님, EJ 님, 형님네 딸. ✝

2.18.

토요일부터 첫째 딸이 편의점 아르바이트를 시작했다. 의외로 긍정적 반응으로, 기적과 같다. 둘째 딸의 생일인데 미국을 즐기는 모습 보며 영상 통화 나누었다.

흐릿한 날씨지만 그래도 봄기운을 타는지 이상하게 건강에 대한 무

력감이 느껴진다. 삶의 자신감이 바스러진다. 보라동성당에서 기도했다. 이젠 되도록 기흥성당을 가야 할 것 같다. 기도의 은총을 많이 받았었다. ✝

2.20.

포근한 일요일이다. 보라동성당에서 어린이 미사를 보며 열심히 딸들과 가정을 위해 기도하였다. 첫째 딸이 너무 오래 환자들과 지내며 음지에서 머물게 했다. 이젠 밝고 환하고 윤택한 양지의 사회로 나가야 한다. 오늘도 조신하게 주말 아르바이트를 하러 갔다. 긍정과 자신감에 감사하지만 그래도 세상 곳곳 험난한 사회라 아주 조심스럽다. 성모님을 믿는다.

남편과 대화를 나누었다. 이젠 오지랖 넓게 여기저기 봉사하던 것을 지나치지 않을 양만큼으로 줄이기로 하였다. 여럿 한가득 퍼다 주고 다니며 살았는데 내 몸 건강 때문에 거의 줄이게 되었다. 열심히 직장 일에 매진하다가 주말에 휴식하는 남편이 참 애틋하다. 근심 걱정 없다.

월요일 종일 뻗었다. 초봄. 매일 보는 딸임에도 우리 첫째 딸이 집에 오는 시간만 기다린다. 참 애틋하게 첫째 딸을 그리고 또 그리워한다. 너무나 너무나 사랑하는 내 딸. ✝

2.21.

좀 돌아다니며 걷다가 병원 볼일들 보았다. 분당 수내동에서 큰딸과 약 받고 나와 롯데에서 저녁 먹으며 기분 환기하며 집에 돌아왔는데 기절할 것만 같다. 관리비가 너무 많이 나왔다. 특히 전기료가. 그리고 첫째 딸과 새로 받은 다이어트약이 우울증을 유발할 수 있다는 설명서 글을 읽고 나니 갑자기 겁이 나고 초조해졌다. 비싼 돈 들였는데 환불받고 싶어졌다.

오늘 낮 거닐면서 둘째 딸과 영상 통화했다. 먼 곳에서 세계를 누비며 잘 지내 참 고맙다. 엄마가 사위 주라며 돈을 줬는데 그동안 내가 많이 베푼 탓이겠지만 이젠 쉽게 돈을 쓰지 못한다.

남편의 잔고가 비어가고 첫째 딸도 주말 아르바이트로 돈 벌게 함이 참으로 안타깝고 서글프다. 우리 둘째 딸은 지난 몇 년간 아르바이트하며 일하고 돈 버느라 얼마나 힘들었을까. 오늘 걸어 다녔더니 몸이 아프지가 않다. 신기하다. 성당에 자주 가야겠다.
시부모님 희망 없이 연로하심이 몹시 안타깝고 고통 겪는 헤레나 님의 통화기 너머 목소리는 얼마 전 입원했던 첫째 딸의 환우 J 씨의 흐느낌을 떠오르게 했다. 견디기 힘든 시간인 것 같다. 기도한다. 아픈 사람들을 위하여. ✝

2.24.

봄인데 날마다 여기저기 몸 아파 이 약 저 약 챙겨 먹기에 바쁘다. 오래 못 가 몇 년 뒤엔 부끄럽지만 요양원 전문가들 도움 받으러 들어

가야 할 것 같다. 늙어 혼자가 되면 홀로 거주하며 살기 어렵고 이것이 옳다고 여기지도 않는다. 두루두루 가장 실속 있는 판단이라 생각한다. 나의 현실에는 그렇다. 가사가 점점 버거워지는 게 사실이다. ✝

2.27.

주말이면 노상 바쁘다. 남편 내조하랴, 첫째 딸 아르바이트 바래다 주랴. 몸이 퉁퉁 붓는 느낌. 오늘 둘째 귀국 맞이로 또 장을 잔뜩 봐 오고 식사 준비하다가 늦은 시간에 잠든다. ✝

3.5.

첫째 딸이 주말 아르바이트에 무사히 적응한 듯하여 감사하다. 첫째 딸 덕에 요즘 보라동 주일 미사에 열심이다. 오랫동안 성당 미사를 쉬었다. 코로나 때문이기도 하다. 난 우리 동네 생활권인 가까운 보라동을 좋아한다. 어린이 미사 참여와 성모님을 찬양하는 시간을 보내며 생각에 잠겼다. 신앙이 전부였던 젊음은 지나 버렸고 이제 그저 마음을 비우기 위한 묵상기도 하며 힘 빼고 나 자신을 봉헌한다. 나이를 먹어 오는 동안 지금의 나에겐 종교가 전부일 순 없지만 그저 순명, 그런 의미. 주말에 잠시 정화한다. ✝

3.7.

부자들의 특권에 대해 생각한다. 돈의 권력. 고현정의 딸 정해인이 어린 나이에 약혼반지로 다이아몬드 10캐럿, 20억 상당을 받았다고 한다. 재벌들의 자녀는 대부분 외국 명문대에 입학하는 일이 기본으로 수행되고 연예인들의 재력은 하늘을 치솟는다. 부자들은 부자들끼리 인연이 닿는 게 정석이고 호화를 기본으로 한다. 사회 취약층과 빈민은 나라의 복지 혜택을 받아야 하고 어느 곳이라도 나라의 혜택은 다 적용되어야 한다고 여겨진다. 이만큼 살고 보니 부자가 별 게 아닌데도 부자들의 승계를 받은 복 받은 부유층 젊은이들이 참 부럽다. 고현정이 20년 만에 소통의 길이 트인 딸에게 결혼 선물로 필리핀의 200억 저택을 증여했다고 한다. 듣던 중 부러운 소식이다. ✝

3.13.

특별한 꿈을 꾸었다. 내 모습은 지치고 엉망인데 중학교 때 날 사랑해 주시던 도덕 과목 윤예경 선생님이 이태리에서 살고 있다며 참 예쁜 모습으로 노란 옷을 입고 친절히 다가왔다가 진노랑 미사포를 두른 채 가시는 모습이었다.

몸 건강해지려 잔뜩 먹었더니 좀 덜 아프긴 해도 언제 난 봄옷을 입으려나….

사흘 동안 둘째 딸이 집에서 푹 쉬다 서울 생활을 끝내고 학교로 떠났다. 딸들은 보고 또 봐도 사랑이 일렁인다. 봄날의 호수처럼. ✝

3.15.

어제는 판교 모모 카페에서 창시 별 넷 모임을 가졌다. C 님이랑 운전해 편안함 함께하고 최근 주택 계약한 P 회장님 기쁘고 행복한 모습과 봄 타는 R 언니의 모습. 맛난 커피까지 참 좋은 시간이었다. C 님이 털 가방을 선물로 주셨다. 결혼 답례 떡 선물과 갓 나온 책 선물, 분기별로 만날 때마다 변화 있는 소식들. 참 즐거웠다. 다 같이.

봄인데 환자 돌보며 일하는 우리 큰딸 안쓰럽고 본격적인 사회 진출이 부디 순조롭기를. 해변의 일광욕을 그리워한다. ✝

3.16.

E 언니와 어젯밤 통화로 진솔한 대화를 나누었다. 자궁 수술을 했다고 하고 형부는 식물인간 상태를 유지하고 있고, 여전히 아름다운 ES 언니는 아직도 신발 장사 중이라 한다.

첫째 딸이 충분히 사회에 진출해 평범한 회사에 취직할 가능성이 충분하고 좋은 인연이 닿으리라 확신한다고 해 주었다. 고마운 말 한마디. ✝

3.19.

아르바이트하는 작은딸에게 깜짝 방문해 딸을 기쁘게 해주고 사기 북돋게 초밥도 사 먹이고 돌아왔다.

시댁에 들렀다. 얼굴이 부어있었지만 어머니를 뵙고 와 참 좋았다. 어머니가 의식이 남아 있으셨고 나를 사랑하시는 게 느껴져 나도 애정 표현으로 매만져 드리고 왔다. 몸이 쇠약해지셔서 얼마나 버티실지 걱정이다. 가까운 병원으로 오신다니 좋다. ✝

3.20.
마음 비움의 기도만. †

3.23.
내 몸 건강 지킴이 내 가족을 도와주는 것이라 생각한다. 이제부터는 나를 내가 보호하고 스트레스 최대한 없도록 돌보며, 내 인생 즐겨야 암에 걸리지 않고 뇌혈관에도 병이 안 생긴다. 신경이 과민하면 뇌졸중, 뇌출혈이 불시에 생긴다. 내 건강 내가 책임지도록. †

3.25.
시어머니가 며칠 내로 별세하실 것 같다. 사진으로 뵈니 평온해 보이신다. 아버님이 이제 다시는 어머님을 못 만난다며 통곡하며 우셨단다. 바로 어머니를 그리워 뒤따라가실까 염려된다. 우리 시누이가 얼마나 가슴 아플까. 난 냉정하게 마음 무장하다가도 시댁 식구들과의 정에 가슴이 서늘해진다. 어머니가 벌써부터 그립다. †

3.26.
어머님 사망하신 오늘. 그동안 우울증 걸릴까 싶어 마음 무장 든든히 다짐했는데 숨 쉬느라 고생하시는 임종 사진 보니 가슴이 서늘하다. 얼마나 홀로이 폴폴 가쁜 호흡하시느라 고통스러우셨을까. 더 살고 싶다는 말은 안 나오고 죽 한 스푼조차 목구멍으로 넘기지 못하는 애절한 상황은 타오르고 타오르다 굳어져 돌이 되어 버렸다. 생명을 얻고자 입 벌린 채 그대로 돌아가신 어여쁜 우리 어머님.
"우리 며느리~"
항상 반갑게 목청 높여 반겨주시던 전화 목소리.

울부짖으며 통곡하시는 아흔셋 나이의 시아버님 사늘한 허전한 가슴은 누가 헤아릴까. 60여 년 해로하면서 이끼 낀 우물 안처럼 깊이 쌓인 정 누군들 메울 수 있을까. 세월을 저어 황급히 유골함에 함께하고플까.
자식들은 벌써 아버님 마음 헤아려 노심초사다. 너무나 가슴 아픈 자식들의 안타까움.
흙에서 나서 흙으로 돌아가는 우리네 인생. 딸, 아들, 우리 자식들 삶의 뿌리인 흙내 나는 가여운 늙으신 부모님들.
고목과 같은 인생의 선구자.
삶의 굽이굽이 견디며 살아내시느라 고생하신 사랑하는 나의 시어머니 이름 – 이영숙, 베로니카.
천상의 영원한 생명을 얻으소서. 아멘.

임종 직전 영상 통화: 3월 26일 새벽 3시 29분
임종 시각: 새벽 3시 33분. ✝

3.28.

장례 첫날 많은 조문객이 왔었다. 장승희 외숙모님의 아픈 눈물. 어머님을 존경하던 동네 남성분의 눈에 차오르던 눈물. 연령회 연도의 새로운 감동. 형제님, 아버지들의 구슬픈 노랫가락이 내리는 은총. 남편의 친구 몇 명. 제자들의 조문. 사랑하는 내 친정 부모님과 이모. 고마운 동생, J 언니와 사촌들. 못 본 사이 너무나 예뻐진 윤선 님. 멀리서 와주신 분들. 참 귀한 시아버님 네 형님들. 특별히 와주신 나의 부천 형님. 마지막 두성 부부.

요즘 나의 변화한 기도 타입. 마음 비움과 주님께 맡기는 기도.

오늘 아침쯤 어머님의 육신이
차디차게 얼어 있겠죠.
잠자듯 평온하게
꿈꾸듯 아름답게
무지개처럼 원을 그리며
하늘에 별을 심듯이
어머님 가시는 길
흰 국화꽃 향 가득
숨 쉬며 가셔요 †

3.29.

생전 처음 진짜 죽음을 보았다. 어머님이 하얗게 언 모습. 깨끗이 굳은 모습. 과거 내 아버지의 모습은 살아있는 긴장감 어린 모습이었다.

죽음의 실체를 마주하고 조용히 마음을 비우려 노력한다. 어제 한숨도 못 잤다. 오늘 상명대학 교수팀 보며 느낀 건 살림하는 시대가 아니라는 것. 딸을 가진 엄마로서 내가 먼저 현대 사회에서 구시대 며느리 역할을 끝내야 할 시기가 온 것 같다. †

4.6.

돌아가신 어머님의 뼛가루를 종이로 포장하던 모습을 상기하니, 머리 아프고 속이 안 좋다.

생명의 집 아기들이 14명이나 된다고 해서 미혼모들 입을 옷 가득 차에 실어놨는데 오늘도 비가 내린다. 햇볕 좋은 날 나가고 싶은데. †

4.7.

어제는 CY 엄마와 긴 통화를 했다. 용기를 얻었고 칭찬을 받았다. CY 엄마는 내숭 떨지 않고 하고 싶은 말 다 하는데 이게 정말 내 방식이고 절대 공감한다. 내가 공부하는 마음으로 통화하게 된다.

첫째 딸의 새 인생, 새 걸음의 기도에 응답 주신 성모님께 감사 헌금을 봉헌하였다. 생명의집에 내 고운 옷들 큰 박스에 가득 담아 기부하고 둘째 딸을 데리고 보정 카페 거리에서 저녁을 먹였는데 기특하게도 외할머니를 그리워해 엄마네 찾아뵙고 맥주도 사 드리고 왔다. 시어머니 돌아가셨다는 생각만 하면 밥 많이 먹고도 속이 안 좋고 소화가 안 된다.

오늘 낮 생명의집 물품 기부 때 본 어린 수녀님이 문득 생각났다. 내 딸 또래였는데 어쩐지 마음이 뭉클했다. 봄볕이 하얀 성모상을 비추는데 잿빛 수녀복을 입고 베일을 쓴 젊은 수녀님의 모습. 아름다운 봄날에도 성당 안에서 오직 기도와 아이를 돌보는 일뿐이라니. 기도 하나로 평생의 삶. 세상의 즐거움 모두 버리고 20대 나이부터 수녀복에 종속된 인생. 나로서는 갑갑해서 버틸 수 없을 것이다. 봄이 슬프고 오랜만에 찾아뵌 우리 아빠 늙으신 모습과 다행히 건강한 엄마. 가엾이 자라 홀로이 늙어가는 옛 사촌 동생들과 오늘 저녁에 통화를 나누었다.

동생의 사업이 성공하기를 바란다. 둘째 딸이 며칠 집에서 지내게 되어 엄마로서 애처로운 마음이 든다. ✝

4.10.

아침 꿈이 조심스럽다. 남편에게 유혹이 있는 꿈. 너무 외로워서 안타까워하는 내 모습. 얼마나 내 남편이 소중한지 깨달았고 J 언니나 나도 남편들을 각별히 긴장하고 조심하려고 노력해야겠다.

집에 대한 당연한 요청도 하늘의 뜻에 맡기고 오직 나를 위한 노력을 기울이도록 한다.

헤레나 님의 가르침 – '꿈을 믿어요, 하느님을 믿어요?'

믿음으로 아멘.

3일간 가사로 너무 무리했다. ✝

4.12.

오늘부터 바쁘다. 나의 모든 구조 조정. 나의 권리.

집도 재테크로 사고팔고 했는데 교통수단의 일부인 자동차를 내 마음대로 사는 게 뭐 그리 대단한가.

남편에게 존속된 삶을 나도 내 딸들도 미래엔 극복해야 한다.

'새는 알을 깨고 알에서 나와야 한다. – 데미안'

끊임없이 나의 품격을 높이고 나의 격조를 높이는 것만이 남은 삶의 과제이다.

나만을 위한 인생. 내 건강, 내 행복, 내 아름다움을 위해 최선을 다하겠다. †

4.13.

봄 단상.

봄볕 무리의 메아리
아우성치는 젖가슴 새 흘러나오는 휘파람 소리
욕정의 메조소프라노
다가오는 발자국의 두근거림
또 두근거림.
얇은 스카프 자락에

사각이는 설렘.

봄 저녁

연둣빛 나무 이파리의 흐느낌

분홍 주황 하양 노랑

봄꽃들의 비명.

봄꽃들의 합창.

봄꽃들의 어깨동무.

봄꽃들의 하품.

누군가의 고백 같은

나직한 일렁임

타는 듯 뜨겁게 녹아내리는 그리움의 파도타기.

새순 하늘거리는 가로수 그늘

황홀한 휘청거림

빛과 그림자

겁 없이 잉태한

사랑의 꿈틀거림. ✝

4.14.

새벽 빗소리에 깼다. 새벽 미사를 보고 오니 잠이 부실하다. 오늘은 기분이 음침하고 슬프다.

아침인데 따끈한 침대에서 잠을 청한다. 묵주기도를 하고 낮잠에서 깰 때쯤엔 기분이 개운해지면 좋겠다. 술 한잔 그립듯 담배 한 대 거

나하게 휘이 불어내듯 마음속 아득한 안개 가두어지면 좋겠다. 오늘 계획은 미정. †

4.15.

모처럼 남편과 데이트하려고 아침 일찍 모양내려 했더니 딸들이 온갖 방해와 아우성이다. 온갖 볼일 다 보고 모모카페에서 남편과 좋은 시간을 보냈다.

길지 않은 인생. 오로지 나만을 위해 살겠다. †

4.18.

선과 악. 죄와 벌. 그러한 것들을 생각해 본다.

따로 사는 내 둘째 딸과 아침부터 함께 나와 하얏트에서 점심 먹고 커피를 마셨다. 청순한 여대생이 다 된 딸은 소중하고 자랑스럽다. 오랜만에 무리했더니 귀가 후 머리가 무거워 휴식을 취해야겠다. †

4.19.

미소 아주머니가 안 와서 온종일 집 청소로 무리했다. 어제오늘 무리해 이번 주는 조용히 쉬기로 한다. 남편의 곁이 그리워 안방에 오니 침대가 편안하다. 내일은 기도의 향유와 안식. †

4.20.

모든 일이 순조롭게 진행된 장례가 끝난 지 한 달이 다 되어간다. 같은 산자락에 부모님 곁으로 거룩히 안치된 어머님이 아무 걱정할 일이 없다.

어머님이 며느리의 사랑을 아직도 받고 싶어 하는 것 같은 느낌이 든다. 사람과 사람 사이의 마음이 과연 통하는지를.

'그대 마음 나와 같았는가를 – 김남조'

며느리를 말없이 사랑해 주시던 시어머님이 그립다.
한겨울 윤기 흐르는 김을 수북이 잘라 담고 김장 김치 썰어 정성껏 점심 차려주시던…. 김에 밥을 싸 먹으면서도 추억한다.

4월, 봄 저녁.
요맘때면 큰딸의 유학 시절 타오웬 거리의 담벼락마다 무분별하게 솟구쳐 피어 한들거리던 체리 핑크 꽃나무 그늘이 몹시 그리워진다. 진한 여자 내음 같던 꽃핑크 모락모락 불 지피던 봄꽃 나무들이여!
그저께까지 활개 치던 집 앞 자목련 나무가 생각나 오늘 나가보니 거짓말처럼 목련꽃 한 송이 보이질 않는다.
실종 신고.
문둥이 발가락 자고 나면 하나씩 사라지듯 너무 아름다워 아픈 봄, 여인의 윤기 나는 머릿결 같은 매혹의 꽃들이 송두리째 하루하루 차갑게 돌아가 버린다. ✝

4.21.

늘 쌩쌩하던 엄마가 오늘 몸이 시원치 않다고 하시는데 모시고 이마트 푸드코트에서 엄마 좋아하시는 소시지 빵과 콜라 사 드리고 수다를 떨었다. 엄마가 영원히 쌩쌩하시면 좋겠는데 오늘은 건강이 가라앉아 보여 심려가 되었다. 간단한 장보기로 돈을 절약하고 내 형제들 다 채워 주는 것도 생략하기로 했다. 다만 이모부 건강이 최악이라는 소식에 씁쓸해서 이모네 문 앞에 수박과 맥주 놓아 드렸다. 아픈 사람이 제일 안타깝다. 엄마가 부디 아프지 말길 바랄 뿐이다. †

4.23.

아빠의 말씀대로 '인사 없이 헤어지는 거다'. 나의 삶도 병치레나 사고 없이 심정지로 인사 없이 떠난다면 나쁘지 않을 듯싶다.

어제는 남편과 서산으로 드라이브했다. 서산 개심사 산자락에 고여 있는 물 푸른 저수지는 아름다웠고 오키나와의 바닷빛을 닮아있었다. 분홍 화선지 구겨 만든 듯한 겹벚꽃은 메마른 어린 꽃송이들을 매단 채 올망졸망 가로수로 즐비해 있었다. †

4.24.

외할머니가 그러셨다.
이혼은 비극이라고.
이 봄. 죽음이란 슬픈 사실이다. †

4.28.

사람이 꼭 혼자 독신으로 살아야만 깨끗하다는 사고는 일방적이다. 내일 큰올케 언니가 오는데 여성의 몸으로 아기를 많이 출산하고 육아를 하는 것도 굉장히 인간적인 아름다움이라 여겨진다. 다산도 다혼도 독신도 다 성스럽고 깨끗하고 존중받을 가치가 있다. 어떠한 경우에도 엄마라는 이름은 더더욱. ✝

4.29.

어제저녁부터 대여섯 시간 미리 잤더니 밤새 눈만 감고 떼웠다. 오늘 시댁에 가려는데 비가 내려 유감이다. 화창한 날 남편과 나가고 싶었는데. 보일러를 지펴야겠다. ✝

5.1.

이 봄 첫째 딸이 한집에 함께 있는 것만이 삶의 기쁨이다. 몸이 부풀어 기분이 별로고 어느덧 피부가 칙칙해져 별도리 없다. 첫째 딸과 주꾸미 집에서 맛난 점심 함께 먹고 왔다. 봄볕이 강하고 왕성한데 이내 맘은 어떤 의욕도 없이 성당만 기웃거리다 왔다. 그저 선종 기도만 되뇔 뿐이다. ✝

5.3.

며칠째 무기력해서 그저 얼굴 파묻고 싶고 없는 의욕 겨우 끌어다 성당 들렀다 돌아와 방 안에 콕 박혀 맥주 한 모금 들이켰다. 그러다 J

선생님께서 봄타실까 염려되어 R 언니 통해 안부를 물었다. 지난주 문학 기행에 다녀오셨다고 한다.

R 언니는 남편이 대표이사를 그만두고, 남편의 친구들도 높은 자리 하던 사람들이었는데 다 그만두고 월급 없는 아쉬움을 토로한다는 말에 늙어서들 다 아르바이트 자리 구한다는 이야기를 실감했다.

이 밖에도 R 언니와 사람 사는 이야기로 수다 떨며 호탕하게 웃다 보니 우울감도 날아갔다. 곧 다가오는 스승의 날엔 J 선생님 드릴 주름 원피스 한 벌 사서 잠시 찾아뵈어야겠다. †

5.5.

며칠 동안 꼼작도 하지 않고 잠만 오래도록 잤다. 앞으로 내 행복을 위해 뭘 해야 할지 생각해 봐야겠다. 소일거리를 구하거나, 취미생활을 만들거나. †

5.6.

안성 천주교묘지로 어머님 뵈러 벼르다 못해 오늘 다녀왔다. 남편과 함께 핑크빛 카네이션 꽃바구니 소중히 들고 가서 기도드렸다. 고단히 사시다 멋지고 평안한 저승으로 가신 어머님께 인사드리고 오는 길, 안성 보개면 보삼리.

마을은 비 내리는 숲속 싱그러운 전원의 향취가 마치 앙드레 지드의 『좁은 문』『전원교향곡』또는 헤르만 헤세의 『지와 사랑』혹은 셰익스피어의 『한여름 밤의 꿈』 등 세계 고전문학의 서정성과 어울리는 아름다운 풍경이었고 비에 젖어 더욱 푸르렀다.

오월인데 더워지기 전 비가 내리고 천주교 묘지엔 우리 부부밖엔 아무도 걸음하지 않았고 성당 문은 닫혀있어 추모만 하고 왔다.

안성의 산자락이 시원하게 비에 젖어있었고 지나는 길가 어느 집 울타리엔 하얀 퐁퐁수국이 동글동글 가득히 피어 매달린 풍성한 꽃 나무 한 그루 내 속눈썹 가늘게 감으며 지나쳐 왔다. 너무 아름다워서, 너무 아쉬워서.

하룻밤 동안 비가 오더니 집 앞 아카시아 꽃잎 다 떨어져 거짓말처럼 사라져 버렸다. 내 시어머님도 그렇게 흔적 없이 꽃잎처럼 사라져 버리셨다.

종교에 열렬한 뜨거운 기도에 매달리며 젊은 시간 보내왔고 이젠 권선징악-좋은 일을 행하면 복이 따르고 죄악을 행하면 벌을 받느니-그런 보통의 마음으로 평범히 마음 비우며 살기로 한다.

둘째 딸과 신세계 서가앤쿡에서 거하게 식사하며 대화를 나누었다. 학교 과제가 많아 밤새다 아침 아홉 시에 잠들었다 한다. 친구 관계에 대해서도 이런저런 이야기를 털어놓았고 친구들과의 공통된 부모들에 대한 뒷이야기도 나누었다. 옷과 모자를 사 주고 왔다.

깨끗하고 단정하게 대학 생활 보내고 있어 주어 고맙고 너무나 훌륭한 우리 딸.

오랜만에 행복했다. ✝

5.7.

책을 내서 인세를 받고 베스트셀러가 되게 하고 싶다. 돈을 버는 일에 목적을 두고 싶다. 내 인생의 마지막 금보리 밭의 금열매처럼 큰 수확을 거두고 싶다. †

5.9.

엄마와 이마트에서 소시지 버거를 점심으로 먹었다. 마음 편히 차분한 대화 나누고 홈쇼핑에서 보았던 가이거 핸드백이 예뻐 주문해 드렸다. 엄마 배웅해 드리는데 아빠가 반겨주어 안아 드렸다. 늙어 가시는 모습에 늘 가슴 선연히 아프다.

카트 한가득 장을 봤는데 물가가 너무 비싸져 아찔했다. †

5.10.

새벽에 남편을 일본으로 출장 보내고 난 뒤 깊은 단잠을 자고 일어났다. 기분 좋은 하루다.

난 누가 도와 달라든가 부탁한다든가 돈을 바란다든가 나한테 부담을 준다든가 하면 딱 끊는다. 싫다. †

5.11.

종일 잠이 온다. 아침 점심 저녁까지. 첫째 딸과 밥을 먹을 새도 없이. 더위가 오려나 보다. †

5.12.

여러 스트레스로 경악할 뻔했다. 넓은 집 청소 끝냈더니 피곤하다. 기분 풀러 수지 롯데몰 아이쇼핑 다녀오려 한다. 약속마다 관계 속에 끼어드는 생존경쟁의 타산에 질리고 오직 관계 속 사랑만이 충만하길 바랄 뿐이다. 딸들이 아르바이트로 돈 번다 생각하니 아껴 써야겠다. ✝

5.13.

아침부터 졸리고 피로하다. 시아버님, 시누이. 출장 다녀와 번거로운 남편 불러내 49재 안성 납골당에 다녀가 있는 그대로 점심 대접하느라 시간이 훌쩍 지나가 버렸다.

마음 숙연히 가라앉는 날이다. ✝

5.14.

가래 기침감기가 심해 며칠씩 꼼짝 못 하고 누워 지냈다. 얼마간 사람들로 인한 스트레스와 화를 가라앉히고 겨우 기운 내어 몸 씻고 머리 감은 뒤 한숨 내쉬었더니 날아가는 듯싶다. 오늘 저녁은 친정 부모님과 오빠들, 올케언니 오는 날이다. 따뜻한 중국 요리 먹으며 마음을 씻어낼까 싶다. 살기 바빠 함께할 기회를 많이 놓쳤다. 몸이 곧 좋아지겠지. ✝

5.15.

어떡하면 돈 벌기 위해 일을 할 수 있을까. 살림만 하던 내 자신이

이젠 업그레이드될 시점이다. 무언가 해야만 한다. ✝

5.17.

기의 일주일 정도 감기를 앓았다. 오늘은 약 먹고 좀 나아 집안일만 꼬박 대여섯 시간이 걸렸다. 어제는 감기가 심했지만 C 님 데리고 운전해 별넷모임 모여 점심을 먹었다. 사람 사는 모습, 삶의 애환은 다 똑같다. C 님은 얼마 전 나처럼 무기력증에 가족 일로 힘들긴 마찬가지였고 R 언니는 밝고 자신감 있는 분위기에 모처럼 산뜻한 표정이다. 언니와 신나는 수다를 떨었더니 즐겁고 뜻밖에 마음 담은 조의금 봉투도 받았다. 언니의 알뜰함을 알기에 받기 송구스럽고 미안했다. 누가 내게 돈을 주겠는가.

P 회장님은 여전히 멋진 모습이나 살이 좀 빠지신 듯하다. 딸들 잘 살아 결혼 초반에 부동산 투자가 크게 성공해 부자가 된 두 딸과 부부의 재미나게 사는 듯하다. 어린 우리들에 대한 깊은 사랑도 느껴졌다. 그리고 우리 만남의 의미. 사랑.

그제 우리 집에 초대해 저녁식사 대접했던 엄마와 오빠들. 큰오빠는 밥 잘 먹는 부자. 올케언니는 평생 새색시 같다. 작은오빠는 언제나 내가 마음이 아프다. 오랜만에 대접한 듯하다. ✝

5.22.

온종일 복닥복닥 집 안에서만도 만 보는 걷는 것 같다. 살림 정돈 후 머리 감고 나면 얼마나 하루가 훅 지나는지. 큰딸이 새 아르바이트를 힘들어해도 적극적으로 적응해 가는 것이 기특하다. 늦은 밤 에어컨 시원한 바람소리가 마치 승객 없는 텅 빈 비행기 안에서 들리는 창공 소음처럼 낭만적인 느낌이다. 구정 연휴 때 호주로 가는 비행기 안이 텅 비어 있어 좋았던 기억이 떠오른다. 이제 더위 다가오고 조용한 일상의 평정에 감사하며 지내기로 한다. ✝

5.23.

큰딸과 수내동 병원에 볼일을 보았다. 롯데에서 샤부샤부를 사 먹이고 서현동 옷 가게에서 청 반바지 사 주고 걷다가 집에 돌아왔다. 첫째 딸이 살림을 종종 도와줘서 큰 힘이 되고 통실한 몸뚱이도 참으로 귀엽고 사랑스럽다. 곁에 첫째 딸이 있어 행복하고 남편이 병원에서 담관 체크해도 이상 없다 하니 더 바랄 게 없다. 우리 가족은 빚이 없다. 부잣집이 따로 없다. 오직 감사뿐이다. ✝

6.2.

죄는 미워하되 사람은 미워하지 말라. ✝

6.3.

남편의 존재. 사랑이 별 건가. 함께 노력하며 31년째 살고 있다. 완벽한 배우자는 없다. 나나 남편이 죽어 유골함에 안치된다면 뼛가루를 섞어 합쳐야 죽음 뒤의 영혼이 외롭지 않고 따뜻할 것 같다. ✝

6.5.

인사 없이 떠난다는 건 얼마나 멋스러운가. 첫 만남의 그 모습과 싸늘히 식은 마지막 모습도 참 멋있었다. 시어머님과의 작별이 오늘로 70일째. 뜨거운 태양이 다가오는 유월의 꽃가루 미풍 속에서 훠어이 훠어이 푸덕이며 날아가는 새 떼처럼 아쉬워져 가는 기억 속 날갯짓. 작렬하는 뜨거운 여름 거리에 홀로 서서 검정 선글라스로 얼굴 가리고 눈을 감는다.

정숙한 침묵.

끝없는 침묵.

그리고 또 침묵. †

6.6.

정처 없이 길을 걷듯 글을 쓰며 하루하루가 간다. 글 쓰는 사람으로 살아가는 일이 내게 존재감을 부여한다. 글을 쓸수록 내 삶이 위로받는다. 혼탁한 세상에서 내 삶의 샘터이다.

오후에 오랜만에 불안과 공포 증세가 찾아왔다. 얼른 엄마와 통화 나누니 긴장이 풀리고 평정심이 돌아왔다. 의논 상대로는 언제나 엄마가 정답이다. †

6.7.

월요일, 온종일 휴식할 수 있었던 힐링 타임. 첫째 딸과 함께. †

6.8.

어제 헤레나 님과 통화하였다. 꽤 안정되어 보이셔서 염려하지 않아도 될 듯하다. CY 엄마와도 통화하였다. 나랑 통화할 때마다 마음 내면에 우울감이 출렁거려 안타까웠다. 그것은 끊어져 가는 남편과의 인연에 대한 미련과 고통 슬픔이었다. †

6.9.

그동안 나를 괴롭히던 극심한 스트레스와 분노가 가라앉아 편안해졌다. 대신 요즘 살짝 울적하다. 엄마랑 잠시 빵집에서 만나 대화 나누고 사놓은 빵과 과일을 받아와 곧 집으로 왔다. 세월 흐름이 참 빠르고 엄마아빠가 나이 들어가는 게 싫고 마음 간절히 안쓰럽고 측은하다. 요새 다소 외롭다. †

6.11.

어제 약속된 용인 화산리 레스토랑에서 남편과 H 씨와 시누이, 이모님과 함께 점심하였다. 내 시어머님이 가장 사랑하던 애제자 대표 H 씨의 복된 인생. 세 자녀 모두 훌륭히 잘 되고 아들은 하버드를 졸업해 변호사가 되었다. 나이가 들었어도 여전히 세련미와 귀족미, 끝없는 사업 도전 욕망. 나도 어머님처럼 H 씨가 참 좋다.

우리 시누이와 뉴질랜드 사는 이모님, 이렇게 함께한 좋은 시간이었다. 아가씨가 부디 마음속 서글픔을 담대하게 떠나보내기를 조용히 바랄 뿐이다. 요새는 남편과 정겹게 지내는 일상에 감사한다. †

6.12.

아무도 만나고 싶지 않고 아무 데도 나가기 싫고 사는 것도 싫다. 돈 나가는 것도 싫고 수다 떨기도 싫다. 남편과 평화로이 이 집에서 이렇게 살고 싶다. 내 몸만 안 아프게 관리하는 것만이 남에게 피해주지 않는 것이다. 이젠 부엌일 같은 것도 안 하고 싶다. †

6.13.

어떻게 하면 내 자산을 부풀릴 수 있을까 - 난 앞으로 어떤 것을 새롭게 실현해야 할까 - †

6.14.

첫째 딸은 3년을 꼬박 재활 치료로 보내느라, 둘째 딸은 학교 일이 과다한 탓에 정신 못 차리게 바쁘느라 안쓰럽다. 여름방학만은 집에 돌아와 건강 챙기며 영어 공부하러 다니면 좋겠다. 6월이 가려 하니 몸이 내려앉아 짓눌린다. 나도 휴가로 어딘가에서 쉬고 싶지만 여의치 않다. 스트레스는 무조건 차단한다. †

6.16.

어제는 J 언니 친손녀 돌잔치에 남편과 참석했다. 오랜만에 젊은 가족의 활기를 느꼈고 밝은 아기들 모습도 보았다. 아기들의 귀함과 부모의 희생을 느꼈다. 사촌 부부들 모여 이모저모의 사람 사는 인생 이야기 나누며 느낀 것은 끝없이 일어나는 문제와의 삶이라는 것이다. J

언니에게 쉴 새 없이 닥치는 어르신들로 인한 고생의 무게. 최근 치매 판정받으신 시어머니를 한 달 동안 수발한 이야기며 동기 간 사악한 인연까지.

언니가 열심히 분위기를 주도해 나가려는 애쓰는 모습을 보았다. 안타깝고 이제는 호강만 했으면 한다. 늦기 전에 인생 즐기길. †

6.18.

올여름엔 따로 해 오던 호텔 휴식을 접을까 한다. 첫째 딸이 직장에 마음 기울이도록 보살펴야 하고 둘째 딸은 방학 동안 건강을 잘 챙기도록 신경 써야 하기에 절충안으로 집에서 시원히 쉬려 한다. †

6.21.

올여름 호텔 휴양을 포기했지만 사고 싶던 옷가지 쇼핑몰에서 주문해 받느라 바빴고 오늘은 둘째가 사는 원룸을 도우미가 깨끗이 청소해 큰일을 끝냈다. 기분 내고 싶어 금발로 머리 염색하고 십 센티 정도 내가 직접 조심히 잘라냈다. †

6.22.

주님. 보이스피싱으로 돈이 출금되지 않게 도와주셔요! †

6.23.

어제 자라 세일 기간이라 밤새도록 앱으로 오래 실랑이하다가 포기해 버렸다. 골랐던 옷들을 다 포기하고 네이버에서 자라 원피스 한 벌만 결제했다. 은행잎이 노랗게 물들기 전 살짝 연둣빛이 섞인 설익은 노랑이랄까, 책갈피에 꽂아 놓은 한 장의 은행잎 같던 원피스가 기다려진다. 나이 드니 느슨한 옷이 좋다.

요즘은 두문불출하며 집에서 살림하고 목욕하고 텔레비전으로 여행 프로그램을 보거나 핸드폰 하는 일뿐이지만 첫째 딸과 함께 있어 행복하다. 내일은 우리 둘째 딸의 여름방학이 시작되어 둘째 딸 데려와 방학 내 건강 관리하며 휴식 취하게 서포트 해야겠다. 두 딸 뒷바라지로 꿈꾸는 휴양지에 못 가더라도 대신 날마다 해외 여행지 이국적이며 아름다운 사진 저장하며 보고 또 보고 맘껏 힐링하고 맘껏 행복해 하고 맘껏 꿈꾼다. 사진이 주는 가치가 오십 대 중반을 살고 있는 고갈된 내 영혼에 단비를 뿌려준다.

내일부터 장마란다. 매일 비가 올 거다. 흰 설탕 가루 같은 단비가 시야에 아스라이 머물 때 주전자에 뜨거운 커피를 펄펄 끓여 마셔야겠다.

시어머님의 죽음을 주변에서 호상이라 하는 건 야박한 느낌이 없지 않았지만 죽음의 모든 과정과 절차가 너무나 순조로웠다. 죽음 뒤에 영혼이란 있는 걸까. 유골함이 안치되어 있는 안성 산자락에 어머님이 저승에서 새 생명으로 숨 쉬고 계실지 알 수 없지만 어머님의 유골에서 시원한 칸나 꽃내음이 피어오를 거 같은 생각이 든다.

영혼의 향기.

벌써 꽉 찬 3개월째.

아직도 솔직히 실감 나지 않는다.

과거에도 그 어떤 걱정도 하지 않았고 지금도 그 어떤 걱정을 안 한다. 나와 내 가족의 행복을 위해 마음 비울 뿐이다. †

6.24.

사랑의 감정에 물들 때처럼 요즘은 행복 삼매경으로 날마다 행복하다. 커다란 창으로 유월의 무성한 신록이 푸르고 집 안에서만 억만 보 걸으며 바삐 지낸다.

저녁에 둘째 딸이 와서 온통 음식을 만들고 설거지에 많이 힘들었다. 둘째 딸과 조용히 대화해 보니 적극적으로 다가오는 남학생이 있어 몇 번 만나는 중이라고 한다. 리더십이 있고 중요한 건 따뜻함이 있는 친구란다. 우리 둘째 딸을 좋아한다면 괜찮은 친구라는 생각이 든다.

새벽인데 너무나 지쳐 졸리다. †

6.25.

큰 평수 살림에 허리가 휘고 꺾이고 한다. 집안일 끝내고 시원하게 샤워하고 목욕탕 청소에 하수구까지 닦고 나면 온몸의 기운이 다 빠진다.

일요일, 오늘도 맥을 못 추는 중. †

6.27.

드디어 비가 내리기 시작했다. 장마 시작 - 어떻게 하면 책 출간으로 수익을 낼 수 있을까?

내년에 둘째 딸이 겨우 스물셋이라 그 나이에 직장에 매이기 시작한다 생각하면 아쉬웠는데 호주 워킹홀리데이를 꿈꾼다니 나도 부지런히 저축을 늘릴 준비를 해야 할 것 같다. 조금 있으면 딸들한테 부모로서 경제적 도움의 한계에 이를 것 같기 때문이다.

내 마음의 평정을 누리다가도 곧 7월에만도 가까운 친인척 생일만도 여러 건이고 그런 걸 모두 챙기자니 울고 싶을 정도로 스트레스로 머리가 아프다. 늙어서 궁핍해지는 어른들도 적당히 대해야 머리가 아프지 않고 나라의 혜택을 못 받는 미혼모 시설에 후원하는 금액도 내게 무리가 가지 않을 정도로 적당해야 한다.

둘째 딸은 예쁜 이십 대 초반의 나이에도 옷 하나 안 사 입고 알뜰하게 살며 학업에 열심인 걸 보면 내가 딴 데 돈 쓰기 어려워 포기하게 된다. 첫째 딸도 두 달 성실히 트레이닝하면 정규직으로 바탕을 잡을 수 있어 당분간은 내가 나를 위한 시간을 생각할 수 없다.

욕심 없고 만족한 일상이지만 살다가 딸들이 중대하게 필요로 하는 도움 요청을 너무 일찍부터 거절하게 될 듯싶다. 아마도 둘째 딸이 대학교를 졸업하고 난 이후엔 지원해 주기는 어려울 것 같다.

다 늦은 밤 설거지 끝낸 후 아이스 커피로 힐링하며 텔레비전 보는 새벽, 시간은 곧 두시 반이다.

이런 혼자 갖는 쉼의 시간이 행복하다.

언제든 온유하게 -

언제든 평온하게 - †

6.28.

이사 온 지 삼 년 가까이 되었다. 예전 집보다 6월에서 한여름 동안이 조금은 덜 덥게 느껴진다.

오늘은 13일 만에 집 밖으로 나가 둘째 딸 픽업하고 세탁소에 옷 맡기고 돌아왔다. 오랜만에 네 식구 뒤치다꺼리에 집에서만도 바쁘기도 편안하기도 했다. 일찍 잠이 올 것 같다. †

6.29.

꿈꾸던 휴양지 사진들을 들여다본다. 초록 바다와 선베드, 시원스러운 야자수. 유럽의 곳곳의 중세 건축물과 수영복 입은 사람들, 그리고 수영장. 열대음료가 담긴 유리잔과 파스타, 피자. 멋진 외국인들의 모습, 호화 리조트 풍경 등….

인스타그램 릴스에서 사진을 마음껏 캡처해 눈으로나마 휴양을 실컷 누렸다. 이젠 바다 사진도 야자수 사진도 그만 보고 싶다. 약간 유치해졌다. 휴양지로 떠날 계획을 접었다.

참 예쁜 체리 핑크빛 비키니 수영복과 흰색 플립플롭 슬리퍼는 구해 놨는데, 올가을이나 지나 봐야 알겠지만 휴양지 사진에 푹 빠져 지냈더니 충분히 아름다운 세상 구경 다 해서 당장은 마음의 진정을 찾았다. 무언가를 꿈꾼다는 건 얼마나 설레고 행복한 일이던가. ✝

6.30.

15일째 집에 콕 박혀 지냈다. 외로울 새 없었는데 첫째 딸이 우울감으로 울면서 전화해 자신 없어 하기에 달래주었고 기도하며 지냈다. 첫째 딸이 가족만으로 충분할까. 배우자의 사랑과 보호가 필요할 텐데 아쉬웠다. 둘째 딸은 새 아르바이트로 활력을 찾고 친구 만나며 명랑해져 무척 다행이다. 저녁에 이모랑 통화하며 마음을 공유하였다. 조금 감성이 센티해진다. ✝

7.2.

가족 모두 시댁에 들러 아버님, 시누이 다 함께 북악정에서 점심 먹었다. 아버님이 기분 좋게 잡수셨고 딸들도 즐겁게 지낸 것 같다. 나로선 가장 멀리 나갔던 외출이 평창동 시댁이라 컨디션을 잘 관리해서 무사히 다녀왔다. 내일모레면 어머님께서 별세하신 지 100일이다. 시누이가 여름방학이 오면 늘 함께 다니던 엄마를 보낸 허전함이 클까 걱정이 된다. 시누이한테 좋은 변화만 있길 기도한다. ✝

7.3.

아침.

첫째 딸은 3일 동안 2시간씩 잠을 잤다. 수면 부족에 예민해진 탓이리라. 우울증도 생겼는지 이틀간 하루 한 번 눈물을 쏟았다. 보이차를 과하게 마시기에 남은 차를 다 버렸다. 부디 직장에 별일 없이 잘 다녀오길 바란다.

내가 오늘 외출할 수 있으려나. 모든 일에 관대해지고 너그럽기를. 성모님이 내 곁을 지켜주심을 느끼며. 종일 첫째 딸 걱정으로 애태웠다. 왠지 생겨난 울적함을 진정시켰다. 늦게 귀가한 첫째 딸은 의외로 명랑한 모습이라 다행이다.

우울함을 호소하며 얼굴 가득히 눈물을 흘리는 딸의 슬픈 모습은 내 마음을 슬픔으로 적신다. 나는 그리 울어 본 기억이 별로 없는 것 같다. ✝

7.4.

오랜만에 외출했다. 병원에 가느라 상현동으로, 수내동으로 비는 추적추적 내리는 중에 그럭저럭 종일 시간이 걸렸다. 큰딸의 우울증을 많이 염려했는데 의외로 크게 걱정하지 않아도 될 거 같다고 한다.

그동안 매일 행복을 만끽했는데 어제오늘은 아주 쓸쓸하다. 화가 나 스트레스를 받지 않으려고 마음을 온유하게 계속 다스리려 한다.

두 번 다시 스트레스는 없도록 조심해야겠다. ✝

7.9.

뉴스 기사를 읽었다. 대전에 누추한 쪽방촌 노인들의 삶과 노르웨이로 입양된 여인이 겪은 양부모로부터의 학대와 폭행. 그런 내용들을 보며 내 수변의 많은 시설이 떠올랐고 공포와 회의를 느낄 수밖에 없었다. 정신병 환자들의 재활시설이나 미혼모 보호 시설, 보육원 또는 요양원….

노인들의 사연 외에도 내가 가끔 기부하고 있는 생명의집에서 지내는 미혼모들의 사연은 어떠할지, 열악한 상황에 놓인 그녀들이 새 생명을 낳아 끝까지 책임을 질 수 있을지, 그 아이들의 인생은 어떤 방향일지….

너무 심각하고 세상이 무서워진다.

나라에서 복지혜택을 더 크게 개선해야 한다는 결론밖에 나지 않는다. 사회의 어둠과 빈부의 격차를 생각하니 슬프다. 힘겨운 삶을 사는 사람들에게 사랑과 자선과 재능 기부를 사회에서 적극적으로 나서야 한다. 상처받은 환자들을 보호하는 사회가 요구된다. ✝

7.13.

정말 오랜만의 외출이다. 오렌지빛 원피스를 입고 고생하는 딸들 차례로 쇼핑 보고 장 보고, 신세계 아웃백에서 맛있는 식사를 즐겼다. 첫째 딸은 직장 내 핑크빛 설렘이 찾아온 듯하고 둘째 딸은 학교 일로 온몸에 몸살이 찾아오고 많은 양의 학교 과제에 치이고 있다. 난 다소 울적함을 애써 접으며 기분 내고 집에 돌아왔다. 걱정스러운 딸들을 위해 엄마께 기도를 요청드렸다. 이 새벽, 칭송을. ✝

7.14.

장마철인데 소낙비가 오는 것 같진 않다. 약간의 우울감과 불안감이 내 안에 공존하고 있다. 집에만 있는데도 엄마나 이모랑 통화할 새 없이 하루하루를 보낸다.

밤에 잠깐 보는 남편만이 유일한 나의 피난처다. 현실에 감사하며 가족의 건강과 행복과 밝은 인생만을 생각하고 싶다. ✝

7.15.

7월엔 다소 기분이 침체기다. 이어지는 피로 누적으로 지친 탓일까. 세상을 살면서 참으로 힘든 시절이다. 절대적 종교의 필요성으로 평생 가톨릭 신자로 열다섯 살 적부터 쉬지 않고 성당에 다니며 기도에 몸 바쳤다. 나이 70이 넘어서도 개종하는 변화의 시대에 나는 나이 들며 기도하기에 무척 힘에 겹고 믿음과 마음 비움으로 신앙의 크기를 크게 줄였다. 내가 굳이 종교를 개종해야 한다면 무교를 택하겠다.

나약함을 자신의 신에게 의지하면 위로가 되지만 인간으로서 기본 윤리와 권선징악, 그리고 악을 멀리하고 선행을 하려는 마음가짐과 포근한 사랑을 품고 사는 게 기본이라 생각한다. 종교에 대한 병적 집착, 그런 것들에 많은 회의가 드는 요즘이다.

종교마다 형식이 다 다를뿐더러 더구나 요즘은 종교 단체는 재정 문제를 해결하기 위해 신자들에게 금전을 요구하기도 한다. 종교는 상처받은 사람들의 은신처로서 마음의 치유와 평안을 얻기 위해 존재한다고 생각한다.

세상에 태어나서 죽을 때 나로 돌아가는 것. 죄 없이 바르게 살다가 깃털 날리듯이 가벼이 사라지는 것. 신앙은 공부하고 따지고 주장하는 것이 아니라 하늘의 뜻에 순응하고 편안히 믿는 것. 그럼 행복을 얻을 것이다. ✝

7.16.

둘째 딸이 집에 오고 벌써 한 달째. 부엌살림이 배로 바빠지고 내 몸도 점차 쉴 새 없이 최선을 다하며 가정에 매진 중이라 외출할 새 한 번 없었다.

첫째 딸이 엄마에게 결정적으로 필요한 도움을 주어 고마우면서도 자매간의 미묘한 관계는 안타깝다. 직장 생활을 기특하게도 잘 적응하고 있지만 때때로 예고 없이 오르내리는 기분이나 충동적인 성질은 어서 극복하면 좋겠다. ✝

7.17.

마침내 결론을 내렸다. 고민 끝에 가족 간 용돈을 재정비하기로 한다. 시댁, 친정에 보내는 용돈. 그리고 친정에 가끔 먹거리 보내는 일이나, 간혹 생기는 모임 식사비. 이것들 이외에는 모든 것을 과감히 끊기로 한다. 아주 특별한 경조사만 예외로 둔다. 첫째 딸은 다음 달부터 월급 타면 부모에게 소소하게 손 빌리는 습관은 고치기로 하고 둘째 역시 내년 6월 졸업 이후 취직하게 되면 모든 용돈을 끊고 적금을 인계하기로 했다. 무엇보다 내 저축을 늘려야 내가 그만큼 수명을 유지할 것 같다. 마음의 정리를 하니 홀가분하다. ✝

7.20.

7월, 길고도 메마른 언덕 같다.

순간의 우울과 딸에 대한 고민으로 수일간 근심하였다. 무더위에 짓눌려 하루하루 힘에 겹다 보니 칩거하며 지냈다. 하루 외출이 쉽지 않았다.

내일은 엄마를 좀 모시고 점심 먹으러 나갈 생각이다. ✝

7.22.

여름방학에 치여 못 만나던 엄마를 오후에야 모시고 신세계 백화점 아웃백에서 늦은 점심을 먹었다. 부모님이 점점 연세가 드시니 말년에 대한 준비와 의논을 했다. 무더위에도 건강해 감사한 부모님이지만 살아생전 한여름에는 도와드려야겠어서 풍족하게 지내시라고 모처럼 용돈을 챙겨드렸다. 아빠가 84세이니 엄마도 마음 한편에 준비하고 계시고 나 또한 장수를 빌지만 사람 일은 알 수 없는지라 안타까운 마음 한이 없다. 시어머님 떠나신 지 4개월째다. 다가오는 미래가 그저 남편과 의지하며 나아가고 싶을 뿐이다. ✝

7.23.

아! 주말의 고비를 넘기는 새벽. 매일 네 식구 살림 뒷바라지를 무탈하게 이어갈 수 있을지. 남편이 이틀을 푹 쉬었다. 월요일은 이제 내가 쉴 차례다. ✝

7.24.

살림의 고단함에 휴식이 기다려지곤 한다. 월요일 오후 4시가 되어서야 찬물로 몸을 씻고 안방에서 쉬고 있다.

오늘은 큰딸이 또 나를 충격받게 할 만큼 황당한 일을 벌였다. 딸들을 사랑하는 만큼 참으로 힘들기도 하다.
이 무더운 7~8월에 졸도할 것만 같다. ✝

7.28.

올해 여름휴가를 위해 새 호텔을 예약했다.
오늘 몹시 더운 탓인지 요즘 일찍 깨기가 어렵다. 두 딸이 집을 비운다면 난 안방에 콕 박혀서 홀로 휴가를 보냈을 것이다. 종일 잠만 쏟아지니 56세에 내 몸 하나 씻고 나 먹을 것만 겨우 챙겨주기 가능한 것 같다.
두 딸에게 좋은 길 열려 탄탄한 독립의 길 위로 어서 안착하길 바랄 뿐이다. ✝

7.29.

내일이면 여행 가방 들고 나 홀로 운전해서 새 호텔로 폭염 피해 쉬러 간다. 더 견뎌 보려 했는데 이모가 살림 쉴 겸 다녀오라고 격려해 줘 한층 마음이 가벼워졌다. 이젠 비행기 타는 것도 싫고 깨끗한 럭서리 호텔에서 휴가를 해마다 즐겨야겠다. †

7.30.

더블트리 바이 힐튼 판교에 체크인했다. 샤워하고 나오니 겨우 입맛이 돌아와 컵라면을 맛있게 먹었다. 그동안 살림에 지쳐 힘들었다. 창밖으로 펼쳐진 멋진 산을 조망할 수 있는 풍경이 마치 비행기를 탄 것처럼 근사했다. 참 깨끗하다. 여기서 더위를 오래 식히고 싶다. 약간의 우울감이 있어 약을 먹고 깊은 잠을 준비한다. 내가 참으로 행복한 사실은 내 속에서 열 달씩 키워 낳은 큰딸과 작은딸, 두 딸의 존재이다. 너무나 사랑하는 나의 딸들. †

8.1.

눈 뜨는 순간 새벽부터 첫째 딸이 찾아왔다. 둘째 딸이 어제 늦은 밤에 허탕 치고 간 줄은 미처 몰랐었다. 12시간을 깊이 잤었다. 제법 머리가 길어진 첫째 딸의 뽀송한 얼굴. 조식 뷔페 먹고 호텔 내부 수영장에서 수영을 즐긴 후 21층 닉스 카페에서 샤베트 디저트를 먹었다.

휴가 중 갑작스러운 부고 소식 전화. 작은오빠의 장모님이 뇌경색 3

일 만에 사망하셔서 남편과 연락해 급작스레 조문하러 나섰다. 쓰러진 노모를 뇌경색 시술 중 뇌출혈로 돌아가셨다는 이야기다. 올케언니는 곱게 가셨다며, 평온 충만한 모습이었다며 말하던 모습에 큰 미련이 느껴지지 않아 나도 위로로 받아들였다. 하늘의 남편에게로 가셨을 거라 짐작한다. 무더위에 현기증이 일어 픽 쓰러질 수 있으니 노인들에게 참으로 위험한 때이다.

젊은 나의 딸들도 한여름엔 건강 챙겨야 한다. 둘째 딸을 데리고 호텔로 왔다. 기특한 딸들을 위해 나는 엄마로서 최선을 다해 여름 더위 식혀주려 호강시켜 주고자 한다. 할 일이 너무나 많아 바쁜 둘째 딸과 21층 닉스 카페에서 검은 창가에 앉아 성남시 야경 내려다보며 황홀한 저녁 식사를 즐겼다. 화이트 와인과 오렌지 주스, 빵, 새우 파스타와 연어 크림스테이크. 나름대로 젊음이 고달픈 둘째 딸이 무리하며 많은 욕심을 부려 힘에 겨워한다. 듣던 중 사회복지사 싱글맘 HR 엄마가 항암 치료 중이란 소식을 듣고 안타까웠다. 둘째 딸의 향후 취업 방향을 나로선 예측이 어렵다. 전공 관련도 중하지만 둘째 딸은 뭐든 가능하기 때문이다. 쉽게 생각하면서 사는 게 중요하다.

시어머니 돌아가신 지 4개월 남짓…. 그사이 또 어르신 한 분이 세상을 떠나셨다. †

8.3.

나이 60을 올려다보며 인생 별 게 없구나 싶다. 어르신들의 장례식을 다니다 보니 죽음도 두렵지 않다. 개성 강한 딸들의 저마다의 결핍과 함성들. 엄마로서 이젠 경제 지원도 무력해져 가고 수명도 짧아져 오고 만사에 헌신했건만 내 몸과 내 마음이 쉴 사이 없다.

벌써 호텔 바캉스 5일째. 그간 딸들 번갈아 비싼 호텔 요리와 숙박을 조금씩 챙겨주었지만 이제부터 내일과 모레는 나 홀로 꽉 찬 휴양을 하려 한다. 일요일에 귀가하면 산더미 같은 집안일이 기다리고 있을 것이다.

딸들이 씩씩하게 야망을 품고 자립하길 바란다. 고마운 두 딸에게 행운의 꽃길만 남아있길.
난 어떤 상황으로 살더라도 감사로 받아들일 것이고 가장 중요한 건 마음의 평안함이다. ✝

8.5.

무더위의 극치를 찍은 8월 초. 뉴스에선 칼부림 소동이 일어났는데 가까운 동네 여기저기서 난리다. 불쾌지수가 높을 때라서 가족 간에도 둘째 딸과의 다툼, 첫째 딸의 우울증, 나는 무기력, 남편은 만성피로 등으로 고생이다.

남편은 전화 통화 중 한마디 말도 하기 귀찮아한다. 이 밤만 자고 나면 집으로 돌아간다. 얼마나 어질러진 집이 나를 기다릴까, 미리 겁이 난다. 그리고 첫째 딸이 아르바이트를 그만두고 방구석에 있을까 염려된다. 모든 걸 성모님께 맡긴다. 너무나 자유로이 살고 싶다. 혼자, 혹은 둘이.

딸들에게 강박이나 잔소리, 간섭을 끊고 마음 비워야겠다. 나 역시 어서 자식들 뒤치다꺼리에서 은퇴하고 싶다. 오래 쉬었는지 그래도 이젠 빨리 집에 돌아가고 싶다. †

8.9.

오늘 미소 아주머니가 약속을 지켜 오셔서 일하셨다. 여름이라 좀 쉬엄쉬엄하신다고. 아주머니가 일하신 지 어언 2년 반이 된 것 같다. 아주머니네 가족의 화목을 빈다.

첫째 딸은 사랑이 싹 튼건지 감성이 촉촉해진 덕인지 요즘 아주 예뻐졌다. 저녁에 둘째 딸 방문을 여니 어느새 옆으로 누운 채 잠들어 있었다. 참 예쁘고 사랑스럽다. 내 윽박에 눈물이 그렁그렁 맺히던 둘째 딸, 서글픔이 얼마나 컸을까. 다 지나가는 거란다. †

8.11.

오늘은 벼르다가 헤레나 님과 함께 기도하고 싶어서 도너스 데이에서 예쁘게 개조한 미니 풀장이 내다보이는 카페에서 사는 얘기를 많이 나누었다. 작년 11월 10일에 엘러펀트에서 만난 후 올해 들어선 처음이다.

약 22년을 이어온 인연인데 요즘 다리 수술 세 번 이후 2년 가까이 별로 좋아진 걸 모를 정도니 큰 액땜이다. 차 안에서 기도서 기도까지 열심히 서로를 위한 기도를 하였다. 내 존재를 행여 내심 불편해하려나 염려했는데 내가 있음으로 크게 좋았다는 말에 편안함을 얻었다.

내일부터 남편이 여름휴가로 줄곧 쉬게 될 텐데 요즘에 다소 시원해지긴 했지만 부디 건강을 충전하는 시간을 가졌으면 좋겠다. 큰딸은 기분이 아주 유동적이라 내 속 썩이는 일이 또 생길까 걱정이다.

오늘 인터넷 뉴스에서 비보悲報를 보게 되었다. 해금을 좋아하던 24살 젊은 여성이 해금으로 대학교 학사로 전공 후 해금 연주자로 일을 마치고 잠들었다가 급작스럽게 뇌사로 사망했다는 소식이다. 명이 다하기 전까지 마음껏 행복만을 누리고 싶다. †

8.14.

정신없이 잠도 오고 한 번 일어나면 집안일을 설거지부터 시작해 릴레이하듯 무리했다. 둘째 딸의 초등학교 동창이자 노래를 전공한 친구가 놀러 와서 2박 3일간 지내고 갔다. 너무나 어여삐 성숙한 모습이었다. 둘째 딸이 밝게 웃으며 수다 떨고 유쾌하고 명랑한 모습을 십여 년 만에 본 것만 같다. 다른 친구들과는 만나도 조용조용했는데 연신 웃으며 지내 삼시 세끼를 다 차려 먹여 갔다. 둘째 딸과 가장 마음이 잘 맞는 단짝인가 했다. 내 몸은 지쳐있었지만 둘째 딸의 밝은 모습을 보고 힘이 나서 너무나 감사했다.

남편이 휴가라고 긴장 풀고 행복해하는 모습이다. 나 또한 누워서 핸드폰 보며 함께 힐링한다. ✝

8.15.

우리 둘째 딸의 하루 일과는 소파에 누워 미주알고주알 아빠랑 수다 떤다. 가장 행복한 건 이렇게 크고 넓은 우리 집으로 이사 온 게 너무나 좋다며 고백한다. 옆에서 듣던 나도 기뻐했다. 둘째 딸이 정리 정돈만 잘해 준다면 더 예쁠 텐데. ✝

8.18.

남편이 며칠째 직장 휴가를 즐기고 있다. 날마다 운동에 끼니때마다 식사하고 충분한 숙면을 취하며 힐링 중이다. 오늘도 출중히 점심을 먹고 금세 곯아떨어져 에어컨 바람 쐬며 낮잠을 잔다.

지난 한 달 동안 무수한 외국 바이어들과의 협상이 힘들어서인지 찾아온 휴식을 실컷 만끽하는 듯하다. 낮잠에 취한 남편의 모습을 보니 심히 애처롭다.

오늘 저녁은 홀로 집에서 충분히 휴식하도록 일부러 늦게라도 나갔다 오려고 한다. 올여름 참 무더웠는데 첫째 딸은 열심히 세븐스마일에 매진 중이고 둘째 딸은 새 회사에서 컴퓨터 관련 업무를 받아 열심히 일하고 있고 내 남편은 직장 임원으로서 줄기차게 달리는 중이다. 나는 둘째 딸 여름방학 겸 가족들 먹거리를 준비하며 가족의 뒷바라지에 힘쓰다가 무더위를 피해 잠시 휴양 시간 지냈을 뿐이다.

이렇듯 온 가족이 열심히들 살았다. 기다리지 않아도 가을이 올 날이 머지않았다. †

8.20.

그이의 여름휴가가 끝나는 날이다. 이제 저녁 한 끼 잘 먹이고 내일이면 회사로 다시 출근하러 간다. 둘째 딸은 내일 학교 친구들과 푸껫으로 여행을 떠난다. 낮에 살림 몇 시간 꾸물대면 벌써 초저녁 5시다. 잠이 쏟아진다. 딸들 끊임없는 진로 개척. 나는 뒷바라지가 힘에 겨워 뇌 건강에 각별히 신경 써야겠다. 무리하지 않도록, 스트레스받지 않도록 조심한다. †

8.21.

여자 팔자는 남편이라지만 여자는 남편의 존속이 아니며 늘 남편으로부터 독립할 수 있는 준비가 되어있어야 한다는 것을 느꼈다. 정신적 독립과 경제적 독립. 가정주부로서의 고민이나 내면의 고민들 같은 외침을 남편이 다 알아주지 못하고 그것을 마냥 기대할 수 없다. 누구나 자신의 삶의 몫을 감당하고 자신이 결정 책임져야 하기 때문이다. 아프게 희생하면서 호소해 봐야 내 모습만 낙후될 뿐. 내 능력의 한계를 선을 그어야 한다. 여기까지. ✝

8.24.

이제 여행을 꿈꾸지 않겠다. 숨 막히는 좁은 비행기를 타는 해외여행도 다닐 만큼 다녔다. 광채 나는 예쁜 빛깔에 럭셔리한 고급 승용차와 에메랄드빛 바다가 있는 해외 휴양지의 꿈도 아스라이 사라져가는 석양처럼 물거품만 남아 손바닥 위에 뒹군다.

모든 것에 집착을 하나씩 내려놓는다. 간절한 것 하나도 없다. 뭔가 희망 한 자락 있으면 좋겠다. ✝

8.26.

너무나 갈급하다.

돌이켜보니 자식으로 인한 수행이 쉴 새 없었다. 하루는 즐거웠다가 하루는 질려 버리고…. 남편을 위한 내조도 주말이면 견디기 어렵다. 재미있는 시간을 만들어 주지 않는다. 내 평생 동안. ✝

8.27.

딸들이 외출 전 방을 정돈하지 않는다. 어지르는 습관을 고치지 않는다면 조치를 취할 것이다.

처서가 지난 지 며칠째다. 머리 감기 싫어지는 건 날씨가 서늘해진

까닭인 듯하다. 머리 한 번 감기가 얼마나 힘든지.

오늘부터 주말 미사다. 보라동 성당에서 미사를 보았다. †

8.31.

어제 별넷모임이 있었다.

다들 즐겁고 기쁜 소식이 가득했지만 다만 R 언니의 남동생이 57세의 나이에 췌장암으로 투병하다 두 달여 만에 사망했다는 안타까운 소식이 있었다. 홀로 남겨진 54세의 올케와 결혼한 조카들. 가족을 두고 너무 빨리 이른 나이에 떠났다. R 언니의 심경이 어떨지 감히 헤아릴 수 없고 나도 참 많이 슬프다. 초가을이기도 하고. †

9.3.

일요일 오후 3시에 일어났다. 우리 첫째 딸이 오늘내일 휴무일이었다. 머리 가꾸고 집에 와 온유한 마음으로 붓 들고 그림을 그린다. 너무나 사랑스럽고 행복하다. 내게 빛을 준다.

밥을 잔뜩 먹고 지냈더니 몸무게가 3킬로 늘고 팔뚝 두꺼워지고 온몸이 아팠다. 몸무게가 는 걸 몰랐다. 조금 빼야겠다. †

9.4.

추석이 이달 말인데 벌써부터 신경이 몹시 쑤신다. 챙기고 싶은 모든 사람 다 못 챙기고 기본만 하는 데도 힘에 부친다.

요 며칠 낮에 혼자 지내니 조금 살아나는 듯하다. 소식하며 컨디션 조절 중이다. 첫째 딸이 6개월째 한결같이 직장에서 좋은 새 동료들과 즐겁게 지내는 것이 다행이다. 마음이 뿌듯하다. ✝

9.7.

오늘은 헤레나 님 좋아하시는 수제 매운탕과 알타리 김치, 도넛 갖다 드리고 스윙스윙 카페로 모시고 가서 수다 떨다 함께 기도하고 헤어졌다.

시골의 작은엄마와 통화하며 대화를 나누었는데 자식들 고민을 마음 털어 고백하셨다.

연로한 큰고모님을 같이 찾아뵐 수 있을지.

너무 마음이 아파 제주도네 사는 사촌동생에게 통화해 안부를 확인하였다. 연인과 같이 잘 살고 있다고 한다. 해마다 추석 때면 난 사촌동생에게 전화를 걸게 된다.

가을 햇살이 선연한 아파트 뜨락에 주차하고 난 지금 우리 둘째 딸을 또 보러 가려는 중이다. ✝

9.9.

오늘 하얀 원피스 입고 남편과 강남 웨딩하우스 갔다가 몇 군데 떡 배달. 친정 부모님 뵙고 오다. 엄마의 뇌에 4mm 크기의 혹이 있다고 한다. 조용히 기도해야겠다. 아빠는 못난이 떡 한 접시를 너무 맛나게 잡수시고 흐뭇해하셨다. 무엇보다 사위가 함께 찾아뵈니 너무 좋으셔서 그리 밝은 모습은 보이시는 것 같다. 딸사위를 만나면 큰 위안이 되나 보다. 남편과 자주 뵈어야겠다. ✝

9.12.

안방 큰 침대에 누워 쉬니 내 몸의 모든 기가 쫙 풀린다. 오늘 첫째 딸과 함께 쉬니 편안하다. 몸의 노화로 미래에 대한 걱정 중, 내 비상금이 얼마 안 되는 게 큰 문제다. 누구도 내 돈을 불려 줄 이 없는데 어찌 살아야 할지. 내 몸 추슬려 목욕하기도 오늘은 힘들다.

첫째 딸이 며칠 안으로 회사를 그만두기로 결정했다고 한다. 참 즐겁게 다니는 것 같았는데 못내 아쉽다. 성모님의 뜻이 여기까지인 것으로 생각하며 받아들인다. 더 좋은 일이 생기기 위한 발판이라 여긴다. ✝

9.13.

며칠째 초가을 우기로 비가 안개처럼 머무른다. 며칠은 집에서 내 몸만 위하고 숙면했는데도 햇살 내리는 좋은 날씨만큼 기분이 밝지 않고 몸도 어딘지 시원찮다. 첫째 딸이 새로운 자리로 이직을 준비하는 중에 외로움을 호소하고 있다. 원룸에서 혼자 지내는 둘째 딸을 집으로 데리고 가려 한다. 판교 모모카페에서 오랜만에 가족 외식을 가졌다. 음산한 날씨만큼 마음이 먹빛으로 물든다. ✝

9.18.

주말 내 남편이 딸들 방에 암막 커튼을 다는 작업을 했다. 쓰레기 분리수거도 해주고 집안일을 나 혼자서 힘들었던 거 시원시원하게 도와줘서 너무나 고맙고 든든했다. 추석 앞두고 아버님과 남편, 시누이와 내가 적당히 어머니 추모 역할을 결정지었다.

안성 천주교에 방문. 게다가 추석 제사를 나더러 다하라고 하신다. 옛날식이라 경상도 예법을 바꾸지 못해서서 힘든 부분이 있지만 어르신을 이해하고 맞추도록 할 예정이다. †

9.19.

온종일 두 딸과 어수선했다. 쉴 새 없고 먹을 새 없어 잠자기 전 증편과 식혜 겨우 먹고 자려 한다. 내일 첫째 딸의 면접이 두 군데 잡혀 있다. 면접 장소로 운전해 준 뒤 엄마와 둘만의 시간을 가지며 기도도 함께 드렸다. 성모님 뜻에 편히 맡긴다. †

9.20.

엄마의 뇌혈관에 4mm의 혹이 있어 비행기를 타면 잘못될 수 있다고 하여 함께 계획했던 해외여행을 갈 수 없게 되었다. 엄마는 S가 보낸 전복을 썰다가 칼에 손등을 찔려 4바늘이나 꿰매 붕대를 하고 계셨다. 78세 나이에 처음으로 사후 준비를 몇 번씩 부지런히 알려 주신다. 아빠랑 함께 건강하셔서 걱정은 안 되지만 어느새 자꾸 나이 들어감에 염려하게 된다.

실직자 많은 세상에 내 남편에게 직장이 있어 감사하다. 첫째 딸은 고급 인력인데도 스스로의 가치를 알아채지 못하고 나약한 생각만 해서 씁쓸하다. 전 회사에서 잘 견뎌냈지만 퇴사하고 아르바이트를 한다니 허탈했다. 누구보다 사랑하는 딸이 자신감을 갖지 못해 아섭고 또 아섭다.

당분간 아프신 엄마를 위해 각별히 효도에 힘쓰기로 결정했다. †

9.24.

안성의 납골당에 남편과 함께 갔다. 우리 아버님이 깨끗한 얼굴로 며느리를 반겨주시며 몸 건강을 헤아려주셨고 시누이도 조촐한 보따리 싸 들고 어머님 유골함 앞에서 간단한 상차림과 절을 올렸다. 아버님은 절을 하고 일어나지 못하셨다. 내가 가져간 꽃바구니를 전해드린 뒤, 내가 처음으로 찜기에 찐 송편을 정성스레 같이들 먹었고 남편의 기도문을 다함께 들으며 사이좋게 금보리집에서 맛있는 한식을 먹었다. 훗날 추석에 시댁에서 만나자고 기약하며 헤어졌다.

햇볕만 쬐었을 뿐인데 온몸이 건강해진 느낌이고 자신감도 생성되었다. 그동안 긴 여름, 며느리로서 자주 못 찾아뵙고 나름대로 아버님을 마음 깊이 존경하지 못한 일을 뉘우쳤다. 부모님들 한 분 한 분 살아생전 후회 없도록 효도해야겠다. 누구든 사고만 나지 않길 바란다. †

9.29.

요즘은 노인들의 삶을 관조한다.

원치 않는 장소.

원치 않는 보호자.

이런 내용들.

추석 새벽.

잠시 자고 일찍 일어나야 한다. ✝

10.2.

연휴 3일 내리 연속 점심 약속이 잡혔다. 오늘 밤에야 목욕하고 머리 감고 연휴 내내 쏟아지는 졸음을 안고 이제 깊은 잠에 든다. ✝

10.4.

내 아빠가 돈을 쓸 때는 열 번 생각하고 쓰라 하셨는데 요즘 나는 한 번 돈을 쓸 때마다 20번 생각하게 된다. 월급 외의 비상금이 거의 줄어가고 있다.

6일간의 추석 연휴를 끝냈다. 3일은 가족 모임 및 약속이 있었고 매 끼니 준비해 가족 건강 챙기느라 최선을 다했다. 오늘 오후에야 어깨의 무거운 짐 내리고 긴장을 푼다. 가을 단풍에 서늘한 미풍이 파키라 잎사귀에 뺨을 스치듯 그렇게 시원히 불어온다. ✝

10.6.

첫째 딸이 오늘 특별히 8개월간 거의 12시간씩 서서 일하며 힘들게 번 돈을 쓰는 재미로 호사를 즐긴다 한다.

은행에 함께 갔는데 운 좋게 대표 조 팀장이 손수 모든 업무를 처리해 줬다. 조 팀장의 딸이 고교 졸업 후 공무원 시험을 준비해서 공무원이 되어 열심히 다닌다는 말에서 뿌듯함이 묻어나왔다. 학력만이 전부가 아님에 다소 위안을 얻고 세상의 흐름과 변화를 인지했다.

첫째는 친구랑 백화점 쇼핑을 즐겼다. 내 생일 선물로 천연 비누와 엽서도 사고 처음으로 아빠 선물로 스킨로션 세트까지 샀다. 여유로움을 즐기는 듯하여 기특하다.

가을 시작부터 우리 이모는 서글픔을 고백했다. 오늘 통화 중에도 밤엔 늘 불안 증상이 생긴다 하시니, 참으로 애처롭다. 이모가 건강하시고 행복하기를. †

10.7.

9월 추석 연휴 6일, 10월 들어 개천절 3일 연휴에 오늘부터 한글날까지 또 3일 연휴. 식구들이 잘 먹어 주지도 않아도 장 보고 밥반찬 준비를 한다. 이젠 그것도 쉽지 않다. 오늘은 잠이 충분하지 못해 저녁나절 샤워 후 깊게 잠자고 싶다. †

10.9.

요즘 등허리 꼬리 둘레나 한쪽 옆구리가 쑤시던 것은 다 나았다. 컨디션 밸런스가 깨져 아직도 졸리다. 내일은 기분 풀러 나가야겠다. 성모님께 구하는 기도보다 성모님께 맡기는 기도로 정착하련다. ✝

10.13.

혼자만의 시간을 보낸다. 메리어트 판교 호텔에서 봇들공원을 내려다보는 데 참 환상적이다. 오래오래 머물고 싶다. 3박의 일정, 그 이후엔 난 어디로 갈 것인가. ✝

10.15.

Bonvoy 회원 DC를 받았다고 해도 호텔비가 참 비싸긴 하다. 3박 동안 오직 잠만 자고 멋진 봇들공원 판교시티 풍경을 다 누렸다. 몸 건강 챙기려 나를 위한 요리도 시켜 먹었다.

둘째 딸은 학교 본업과 아르바이트를 절충해서 지내고 있는데 자신의 일을 너무 공유하지 않으려 하고 독립주의라 호주 브리즈번으로 가겠다는 계획이 나로선 겁이 난다. 엄마로서 경제적 무능력도 미안하다. 얼마나 알뜰한지 내 두 딸은 참으로 검소하다.

잠이 쏟아져 밤새 깊이 잘 것 같다. ✝

10.24.

주말에 가족 뒷바라지하다 어제오늘 깊은 잠을 들었다가 낮 1시 15분에 깨어났다. 고춧가루 다진 양념으로 배달 온 실파 김치 버무리고 연달아 오는 택배 정리에 시골 작은엄마가 보내오는 김치 나눠 정리하느라 느지막이 목욕 후 머리 감았다. 와중에 J 언니 전화 와서 통화하고 나니 몸이 녹초가 되었다.

자녀들이 학업을 마치고 남편이 퇴직할 때쯤 위자료 챙기되 이혼은 하지 않는 상태로 가정 노동을 정리하며 엄마와 아내로서의 임무를 끝내고 따로 사는 것을 '결혼생활을 졸업한다'는 의미로 '졸혼'이라고 한다.

남편의 건강만 편드느라 미래에 딸들의 혼사나 출산을 지켜본다든지 외할머니가 될 꿈은 버리고 마음을 다 비웠다. 꿈이 없다는 건 수명을 단축시키는 거다.

저녁 시간, 텔레비전에 벨기에에서 살고 있는 44세 여성과 파일럿 남편, 대여섯 살 딸이 스포츠카를 타고 인생을 즐기는 이민자의 삶을 보았는데 너무나 멋지고 동경하게 되고 나의 젊음을 되찾아 우아한 머리 스타일로 멋 부리고 멋진 감동을 주는 세련된 여인이 되고 싶어졌다. 영화 〈깊고 푸른 밤〉 속 장미희의 머리 길이쯤 되나 보다. 살림에 찌들어 너무 지친다. †

10.30.

자녀를 믿어 주는 만큼 자신이 바르게 산다. †

11.1.

며칠째 계속 집에서 할 일이 많아 외출을 못했다. 오늘은 오전에 아주 단잠을 잤다. 꿈을 꿨는데 비행기에서 잘못 내려 원래 목적지인 한국이 아닌 일본에서 허둥대는 꿈이었다. 어찌 되었든 아주 달게 자서 살 것 같다. 오늘에야 힘든 피로가 풀렸다. †

11.4.

난 앞으로 어떤 희망을 꿈꾸며 살아야 하는가.
남편과는 동반자로서 편안하다.

딸들이 많이 강해졌어도 작은딸이 홀로 호주에 가는 건 엄마로서 흔쾌히 찬성할 수 없고, 큰딸은 사랑하지만 병이 심할 때는 지친다.

우리가 삶의 수명을 정할 수 있는 것들 :
- 내가 목표하는 수명 나이.
- 삶의 의지력.
- 자신 또는 보호자의 자산.
- 나아가선 가족의 자산만큼.
- 신체 건강 상태의 한계.

마음 비움을 연습하며 살아가야 하고 무언가 새로운 꿈을 꿔야 할 것 같다.

오늘 엄마의 연약해진 모습에 두 눈 감고 마음으로 눈물 흘린다. 엄마가 안타깝다. ✝

11.5.

몸이 좋지 않아 항생제를 계속 먹었더니 얼굴이 붓고 어깨도 시원찮고 머리도 아프다.

내일 모임이 있어 단속은 했는데 공연히 신경이 날카로워져 부딪힐까 봐 조심히 약속을 못 지키는 사람으로 남고 싶다.

안방 침대가 이리 편할 수가! 휴양을 생략하고 남편이 둘째 방에서 지내도록 했다.

오늘 둘째 딸이 와서 겨우 하루 자고 가는데 부디 호주로 홀로 가지 않기를 소망한다. 건강상 위험 때문이다. 둘째 딸은 내가 사 준 옷을 의외로 곧잘 마음에 들어 하고 베이지 가방도 좋아한다.

돈을 버는 것은 기술이고 돈을 쓰는 것은 예술이라는 말이 있다. 저축을 조금씩이라도 해야 남는 것이다.

내가 행복하게 호강만 해왔다고 여겼지만 가족을 위해 많은 희생을 해서인지 잠재된 스트레스가 적지 않다.

이사 온 후로 가을의 정취를 느낄 새 없었다.
헤레나 님께 음식 배달 봉사 갔다가 차 안에서 함께 기도할 때 자동차의 유리창 와이퍼 위로 떨어진 빨간 단풍잎 댓 장 치운 거.
이모네 집 앞에 들렀다 나올 때 옆 동의 샛노란 은행나무 한 그루 찬란했던 거.
우리 집 창밖 붉은빛 가랑잎 조촐히 남아있는 나무 두어 그루.
그게 내가 본 이번 가을의 전부였다.

동네 이웃 분이 항상 10월이면 가을 감성 앓는 내가 생각난다 했는데 난 이젠 가을 감성을 잊었다. 외롭지 않고 다만 홀로 있을 시간이 필요할 뿐.

돌아가신 시어머니를 따라 오직 나를 낳아 주신 엄마를 보살피는데 오래 사시도록 마음의 평정과 미소 띤 얼굴을 되찾도록. 모든 건 당분간 '멈춤'이다. †

11.6.

여름 지나 처음으로 별넷모임 광교 포시즌에서 좋은 음식 먹으며 재미난 수다를 즐겼다. 네 여인이 즐겁게 일상을 공유하였다. 친손자 본 R 언니. C 님의 결혼 앞둔 멋진 아들 커플. P 회장님의 사돈들 부고 소식. R 언니의 93세 친정어머니의 요양병원 입소 소식 전하며 눈물

머금고. 선물도 나누며 좋은 시간 보냈다.

　엄마의 우울감이 걱정되어 버거 세트 가져다 드리며 잠시 뵈었는데 안색이 밝진 않았다. 마음이 어서 밝고 명랑해져 환한 미소 되찾길 바란다. 의지와 믿음을 갖고 강건함과 의연하시기를. ✝

11.7.

책을 내진 못할 것 같다. 그러나 나의 글쓰기는 나의 숨쉬기며 나의 기도이다. 쉬지 않고 기도함은 젊을 때 가능했다. 이제는 기도도 에너지다. 기가 빠진다. 매달리는 기도를 벼 이삭 쓸어 담듯이 거두어내고 믿음을 갖고 숨 쉬듯 편안히 기도하기를. ✝

11.8.

오늘의 한 줄. 우리 집 층간소음. 6월. 둘째 딸 여름방학 무렵이다. 내가 안방을 사용하기 시작했을 때부터 이상하게 시끄럽던 윗집의 이동 소리. 우리 집 천장 소음 소리 유난해졌다. ✝

11.12.

헤레나 님의 명언.

"누가 남의 일에 신경 써? 누구든지 자기 일에만 신경 쓴다." ✝

11.13.

남편과 단둘이 살게 될 날을 기다린다.

엄마의 심기가 요즘 조심스러운데 엄마께 안 좋은 일 있는지 너무 걱정스럽고 마음의 그림자를 벗고 환한 웃음 짓기를 기다린다. 내 딸들만큼은 내 엄마가 건강히 오래 사시길 함께 기도하는 외손녀들이 되어주길. †

11.18.

저녁을 남편과 배불리 먹은 뒤 목욕하고 머리 감으니 참 상쾌하다. 내일은 주방 살림으로 바쁠 듯하다. †

11.19.

오늘은 친정 부모님 운전해 드리고 안성천주교 납골당에 다녀왔다. 생화 꽃바구니 안고 남편과 함께 묵상 기도하고 겸사겸사 부모님이 미래에 영구 안치되실 자리 둘러보시고 점심 먹고 즐거운 드라이빙도 했다. 늘 나의 엄마의 심신 신경 쓰느라 조심스럽게 말을 줄였다.

집에 와 마음 다스리니 비가 살짝 스산했다.

친정 부모님 집에 오셔 생신 케이크 커팅하고 웃음 지으며 가셨다. 온전한 건강 상태를 변함없이 누리시리라 고요히 고요히 내 남편처럼 진중히 믿고 믿고 또 믿는다. 아멘. †

11.21.

오늘 엄마 생신으로 엄마랑 이모 모임. 즐거운 날이었길 바란다. †

11.25.

요 며칠 이모의 아들 혼사 준비로 분주한 이모랑 저녁 통화로 말 나누며 따스함을 느꼈다.

그래서 잠시 잊었던 엄마 건강 컨디션 보살펴야겠다. ✝

11. 30.

딸이 씩씩하게 두 군데 아르바이트를 일해내는 능력에 너무나 고마움을 느끼며 뿌듯하고 고맙기 그지없다.

어느덧 은행잎 한 장 줍지도 못하고 곧 12월 시작을 맞는다. 제일 먼저 생명의 집 용품 봉사, 수녀님 7분의 목도리 선물 봉사, 몸컨디션 되찾기. 오늘 오후 오랜만에 찬송 노래 듣고 묵주 기도. 추위 속 일하고 오는 가족을 기다린다. ✝

12.1.

올해 들어 상큼 추위에 청소기 돌리고 찬바람으로 환기했더니 마음까지 환기된다. 남편 아침 먹거리인 떡 찾으러 운전하면서 즐긴 짧은 단상. 아쉬울 거 없이 다 누리고 살았고 남편이 나이 60에도 꿋꿋이 즐거이 직장 다니고 한 달 수입이 적어 미안하다고 겸손해하니 나로선 넘치고 넘쳐 고맙디 고마워 감사함이 넘쳐흐른다. 남편의 능력에 깊은 감사. 우리 남편 소개해 준 J 언니에게도 진심으로 감사. 내 두 딸도 더도 말고 요 엄마만큼만 세상 누리고 산다면 더 바랄 게 없다. ✝

12.5.

엄마께 효도해 드리려 주말에 애쓴 기운 떨치고 통통 부은 얼굴 꽃단장하고 분홍 퍼 화려하게 걸치고 엄마를 모시고 AK 아웃백으로 모시고 가다. 어여쁜 여아 옷 매장 옆, 백화점 위층에 근사한 스테이지를 발견. 런치 세트와 뜨거운 커피랑 마시며 연말 기분 내고 꼭 마음에 드는 흰색 모자에 아몬드 꽃무늬 커피잔 세트. 귀여운 아기 의자도 너무 예뻐서 샀다.

엄마가 너무나 작은 프라이팬을 사고 싶어 해서 고급 제품으로 사 드리고 기분 좋게 오는 길에 성당 촛불 봉헌하고 어머니 배웅 후 집에 오다. 엄마가 본래의 편안하고 밝은 안색을 얼마 전부터 되찾으셔서 얼마나 감사한지 모른다. 은둔과 비밀스러운 공포감이 벗어졌다.

몸이 천근만근 아직 비만기. 회복이 아직 안 됐다. 내일은 컨디션 조절하고 쉬어야겠다. 사랑스러운 우리 딸과 함께 살아서 너무나 감사하다. 둘째 딸도 어서 와 호사를 누리길.

영화 〈러브 스토리〉에선 "사랑은 미안하다고 말하지 않아요"라고 에릭 시걸이 얘기한다. 난 시어머니 별세 후 남편이 사기가 죽어 간혹 미안한 표현을 한다. 월급을 적어서 미안하다고 했다. 애정 표현을 손 한 번 잡아주지 않는 남편이지만 미안해하는 모습을 보면서 그것을 최대의 사랑 표현으로 받아들인다.

어느 수필가의 책 제목이 감미롭다.

『미안해 미안해』

미안하다는 말. 아름다운 말인 것 같다. ✝

12.7.

오랜만에 대 살림. 새벽부터 주방일, 청소, 환기, 빨래, 목욕 풀코스로 하고 쉬고 있다. 남편은 담관 염증 때문에 세브란스에 있다. 검사 결과 기다리는 저녁 시간. 추운 12월에 병원에 여러 번 함께 행차했는데 요번엔 주기적 관리. 특별히 힘껏 기도 또 기도해서 걱정 안 된다. 순조로운 예감이 든다. ✝

12.8.

딸이 얼마 전 본 영화는 부모를 여읜 젊은 여자가 길 위에서 노래를 부르는 이야기였다. 큰딸이 영어로 그 노래를 불러 주었다. ✝

12.9.

연말 봉사 삼아 헤레나 님 모시고 신세계 가서 회냉면과 김밥을 맛깔스레 함께 먹었다. 커피 마시며 헤레나 님 남편 얘기. 연말 카톨릭 봉사 이야기. 무엇보다 딸의 근황. 특이 체질과 개성 이야기를 공유하며 한바탕 웃고 즐겁게 한바퀴 돌고 차 안 기도 열심히 진심 모아 해 주고 귀가하였다. 피로를 푸는 휴식 시간이었다. 오래 이어온 마음 편한 기도 이웃이다. 연말이라 집에만 있기 싫어 날짜 잡는 중. ✝

12.10.

오늘 평화방송에서 김창렬 주교님의 말씀.

아무것도 할 줄 모른다.

오직 감사밖에 할 줄 모른다.

하늘로 갈 때도 감사할 줄밖에 모름을 가져가고 싶다.

일요일 밤 신경이 노곤하다. 눈이 며칠째 피로하다. 이유는 목요일부터이다.

남편이 담관 염증 통증으로 예민해져서 혼자 지내도록 신경 써주느라 일부러 외출해 주고 죽 끓이고 직접 청소까지 했다. 오늘은 우리 딸 끼니 챙기고, 나로선 솔직히 벅차다. 이제 딸 브리즈번으로 워킹홀리데이 체험 보낼 준비. 그나마 요즘은 딸이 열심히 일해 줘 잘 지낼 수 있었다.

친구에 대한 단상.

난 타산을 갖는 관계는 자른다. SNS로 1년에 한 번도 소통하지 않는다면 더 이상 필요로 하지 않는 관계이다. †

12.11.

아직도 피로하다. J 언니의 전화 소식. 91세 큰고모 완전 노화된 모습 사진에 충격을 받았다. 언니의 허리 대상 포진. 언니의 시어머니는 또 입원 고비를 넘긴 소식. 눈을 감는다. †

12.12.

이모 생신이다. 엄마랑 이모랑 함께 식사를 함께했다. 이모가 딸 결혼 시킨 후 밝아졌고 엄마랑 서로 즐거운 시간을 보냈다. 엄마는 편안해 보였고 몸도 마음도 배부르신 듯했다.

난 늘 살림 은퇴를 꿈꾼다. 내 몸만 위하며 살고 싶다. 모든 강박을 버리고 쿨하게 마음 비우고 편히 살고 싶다. †

12.14.

여름부터 햇빛을 안 쬐었다. 오늘 날씨 축축한 날 은근히 몸이 좋지 않고 부쩍 눈이 따갑다.

연금이 벌써부터 나와 정산하느라 오랜 시간이 걸렸다. 남편이 퇴직하면 허리띠 졸라 매야겠구나.

계속 비가 온다는데 나가기 싫고 누워 지내야겠다. 아무것도 안 들리고 매일 밤 밖에서 빗소리만 들리는 듯하다.

난 아내이기 전에 여자로서의 하나의 객체다. 난 사랑을 거부하고 원치 않는 사람으로 살았지만 이대로 누운 채로 돌이 되거나 어떤 어떤 새로운 삶의 희망을 잃어버린 지 오래되었다.

어여쁜 아기를 바라보며 느끼는 행복의 극치, 그런 꿈같은 일을 바랄 수 없다면 석고상과 같은 굳은 영혼일 뿐이다. 꿈이 없는 삶은…. 일찍이 인생을 비웠기 때문에 그 어떤 것으로도 슬프지 않다. †

12.15.

나는 돈에 연연하지 않지만 어떻게 하면 돈을 벌 수 있을까 생각하고 궁리한다. 잡노동은 못하고 책 관련한 워드, 교정, 출판, 표지, 인세, 광고비, 루트를 알아봐야겠다. 종이책, 전자책…. 이럴 때 난 도움이 필요하고 돈도 필요하다. †

12.16.

나의 글은 나의 기도이며 나의 숨쉬기이다.

오늘 겨울 첫눈 내린 날이다. 며칠 동안 은거하다 아르바이트로 고생하는 딸을 데리고 오랜만에 광교 갤러리아에 가서 쇼핑 즐기며 걸어 다니며 성탄 분위기를 만끽했다. 마음에 드는 상품 보며 눈요기하고, 트리 장식품, 딸 위한 비즈 머리띠, 핸드크림, 마음껏 아이쇼핑, 귀한 아기 엄마들 모습, 올드 미스, 연인인 듯한 멋진 커플, 키 180 정도에 호리호리한 몸에 평범한 코트 차림의 여인.

난 여자이지만 보기 드문 미녀를 보면 너무나 기분이 좋다.

우리 딸과 즐겁게 아이쇼핑하고 남편을 위한 붕어빵 디저트 사서 귀가했다. 마음이 편안하다. †

12.17.

일요일. 또 하루를 남편 뒷바라지하며 보냈다.

12월. 여전히 내 자신이 갑이다. 낮춰도 좋고 높여도 좋다. 마음이 잔잔한 바다와 같이 단조롭고 평화롭기를. 그대들에게도 평화를. 미래를 알 수 없는 망망대해를 나 홀로 항해하는 기분이다. 이렇게만 편안하게만 영원히 살면 더 바랄 것 없다.

초겨울 단상. †

12.18.

오늘 월요일. 우리 딸도 주말 내내 낮잠을 잤다.

롯데 분당에서 새로 생긴 카페에서 뜨거운 커피 한 잔 마시며 주말의 휴식 심호흡하며 힐링했다. 내 남편과 통화하고 엄마께도 안부 통화. 딸과 기분 내기보다 내 기분을 환기한다. 조금 걷다가 딸이 운전해서 귀가했다.

백화점 아주 작은 통로 벽에 전시된 캘리그래피 액자 속 한마디.
"행복을 위한 삶의 노력은 나 자신에게 주는 선물이다." †

12.19.

마음은 비우는 만큼 부유해지는 것이다. †

12.21.

하느님의 십계명 -
"너의 이웃을 내 몸과 같이 사랑하라."
난 내 남편에게 받은 사랑과 노고를 갚기 위해 노력하고 싶다. †

12.23.

교통사고 후유증으로 뒷목 부근에 조금 무거운 증상이 느껴진다. 얼음물로 샤워했다. 즐겁고 행복한 일들과 일상으로 귀환이다. 친구도 지인도 그립다. 못 견디게…. †

12.24.

Forever again. 인생은 끝이 없는 시작. †

12.25.

누군가 하나의 친구가 그립다. 친구 YS는 소식 없고. EH 언니랑은 언젠가 뜨거운 커피 한 잔과 마음 나눔 갖고 싶다. †

12.27.

차 사고 이후 오늘은 택시를 사용했다. 꽤 불편했다. 오랜만에 햇살 가득 카페 창가에서 엄마 기다리는 중이다. †

12.30.

벼르던 어머님 안성 유골함 앞에 남편과 찾아뵙고 인사드리고 오다가 시미리 작은어머니 댁에 비싼 빵 한 봉투 안겨 드리고 앞집 개조해 사는 M 언니 마주쳤다. 아버지 산소 가까이에서 기도드리고 남편과 돌아왔다.

내가 좋아하는 작은엄마 봬서 좋았고 마침 큰집 딸과도 통화도 했고 무엇보다 안성에서 남편과 함께 먹은 갈치찌개가 정말 맛났다. 만나기 어려운 점심. 남편과의 데이트.

남편이 나이 드니 쉬이 피로해하고 졸음에 길도 잃기도 했다.

내일. 모레는 명절이라 할 수 없고 우선은 내일은 쉬어 보고 봐야겠다. 오늘은 눈이 스펀지 조각처럼 푸석이며 폴폴 내렸다. †

김상아의 단상

기도

정숙하고 바르고 검손함을 갖춘 부부의 모습으로 살아가게 하소서. 제게 이 세상 미운 사람 하나도 없음의 가장 큰 복을 주신 오직 내 편을 들어주시는 예수 그리스도님의 큰 사랑에 깊은 감사 드립니다.

돈 벌러 다니지 않아도 됨에 감사합니다.

가족들의 건강이 무고함에 병이 발생하지 않음에 사고가 발생하지 않음에 감사드립니다

사랑으로 인한 고통 없음에 감사드립니다.

재물을 하늘에 쌓아 두어라. 마음을 비우면 행복하다. 하느님은 나는 새 떼들에게도 먹이를 주신다고 하셨으니 내일 일을 걱정하지 마라. 너희가 원하는 대로 구하면 이루리라.

1.1.

주님께서 내게 주신 씨앗 하나.

가장 큰 선물은 내 가족. 내 마음 언제나 영원한 끝없는 수평선. 바다와 같은 평화로움으로 나를 채워 주신다는 것. 신니엔 콰일러. ✝

1.2.

연휴 3일 지낸 오늘은 많이 피로했다. 초저녁인 지금까지 눈을 못 뜬다. 친구가 그립다.

나 자신을 뉘우치고 또 뉘우친다. ✝

1.3.

종일 병원 볼 일에 남편 좋아하는 깍두기 담고 저녁밥 지어 기다렸다가 남편과 오랜만에 마주 앉아 밥을 먹는데 남편이 밝고 방긋방긋 웃는 나처럼 찌든 60세의 얼굴이 환하게 밝았으면 좋겠다. ✝

1.4.

내가 좋아하는 환상의 작은 바닷가 보라카이로. 딸과 여행 가방 곁에 놓고 스타벅스에서 커피 마시며 리무진 시간 기다리는 중. ✝

1.5.

칼리보 공항으로 가는 비행기 안. 밤 10시 18분. 내 인생의 종착점을 정하기로 결심한다. 요 핸드폰의 3퍼센트 남은 배터리처럼 내 인생도

막을 내릴 날 얼마 남지 않았다.

옛 스승님의 사생활을 관망하며 이웃의 감옥. 가정의 감옥. 사회의 감옥. 윤리의 감옥. 이런 걸 초월한 사람들 심경을 헤아려본다. ✝

1.6.

첫날부터 비 내리는 보라카이. 세 번째 온 필리핀의 작은 바닷가. 이번 15년 만에 온 보라카이는 많이 달라지고 개선돼 차원이 높아져 있었다. 2년을 관광지 운영을 쉬어가며 바닷물 수질 개선했다고 한다.

오늘은 태양 맞이 가운 입고 넓은 챙 모자 쓰고 선글라스 차림으로 해변의 새로운 모습들 즐기다가 냉커피 사서 룸으로. 프랑스 니스와 흡사한 쇼핑몰. 카페 늘어나고 바다 빛도 훨씬 맑아져 하얀 크리스털 같았다. 오후 늦게 전신 마사지 일정. 노년으로 가는 몸을 풀어야 한다. 오늘 시원한 전신 지압 받고 내일 또 단체로 함께 하려니 내가 여행 체질이 아니라서 다소 불편은 하다. 그래도 호텔이나 몰이 많이 좋아져 쇼핑이 즐겁고 고급 카페 들어서고 하늘이 맑고 비치는 아름다웠다. 또 오고 싶을 거 같다.

딸이 룸에 혼자 있고 싶어 해 혼자 밤 외출했다가 내가 너무 오고 싶던 휴 리조트를 발견했다. 새로 지은 리조트인데 밤의 조명의 눈부신 중앙의 수영장과 그 둘레로 멋진 RA-UD 레스토랑에서 카페라테와 피자.

꼭 오늘이 마지막 여행 날 밤인 양 열심히 즐긴다. ✝

1.7.

오늘 아침은 비치에서 적당한 바람을 맞으며 타월을 깔고 누워서 휴양을 만끽하였다.

딸이 그림을 완성했다. 마거리트 꽃 그림. 네 번째 작품이다. 오늘 저녁은 내가 큰딸을 데리고 어제 보았던 멋진 레스토랑에서 근사한 저녁을.

내일은 체크아웃. †

1.8.

밤 열두시에 탑승해 한국으로 가는 중이다. 보라카이에선 기후가 우기라서 서늘한 바람과 낮의 뜨거움이 적절했고 거의 매일 레몬 씨앗 같은 비가 눈물방울 흩날리듯 내렸다. 노화되어 허우적거리는 몸을 이끌고 쉬지 않고 걷고 또 걷고.

D몰의 어여쁜 상점이 마음에 들어 예약했던 가방을 사고 엄마와 지인들 줄 선물도 올망졸망 조금 샀다. 아침에 귀국해 집에 가면 내일은 도우미 오는 날이다. 집청소 깔끔히 하고 칼리보 공항 근처 작은 면세점에서 사 온 은조개 샹들리에를 거실 중앙에 걸고.

매일 내가 행복해지기 위해 최대의 노력을 아끼지 않을 것이다. †

1.9.

오늘 오신 청소 매니저님은 숨은 고수였다. 8시간을 쉬지 않고 일하시기에 내가 돈도 많이 줬다. 이사 와 3년 반 동안 쉬지 않고 두 팔로 살림해 왔다. 요즘은 건강 밸런스가 좋지 않아서 팔이 마비될 거 같은 어눌함이 느껴진다. 확실히 도우미가 있으면 편하단 걸 느꼈다. †

1.10.

기다리던 쇼핑몰의 롱 코트를 입었다. 행복한 1월. 꼭 맘에 드는 옷 두벌이 기다려지고 설렌다. 남편이 주는 결혼기념일 선물. 뿌듯하다. 남편과 사후에 함께 유골함 하나에 함께 담겨지고 싶다. 비슷한 시기에 떠나야 가능하겠지만. 남편이 곁에 있으면 외롭지 않다. †

1.11.

C 님에게 전화를 걸었다. 가까운 이웃인 우리끼리 따로 만나자고. 우리 별넷모임 친분이 별로 없어 유지가 어렵다고 한다. 내가 참 사랑하는 시인 동기 C님. 내년 봄 아들 결혼 후에도 더 행복하기를. †

1.14.

일요일 아버님 생신이라 찾아뵈었다.

추워 보여 목에 손수건 둘러매어 드렸다. 시누이랑은 서로 상냥하게 지내고 돌아왔다. 밤에 미국 뉴욕에 사는 조카랑 영상통화를 했다. 곧 친할머니와 고모 뵈러 한국에 7일간 온다고. 너무나도 기쁘고 희망 솟는 소식이다. †

2.18.

57세를 맞으며 처음으로 수명이 적어지는 서글픈 깨달음을 실감했다. 며칠째 뉴욕에서 온 조카 부부 뒷바라지로 요즘 젖어 들던 우울증을 잊었다. 바짝 마르고 여윈 조카의 모습을 보며 부러움과 안쓰러움이 교차했다.

소망했던 생명이 생겨나서 다행이고 부디 건강하게 자라며 기쁨 주는 아기이길 바란다. 조카가 고생하지 않기를. 첫째와도 곧잘 어울리고, 좋은 아이다. 이 밤을 새우면 흡사 피로연 같은 가족 모임. 모두들 만족하기를. 주님. 생명을 지켜주소서.

둘째 딸의 23세 생일. 아무 염려 안 한다. 밝고 긍정적이길 빈다.

삶의 행복 지향자. 오직 행복해지기만 신경 쓰고 싶다. 달콤한 아이스크림 한 스푼 같은 책의 탄생을 기다리며. †

2.21.

오늘 살림을 내내 했더니 몸살이 지속된다. 목욕 후 저녁인데 일찍 깊은 잠 청하고 싶다.

조금 울적하다. †

2.23.

오늘 갑작스럽게 눈이 내렸고 종일 집에서 다소 살림하며 긴 하루를 보냈다.

다행히 조카 부부가 나흘을 우리 집에서 첫째 아이와 잘 조율해 지내며 즐거움 만끽하다 갔다.

작은딸이 호주로 떠나 나는 이젠 휑하니 시간만 많은 자유로운 백조가 됐다.

모든 사람 내면에는 근심 걱정, 저마다 갖은 별별 결핍과 상처가 다 있어 내겐 콤플렉스는 없다. 마음 비움의 이유다.

오는 인연 막지 말고, 가는 인연 잡지 말며, 놓으면 자유요 집착은 노예다. 나이 들어 가는 우리 부부. 빠른 세월의 물갈이. 적어져 가는 내게 남은 햇수들. 날짜, 날짜들. 그런 걸 실감한다.

오늘은 제발 밤새 숙면하길. 기도합니다. †

2.23.

나를 위한 힐링의 시간.

현대백화점에서 나 홀로 근사한 마르게따 피자와 아메리카노를 곁들인 환상의 저녁 식사를 즐겼다. †

2.25.

내게 돈을 주지 말고 맑은 하늘과 같은 마음을 달라.

감히 맑은 내 마음에 재 뿌리지 말라.

돈은 천박한 것. 욕은 천박한 것.

욕을 속으로 하는 것과 입 밖으로 내는 것은 하늘과 땅 차이.

욕을 하는 사람은 가장 못 배운 사람이다.
아무도 사랑한 적 없었고 아무도 사랑하지 않을 것이고 아무도 사랑하지 않는다. †

2.28.

근본적으로 내가 가진 어둠, 내가 가진 우수. 이런 청승을 아주 싫어하는 사람들이 있다. 밝고 자신만만해야 좋아하고 나를 부러워한다. 사람은 꼭 솔직한 진실이나 인간적 고즈넉함을 편안히 보일 수 있는 상대가 좋은 것이다. 그런 내 모습을 사랑해 주는 사람은 내 남편. 차이가 없다. 마음을 읽을 줄 알아야 한다. †

2.29.

엄마 모시고 광교 갤러리아 백화점을 처음 모시고 갔다. 엄마와 함께 걸으며 쇼핑한 날. 사고 싶었던 골드 목걸이 세트 사고 중식당 '청'에서 짜장면과 비싼 탕수육을 사 드리고 엄마가 용돈도 챙겨 주셨다. 마음 편하진 않았지만 억지로 받고 또 쓸 일이 많기도 하고.

봄이 빨리 내게 오고 있고, 간절히 친구가 그립다. 내 친구 YS. †

3.3.

3일의 연휴 이후 찾아온 몸살로 칩거했다.
고요하니 살 거 같다. †

3.5.

어제 친구를 만나 저녁 먹고 오늘은 헤레나 님과 신세계에서 커피를 마셨다. 봄에 해외 두 군데는 못 갈 듯하다. 하와이는 금전 조건이 나빠 포기했다. 둘째 얼굴 보러 호주 브리즈번엔 갈 수 있을지. 경로가 복잡해 부담스럽긴 하다. 모든 것은 순리대로….

교통사고 후유증으로 내 평생 최다 체중이 되었다. 마음만은 느긋하다. ✝

3.7.

매일 돈 쓰는 게 일이다. 너무 소비를 많이 해서 남편에게 미안하다. 씀씀이가 소소히 맨날이다. 각성을 하고 현실에 맞게 지내야 할 것 같다. 크게 쓰고 싶은 것들은 아껴 두고 포기해야 한다. 아껴 써야 한다.

우리 둘째가 출국 후 곧잘 영상통화로 가까이 지낸다. 오늘 둘째는 브리즈번에서 생겨난 새 인맥과 대인관계 이야기를 해주었다. 콜롬비아인 파일럿과 미국에서 유학했다가 브리즈번에서 일한다는 금융인 대만인. 젊음의 청량함과 신선한 연인들의 핑크빛 사랑이 예견된다. 맑고 청정한 하늘 아래 환경에서 우리 둘째 딸에게 펼쳐질 밝고 행복한 미래를 꿈꾸며 나 또한 삶의 희망이 생긴다. 나도 건강 챙기고 품위 유지해야겠다. ✝

3.9.

첫째가 31살. 돌봐 줄 인연 만나 독립해 잘 살면 참 좋겠다.
때로는 슬프다. †

3.14.

며칠 전 새로 태어난 HS의 아기를 찍은 영상을 보았다. 엄마를 닮은 아주 예쁜 딸이다. 태어나는 순간부터 눈을 초롱이며 입술을 움직이며 호기심에 가득 찬 이준이의 동생 이봄이. 하늘이 만든 예술의 생명. 참으로 예쁘구나.

세상이 너무 혼란스럽고 남의 약점을 잡고 승리감을 느끼니 잔인하다. 난 비범한 평정을 잃지 않을 뿐. 개인의 권리에 대해 누구도, 아무도 간섭할 권한이 없다. 나를 위한 최대의 노력뿐. †

3.20.

물욕을 버리고 가난을 배워야 무소유의 행복을 얻을 수 있다 한다. 매일 소비하는 생활. 뜨거운 커피 한잔 마시러 내일쯤 나가고 싶다.

찬란한 봄 햇살이 유혹하는 매혹의 3월이 절정이다.

사랑을 꿈꾸지 않지만 사랑했던 기억을 추억한다.

바야흐로 봄이다.

몸이 통통 부은 것 같다. 몇 달째 시원치 않다.

몸 안 좋을 때 다녀오긴 했지만 여전히 보라카이가 그립다.

또 갈 수 있을까, 휴 리조트.

아직 그리움이 꿈틀거린다. 보라카이의 흐린 하늘에 나부끼던 파인애플 잎사귀 같은 늙은 야자수들의 흔들거림처럼. †

3.23.

오늘은 봄볕이 아주 따사로웠고 신세계에서 첫째 데리고 커피 타임 보내고 아침부터 만든 전유어와 잡채. 음식 배달 봉사로 코스 돌고 집에 돌아왔다. 우리 이모도 엄마도 잠시 뵈었다.

햇살을 안으니 엔도르핀이 생겨난다. 난 봄을 유감없이 만끽하고 싶다. †

3.24.

난 생의 한가운데 물속에서 오롯이 몸을 반쯤 드러내 서 있는 자태로 내 자신을 사랑하며 뜨겁지도 차지도 않은 고요한 눈빛으로 삶의 파도를 넘어설 것이다. †

3.25.

오래 벼르던 어머니 첫 기제사를 다 끝내 홀가분해지다. 외숙모님 감기 걸려 못 오셔 너무 아쉬웠지만 모두들 한상 가득히 차린 음식을 맛나게 먹어 주었다. 남편, 외삼촌, 시누이, 아버님, 첫째 딸, 그리고 나도. 평범히 차렸는데도 푸짐했다. 정리 끝내고 나는 조용히 이제 내 시간 즐기는 자유만 남았다. 윗집 다투는 소리 시끄럽고 욕설은 거북하지만 남의 일에 귀 기울일 것 없다.

외숙모님 건강하시길 간절히 염원한다. †

3.26.

EJ 언니랑 현대백화점에서 점심을 먹었다. 내 곁에 있어 주는 지인이 있어 참 즐거웠다. 마음이 깨끗하다. 금요일에 헤밍웨이 카페에서 또 만나기로 약속했다. 즐겁지만 기력이 달려 집에 왔다. †

3.29.

오늘은 금요일. 새벽부터 살림하고 쉬었는데 아직 오전이다. 비가 청보리 씨앗처럼 내려서 을씨년스럽다. 내 마음 평정하게 하신 주님께 감사하다.
봄.
체코로 가는 창밖 드넓게 펼쳐진 노란 꽃밭 평야처럼 평화로 일렁인다. †

3.30.

엄마랑 커피타임 가지러 보정 카페 거리로 갔다. 엄마가 알아보신다. 너무 외로워한다는 것을. 그 얘길 듣고 보니 외로운 게 맞는 것 같다. 잠시나마 사랑이 하고 싶고 봄 타느라 감정이 면도날처럼 예리해지고 가슴이 살짝 아프다. †

김상아의 단상

내 영혼의 기도

이 봄에는 에는 내 영혼 홀로 있게 하소서
봄에는 기도하게 하소서
통회와 참회 회개하게 하소서
음악을 듣고 묵주기도를 하고
매일 차를 마시며 독서하게 하소서
심한 결벽증과 해괴망측한
피해망상 불쾌한 망상을
악몽 마귀 악마 미신을 끊어 주시옵소서
세상에 대한 증오, 분노, 원망, 한탄, 탄식, 욕설과 욕, 잡념을
끊어 주시옵소서
나의 어머니처럼 겸손함으로 극도의 빈민과 환자를 돌보게 하소서
어떠한 경우에도 세상살이의 유형에 대해
오만, 교만, 거만 모든 편견을 버리고
남을 깔보거나 비판하거나 빈정거리지 않게 하소서
사회악, 사회 부조리, 부도덕, 빈부 차, 약육강식, 세계 난민, 범죄, 부정부패, 황금만능, 물질만능, 불륜, 말 속임과 눈속임, 돈 속임 그리고 양심 속임, 거짓, 기만 그 모든 세상의 험난함으로부터
평등과 평화를 위해 기도하고 이 세상의 성가정을 보호하여 주시고
조용한 긍정, 조용한 포용 기도의 풍요로 채워 주시고
이 봄, 마음의 풍요가 넘치게 하소서

김상아의 *Diary*

정처 없이 길을 걷듯 글을 쓰며 하루하루가 간다.
글 쓰는 사람으로 살아가는 일이 내게 존재감을 부여한다.
글을 쓸수록 내 삶이 위로받는다.
혼탁한 세상에서 내 삶의 샘터이다.